# 新闻采访教与学

## 颠覆与创新

靖鸣 著

中国传媒大学出版社
·北京·

**图书在版编目（CIP）数据**

颠覆与创新：新闻采访教与学 / 靖鸣著. -- 北京：中国传媒大学出版社，2020.11
ISBN 978-7-5657-2796-2

Ⅰ. ①颠… Ⅱ. ①靖… Ⅲ. ①新闻采访-教学研究-高等学校 Ⅳ. ①G212.1

中国版本图书馆CIP数据核字（2020）第203774号

**颠覆与创新：新闻采访教与学**
DIANFU YU CHUANGXIN:XINWEN CAIFANG JIAO YU XUE

**著　　者** 靖　鸣
**责任编辑** 曾婧娴
**封面设计** 风得信设计·阿东
**责任印制** 李志鹏

**出版发行** 中国传媒大学出版社
**社　　址** 北京市朝阳区定福庄东街1号　**邮　　编** 100024
**电　　话** 010-65450532　65450528　**传　　真** 65779405
**网　　址** http://cucp.cuc.edu.cn
**经　　销** 全国新华书店

**印　　刷** 北京中科印刷有限公司
**开　　本** 787mm×1092mm　1/16
**印　　张** 13.5
**字　　数** 286千字
**版　　次** 2020年11月第1版
**印　　次** 2020年11月第1次印刷

**书　　号** ISBN 978-7-5657-2796-2 / G·2796　**定　　价** 56.00元

**本社法律顾问：北京李伟斌律师事务所　郭建平**

# 序一

我和靖鸣教授认识已有时日。2001 年 9 月，当时在广西大学新闻系任教的他作为教育部高级访问学者到复旦新闻学院访问学习。他有记者工作的经验，但是他仍然一次不落地听我的新闻采访学课。后来我知道他在广西大学主要讲授新闻采访写作课程，1988 年在中国人民大学新闻学院学习时他也学习了新闻采访写作课程，他是带着研究的目的来听课的。

这些年来，靖鸣和我一直保持着联系。他 2006 年被引进到广西另外一所高校担任新闻传播学院的院长，2010 年因一胞弟意外亡故，为照顾年迈父母，回到家乡高校南京师范大学工作。

上个月，靖鸣教授请我为他的这本新闻采访学专著作序，我答应下来。很快他传来书稿。看到他传来的这部书稿，我眼睛一亮，我从未见过这样撰写的新闻采访教学专著。看了他这本新书稿后，我有以下感觉和印象。这本书是纪实性的新闻采访教学记录，能让学习者愉快地学习领会和掌握新闻采访技巧和理论知识。他的教学方法和这一专著的撰写方法一定程度上挑战了传统教学方法和教材编写方法。我认为它是一本浅显易懂、生动易学的新闻学教学专著。靖鸣教授的这部专著是一部互动性、实战性较强的新闻采访学教材，体现了作者的创新理念和策划意识，并且这种创新理念具有可操作性、实践性和可模仿性，对教学和教材撰写都有较强的启迪意义。这本书具有较强的纪实性，像是一个剧本，情节性、故事性、逻辑性和冲突性贯穿始终，并且融知识与具体的新闻教学实战为一体，也将带给我们一些思考：大学实践课乃至理论课固有的课堂教学方法、模式以及教材的写法是否可以多些创新和探索？

我国的新闻学教育起步较晚，课程体系及内容多发端于西方新闻学、传播学领域已有的研究成果，长期存在课堂教学与实践、实际脱节，培养目标较业界动态滞后的状况。近年来，我国的新闻采访教育往往重理论、轻实践，讲多练少的课堂教学影响了学生学习的积极性，教学效果不理想，与培养应用型人才的目标相距较远。

新闻采访技能是新闻传播学专业的学生必须掌握的专业技能，但在传统新闻教育学课程体系中，新闻采访课多被视为单一型业务课程，强调对某一种媒介人才的实务能力培养，目的是培养学生“术业有专攻”。如以传统报业教学为主的新闻采访课程，主要培养纸媒记者，而广电新闻专业的采访课程，则介绍广电技术环境下采访活动的规律。然而，无论针对哪一类媒介人才，传统新闻采访教学的弊端都暴露无遗。

首先，在采访教学的内容设置上，主要把采访理论与技巧以知识点划分的形式进行分章讲授。这种方法孤立了采访环节上的各道工序，使章节前后缺乏逻辑联系，不利于学生理解新闻采访报道这一完整流动的过程。

其次，受办学条件限制，新闻采访课多是注入式、演绎式教学，即便教师在课堂上利用一些案例教学，试图举一反三，帮助学生理解新闻采访原理，也只是停留在“光说不练”的层面上，很难让学生切身感受到采访的“实战感”。

最后，在教学比重上，重理论轻实践的现象无法避免，目前大学的教学条件与环境也局限着学生的采访实践范围、方式及内容，无法展示出现实的新闻采访环境，教学效果不甚理想。

随着新闻媒体竞争的加剧尤其是新媒体的挑战，媒体对新闻从业者的要求越来越高，且毕业生就业形势的日益严峻，普通高校以教师为中心的讲授式课堂显然已经不适应形势发展变化的需要。

这本书突破了传统新闻采访学教材的写作模式，其特点主要是既不脱离新闻采访的专业知识，又注重案例教学、情景教学和实战锻炼。教师既是教学引导者，又是教学的参与者和实践者，同时还是教学的记录者。他的课程教学也具有一定的创新性和可借鉴之处。他除了突出和强化情景教学、模拟实训和实战锻炼外，还加强课上课下互动，注重启发式教学，采取头脑风暴法，促进学生思维能力的提高。他在教学中运用案例法教学的同时，特别注重让同学们在失误、挫折和失败中认识到新闻采访的艰辛和学习掌握新闻采访技能。“试错教育”在中外教育实践中被证明是有效的教育教学方法。另外，通过他的努力，课程教学的探索得到《江苏教育报》《南京晨报》等当地媒体的支持与配合，学生们成为它们的实习记者，这对学生们新闻采访能力的提升和学习积极性的提高都有积极意义。

本书将新闻采访的要旨和精髓有机地穿插其间，注重培养学生的新闻采访和新闻写作技能，对其他专业教学和教材写作也有启发意义。相信它不仅对新闻传播院系的大学生学习新闻采访学有所帮助，也对通讯员和初入行的新闻工作者会有所启迪和帮助。

刘海贵（复旦大学新闻与传播学院教授、博导）

2020 年 8 月 19 日

# 序二

我跟靖鸣教授亦师亦友，相处这些年，他的儒雅、博学、勤奋，我是早有领教，直到冒冒失失走进他的采访课，才猛然发现他教学还这样大胆、细致、严苛。

起初，靖鸣教授邀请我去课堂跟同学们交流，我也没觉得什么，但等真正走进去才发现，好家伙，全程录像、录音，学生们一个个像“打了鸡血”，有时还会被安排“紧急”去采访，然后回来现场做作业。我作为一个客串者，也不得不全神贯注，随时应对可能的提问，不认真准备都不行。就这样我跟随他“折腾”了一学期。后来，他说准备出一部教学实录性质的书，我终于明白原来我也成了实践的一分子，也因此见证了一门采访实践课的教学过程。

特别记得有一次靖鸣教授让同学们进行有关自杀报道的访前准备。龚荃宇同学提前进行了资料搜集和研究：一是了解省内、国内、全球近几年自杀数据，如自杀数量变化、增长率变化等；二是了解某医院的相关信息，如在自杀者治疗与干预、政府合作方面的情况；三是了解自杀的主要原因以及社会各界在自杀倾向者心理干预方面的工作；四是寻找以往关于自杀的新闻报道，归纳采访与写作经验。他拟就了去医院的采访提纲：①贵院在过去几年接收（抢救）过多少自杀者？整体趋势是怎样的？②贵院接收的自杀者死亡率有多高？反复自杀者多吗？③你们有调查过自杀者选择自杀的主要原因有哪些吗？④贵院有没有比较有代表性的案例？可不可以介绍下？⑤你了解国外目前的自杀情况吗？国外与国内有没有差别？⑥这几年社会上自杀事件的发生整体上呈现什么趋势？是什么原因导致这种趋势？⑦自杀要尽量防患于未然，贵院在这方面所做的工作是怎样的？⑧来进行心理咨询的自杀倾向者多吗？自杀预防工作的主要困难是什么？⑨国外的自杀预防工作有没有值得借鉴的地方？⑩据你所知，国内社会各界在预防自杀方面的工作有没有不足？社会各界该如何更好地去防范自杀？

靖鸣教授马上指出：龚荃宇所提第二个问题不好，没有什么价值和必要。医院收治自杀未遂患者，患者送医及时就不会有太大问题。反复自杀情况医院未必掌握，患者及其家属朋友不说，外人也不可能知道。反复自杀问题也不是新闻点。第三个问题，医院一般不会调查统计，这也是患者的隐私。第四个问题，可以直接请对方介绍典型病案，而不是问“可不可以”。第五、第六、第九、第十个问题是记者自己的访前功课，如果这样问，对方会认为我们不敬业、不认真。

再比如，有一次靖鸣教授安排学生对智慧教育提倡者洪超老师进行现场采访，我发现钱澄同学提问的声音明显比较小，我随即给同学们讲了《南京晨报》女记者刘海琴在全国两会因为一天之内被两位部长点名提问而被网友亲切地称为“提问姐”的故事。当我在课堂上告诉同学们一定要关注细节时，我分明感觉到他们的认真。

我收到书稿，细细品味，发现靖鸣教授的采访课又有非常强的逻辑性。他的每次课都有明确的教学目的和要求；他精心安排每次课的内容，每一个教学环节都强调实战性；他通过实训和案例教学使同学们对相关知识和技能形成感性认识。书稿中每章的最后一部分内容是核心知识放送，集中呈现本章的核心知识，以便同学们掌握。

这实在是一个费时费力的工夫活。同学们学得很苦，却很充实，收获很大。在媒体发生重大变革，特别是调查报道越来越稀缺的今天，不正需要靖鸣教授这样手把手“工匠式”的言传身教吗？

能深度介入靖鸣教授的采访课，是同学们的幸运，也是我的幸运。相信这本书的出版一定会给更多新闻学子和从业者带来启迪。

是为序。

丁晓斌（《南京晨报》总编辑、博士、高级记者）

2020 年 8 月 10 日

# 目录
CONTENTS


前　言 …… 1

## 第一板块　体认新闻采访

第一章　新闻采访及其在新闻报道中的地位与作用 …… 6
教学目的、要求、内容和设想（“剧情”安排） …… 6
第一教学环节：对新闻采访的感性认知与课堂点评 …… 7
第二教学环节：同学们初次采访“试水”与课堂点评 …… 11
第三教学环节：通过了解新闻报道形态反观新闻采访与新闻写作的关系 …… 18
本章核心知识放送 …… 23
第二章　掌握新闻写作要领，明确新闻采访要求 …… 25
教学目的、要求、内容和设想（“剧情”安排） …… 25
第一教学环节：分析稿件存在的问题，强化学生对新闻写作问题的认知 …… 26
第二教学环节：了解消息的样态，增强新闻采访的目的性和效率 …… 30
第三教学环节：掌握写作要领，提高采访效率 …… 36
本章核心知识放送 …… 41

## 第二板块　树立科学的新闻观

第三章　科学的新闻意识是新闻采访的基石和保障（上） …… 46
教学目的、要求、内容和设想（“剧情”安排） …… 46

第一教学环节：理解新闻概念，提高对“新闻”的科学认知 …… 47
第二教学环节：科学认识新闻价值 …… 51
本章核心知识放送 …… 55
**第四章 科学的新闻意识是新闻采访的基石和保障（下）…… 57**
教学目的、要求、内容和设想（“剧情”安排）…… 57
第一教学环节：通过实训增强学生的新闻敏感性 …… 57
第二教学环节：增强读者意识，提高新闻采访的针对性 …… 61
本章核心知识放送 …… 71
**第五章 在实战中检验同学们对知识的掌握程度，提高同学们的采访技能 …… 72**
教学目的、要求、内容和设想（“剧情”安排）…… 72
教学环节：采访实战前与同学们进行采访实训互动 …… 72
本章核心知识放送 …… 74

## 第三板块 认知采访对象

**第六章 在实训中了解采访对象 …… 76**
教学目的、要求、内容和设想（“剧情”安排）…… 76
第一教学环节：采访交流与点评 …… 76
第二教学环节：实训、模拟采访，认识采访准备的重要性 …… 83
本章核心知识放送 …… 88
**第七章 知人、知面、知心：采访对象的心理与行为 …… 90**
教学目的、要求、内容和设想（“剧情”安排）…… 90
第一教学环节：模拟训练，掌握与采访对象沟通的本领 …… 91
第二教学环节：模拟采访，增强化解采访困境的能力 …… 97
本章核心知识放送 …… 102
**第八章 采访对象受访心理和行为分析及拒访行为应对 …… 104**
教学目的、要求、内容和设想（“剧情”安排）…… 104
第一教学环节：交流与采访对象接触过程中的体会 …… 104
第二教学环节：采访实训与点评 …… 105
第三教学环节：通过案例和实训把握采访对象心理 …… 108
第四教学环节：采访对象拒访行为与应对策略 …… 110
本章核心知识放送 …… 111

## 第四板块 新闻采访方式与方法


**第九章 在实训模拟中掌握采访方式方法…… 116**

教学目的、要求、内容和设想（“剧情”安排）……116

第一教学环节：交流分析采访经验与问题……116

第二教学环节：通过实训掌握新闻采访的方式和方法……119

本章核心知识放送……120

**第十章 采访准备（上）…… 124**

教学目的、要求、内容和设想（“剧情”安排）……124

第一教学环节：交流分析同学们采访准备的得与失……124

第二教学环节：分析采访提纲存在的问题……130

第三教学环节：通过案例教学增强访前准备的技能……134

本章核心知识放送……137

**第十一章 采访准备（下）…… 140**

教学目的、要求、内容和设想（“剧情”安排）……140

第一教学环节：关于自杀问题的访前准备……140

第二教学环节：访前瞬间准备的内容与要领……142

本章核心知识放送……148

**第十二章 提问的方法与技巧…… 149**

教学目的、要求、内容和设想（“剧情”安排）……149

第一教学环节：学习新闻采访的提问方法和技巧……149

第二教学环节：访前准备和现场采访提问实训……150

本章核心知识放送……157

**第十三章 “记者招待会”采访实训…… 159**

教学目的、要求、内容和设想（“剧情”安排）……159

第一教学环节：“记者招待会”报道实训……160

第二教学环节：准记者的现场专访实训……162

本章核心知识放送……166

**第十四章 采访记录的方法…… 167**

教学目的、要求、内容和设想（“剧情”安排）……167

第一教学环节：“记者招待会”采访录像回放与点评……167

第二教学环节：采访记录能力实训与点评……175

本章核心知识放送……177

第十五章　眼看未必为实：现场观察能力训练…… 180
教学目的、要求、内容和设想（“剧情”安排）……180
第一教学环节：对采访对象肖像的现场观察描写与点评……180
第二教学环节：现场观察实训作业与分析……182
本章核心知识放送……185

结语：只是新闻采访学习探究的开始…… 188
附录一　在大学读历史的毛泽东之孙…… 189
附录二　中国女排可望重温旧梦…… 191
附录三　青蒿素知识产权是这样争来的…… 193
附录四　关于屠呦呦青蒿素新药知识产权纠纷案和发明争议等问题的采访记录…… 195
附录五　揭秘屠呦呦发现青蒿素过程及相关知识产权纠纷案…… 203

# 前 言

实际上我也写过一些新闻采访与写作方面的专著和教材，前后也讲授了30多年新闻采访学课程。我一直想写一本对在校学生和有兴趣学习新闻采访学的新闻爱好者真正有帮助的新闻采访学书籍。我认为目前所见国内外新闻采访学教材，相当一部分写得很好，但是一部分教材很难使人通过学习增强新闻敏感性和新闻采访技能。过去的新闻采访教学，课堂上有点互动，但还是满堂灌居多，以教为主。我想通过实践探索，把自己的教学设想、过程、效果等写成教学研究专著，让它成为具有全新理念的新闻采访学教学书籍，供教师、学生和新闻初学者阅读，而不仅仅是传统意义上的学习教材。我一直思考如何使自己的新闻采访学教学能真正增强学生的新闻采访写作技能，取得令人满意的教学效果。

这一探索性教学的灵感一是来自我自己多年新闻采访学教学实践与思考；二是来自自己过去从事记者工作的采写故事。我的教学探索的目的在于把我的和他人的新闻采访故事在课堂上再现，启发同学思考问题、发现问题，从而提高他们的新闻敏感性、采访能力和写作能力。

我将每个学习实践的环节都设计成剧集。教学过程中充满了悬念和未知，充满了冲突、纠结、思考和挑战。这本书既是对教学过程的客观反映，又写得有文学色彩，像小说、文学作品。本书对教学过程、课堂参与者的表现都有真实、生动的记录。

2015至2016学年的第一学期，我承担南京师范大学新闻与传播学院新闻采访学教学任务。这门课程是专门给从本校其他学院转到新闻与传播学院学习新闻学专业的同学开设的。那年转专业的同学不多，就8位同学，这十分有利于我的新闻采访学教学的新探索。我按照影视剧编剧那样来设计教学，根据新闻采访学内在规律、逻辑来设计教学，把严肃的教学当作一台戏来演，有剧情，有悬念，有高潮，让同学们在虚拟或真实的情景中思考和实践，以达到使同学们真正掌握新闻采访技能和理论知识的教学效果和目的。

令人担心的是，在学习新闻采访学课程前，他们对新闻学知识和理论接触不多，和已经具有一定专业知识的同学相比有一定的距离，不过这也有有利的一面，就是他们比新闻专业的学生多掌握了其他专业的知识和理论。

本书既不脱离新闻采访的专业知识，又注重案例教学、情景教学和实战演练。我的角色定位是：我既是教学引导者，又是参与者，也是实践者，同时还是教学的记录者。

我的新闻采访学课程教学设想如下：

其一，充分运用微信进行互动教学。在开学前我建了个学习交流微信群，这样便于大家及时沟通交流学习情况和问题，有助于教学。

其二，除了突出和强化情景教学、模拟实训和实战演练外，还加强课上课下的互动，注重启发式教学，采取头脑风暴法，提高大家发现问题、分析问题、解决问题、克服新闻采访各种困难的能力。

其三，运用案例法教学的同时，让同学们在失误、挫折和失败中认识到新闻采访的艰辛和应该如何学习掌握新闻采访技能。现代西方有“尝试错误”教育理论，该理论认为学习要不怕犯错勇于去尝试，这样才会增加成功的概率。其实500年前的明朝人沈君烈，就有“误亦为学地”的见解，他提出“终日学终日误，终日误终日学”的观点。

其四，在教学的反思总结环节，强化同学们的新闻采访理论知识和技能。这一环节，同学们可将阶段性总结直接发到我们的微信群里交流分享。这一环节的教学目的是通过互动交流，培养同学们发现问题、快速写作和相互学习、取人所长的能力，使同学们从一个对新闻采访无知的状态，慢慢地成长为一个较为成熟的新闻采访者。

其五，与《江苏教育报》《南京晨报》合作，让同学们成为它们的实习记者，鼓励大家在真正的新闻采访过程中锻炼新闻采访的基本功。

我们的教学内容分为四大板块，每一版块都设有若干章节，每一章节设计几个教学环节。

我们的课堂以实践为先导，让同学们先有感性认识和切身体验，再形成对新闻采访学知识和理论的系统认知，这样的教学设计符合人的思维特点，也有利于同学们尽快掌握新闻采访的技能和知识。

我始终认为，学生仅仅在课堂上学习新闻采访是学不会的。实践性很强的课程，最好通过实战的方式学习，让同学们在实践中掌握知识和理论。我们的新闻采访学课程教学是以新闻实战为主的教学活动。每位同学都是准记者。我对学生们说，你们要把自己当成真正的记者，千万不要想着学习新闻采访学就是为了学一点新闻采访的理论知识，期末考试获得一个理想的学习成绩。

通过一个学期的摸索，令人欣慰的是，教学基本达到预期效果，8位同学均感觉学有所获。那么，这种教学探索是否适合大班教学呢？在2015至2016学年第二学期，我在本院新闻系大班进行的新闻采访学教学试验也取得了较好的效果。教学中恰逢每年一度的全国两会，我利用这个机会，紧盯两会上总理所作的政府工作报告和总理、部长的记者招待会。我让每位同学们按照所设定的媒体，提前做好“报道”准备，提前写好“报道”，次日与各自所设定媒体的报道进行详细对比，找出自己写的“报道”的差距和问题所在。同学们身在南京却与在北京的记者一样，“体验”了一次全国两会报道。一个学期下来，同学们的学习精神饱满，张歌、吴乙、冯敏钰、凌志远、高思贤、王梦蕾、寇俊、董明辉、兰婷等一大批同学的新闻作品刊发在媒体上，这个班的大量教学案例也是宝贵的教学研究资料。

本次课程教学探索得以顺利进行以及本书能够顺利出版，得益于很多人的帮助。衷心感谢多年来帮助、关心和支持我教学和科研工作的老师、同事、朋友和学生。感谢复旦大学新闻学院长期研究新闻采访学的博士生导师、教授刘海贵先生和《南京晨报》丁晓斌总编辑赐序指教。感谢对本次课程教学探索给予热情支持的《南京晨报》《江苏教育报》的领导和记者编辑。感谢南京市教科所洪超老师对我们教学探索的全力支持与无偿付出。洪超老师除了应约挤时间为同学们举行“记者招待会”，耐心热情地接受同学们的采访，还给同学们的稿件提出具体修改意见，推荐稿件给媒体刊发。感谢对课程教学给予支持和帮助的学院领导和老师，刘振波老师和他的学生对课程教学进行录像。感谢学院领导对这本探索性的拙作出版给予的关心、支持和帮助。最后还当感谢为本书出版付出艰辛劳动的曾婧娴编辑。

限于本人学识，本书必然存在错谬之处，欢迎读者提出宝贵的意见。

靖鸣

写于南京师范大学随园

2020 年 9 月 8 日

# 第　一　板　块

# 体认新闻采访

第一章

# 新闻采访及其在新闻报道中的地位与作用

9月7日，星期一

**教学目的、要求、内容和设想（“剧情”安排）**

**一、教学目的和要求**

我从学生接受知识技能和新事物的思维发展路径出发，考虑采用更适合新闻采访学教学的方式方法进行教学。这门课程的第一次教学，是按照《新闻采访学教学大纲》和笔者撰写的教科书，先讲授其历史、概念等基础知识，还是让同学们在实践中去体悟、认知新闻采访的艰难与重要性，从而加强新闻采访学知识和理论的学习？我尝试采用后一种方法进行教学，让同学们在试错中意识到自己采访存在的问题和新闻采访的艰难与重要性，体认到新闻采访学是实践性极强、极其难学的新闻学实务性课程。

新闻采访学的初学者，需要了解新闻采访需要解决哪些问题，困难在哪里，认识到自己的差距和问题所在，认识到要学好新闻采访学课程非下大力气不可，从而明确应该如何学好新闻采访学课程。这是本次课程教学的要求所在。

**二、教学内容和设想（“剧情”安排）**

第一教学环节：在同学们基本不具备新闻采访学知识和技能，也无法想象这门课程教学如何开场、如何安排的情况下进行教学；教学充满未知和悬念乃至刺激。这样可以激发同学们的学习兴趣。

第二教学环节：提示当日校园新闻由头，请同学们走出教室，投入采访实践，并要求他们一小时后回到教室，交流“采访”的经过和思考，然后由笔者进行课堂点评。

第三教学环节：让同学们阅读当日新闻后，回答若干问题，例如，你知道某一条新闻报道的记者是如何采访的吗？采访前记者应考虑到哪些问题？你知道应该如何去完成这样的采访任务吗？从而让同学们进一步认识到学习和掌握新闻采访知识和技能的必要性和重要性。这一环节的目的是让同学们思考记者如何确立报道选题和角度，记者为什么要选择这些新闻内容，记者获取新闻素材运用了哪些采访方法和技巧，等等；让同学们思考和了解新闻作品是如何写成的。

## 第一教学环节：对新闻采访的感性认知与课堂点评

**靖：**同学们好！今天是新闻采访学课程教学的第一次教学（每次教学三个课时——笔者注），请同学们打开微信，将你们对记者、对新闻采访、对新闻采访学课程的认识，以及关于我们这门课会怎么上的思考编写成信息，发到我们的课程微信群——“新闻采访学教学微信群”。

7 位同学看法如下（以传到教学微信群里的时间先后为序。下同）：

**邢怡：**记者是将社会生活的各个方面用新闻的方式呈现给大众的群体。

新闻采访是记者获取第一手信息的一种手段和方式。

这门课程教我们如何更有效地进行新闻采访。

这门课可能从理论和实践两个方面同时展开，让我们全方位了解什么是新闻采访。

**【课堂点评】**

**靖：**邢怡同学对记者这一群体的判断没有突出记者工作特点，记者不能将“社会生活的各个方面”都呈现给大众，只能是根据（或依据经验推测）广大受众需求，选择有新闻价值的信息进行采访报道；“用新闻的方式”这一说法表达不明晰，如果是指报道体裁，那是一种形式，如“消息”“通讯”。在对采访对象的认识上，你没有强调新闻采访的根本属性——为了开展新闻报道所进行的特殊的调查研究，不突出这一点就显示不出新闻工作的特点。各行各业都有调查研究，如纪检调查、公安侦查等也需要“获取第一手信息”。另外，“获取第一手信息”有局限性，记者从事新闻采访，常常无法身临其境去获取所谓“第一手信息”，获取到的信息往往是第二手、第三手，甚至是更多“手”。

这门课程的目的是让同学们深刻认识新闻采访在新闻工作中的重要意义，通过艰苦的采访实战训练，使同学们掌握采访的基本技能，为将来更好地从事新闻工作，成为一名党和人民满意的、称职的新闻工作者打下坚实的实践基础。“让我们能全方位了解什么是新闻采访”，这个想法失之片面。学习新闻采访课程的目的不仅仅是了解“什么是新闻采访”，不上这门课，同学们自己阅读教材和文章，也能了解什么是新闻采访。新闻采访学课程是一门实践性极强的新闻学课程，其根本目的是使同学们通过刻苦的学习和实战锻炼，真正掌握新闻采访的技能。

**贡晨霜：**在我的想法中，记者是奔波着记录、采访别人事件的人。

新闻采访就是新闻素材的采集。

这门课程我觉得应该是实用类的，应该会有较多的实际操作，比如真的去采访别人，写成新闻报道。

**【课堂点评】**

**靖：**你认为“记者是奔波着记录、采访别人事件的人”，这种看法比较简单。记者通常反映的是社会生活、世界和国家发展的大事件和大问题。这里的“别人”指什么人？如果是平民百姓，未必都有新闻报道的价值，如果是总统国王州长省长，这样的话不就成了某一个人的“御用记者”了吗？“新闻采访就是新闻素材的采集”，这说得对。新闻采访，它的本质是特殊的调查研究，是为从事新闻报道而开展的特殊的调查研究。

**张睿：**记者是记录事实并将事实传达给受众的一种职业。

新闻采访是新闻从业人员对某一事情进行深入了解的一项活动。

新闻采访课程是指导学生如何进行新闻采访，培养学生的专业技能的课程。

我猜测老师会将理论和实践相结合，让我们在实践的过程中更全面地了解记者的工作，弥补理论知识的不足。

**【课堂点评】**

**靖：**“记者是记录事实并将事实传达给受众的一种职业”，这种判断不尽准确和科学。记者是通过深入调查研究来进行新闻报道，反映社会客观现实，反映广大受众迫切要了解的新闻事实。“新闻采访是新闻从业人员对某一事情进行深入了解的一项活动”，这种看法缺乏概括，新闻工作者特别重要的一项工作是调查研究。“新闻采访课是指导学生如何进行采访，培养学生的专业技能的课程”，这个认识是可取的、正确的。

这门课怎么上？张睿的猜想还是有一定道理的。这门课程是让我们在实践的过程中，更全面地了解记者的工作，弥补理论知识的不足。但这里有个问题。我们上这门课不是让同学们仅仅了解记者工作，弥补理论知识的不足，这一点我在前边分析其他同学的认识的时候已经说过了。我们这门课主要是让同学们深刻认识新闻采访工作的重要性，通过理论知识的学习，通过大量的实战训练来掌握新闻采访报道的技能和本领，以适应未来新闻工作的需要。

**金星：**我觉得新闻采访就是将不为人知的事实或真相，以合理的新闻语言说给大家听。

对记者的认识，我觉得女记者挺难当的……

我们这门课程就是讲采访，为什么采访，采访什么，以及如何采访。

课程怎么上，我还真不知道，但我觉得实战的新闻采访一定很有意思！

**【课堂点评】**

**靖：**金星同学认为，新闻采访就是将不为人知的事实或真相，以合理的新闻语言说给大家听。但是新闻采访不是挖人隐私的工作，与一般的“了解情况”是不同的。记者要遵循客观规律，按照新闻采访的要求，对具有新闻价值的事实认真调查研究，反复核实，写成新闻报道。她没有直接对“记者”给出一个判断，她说女记者挺难当的，这也是有道理的，不过男记者也挺难当的。新闻工作是特别具有挑战性的工作，记者除了要有高度的社会责任感、事业心之外，还要进行艰苦的调查研究工作，写作的时候也要掌握新闻写作的要领。此外，新闻工作还要有创新，要在真实准确的前提之下有创新和突破，所以要把新闻写好也是挺不容易的。

这门课怎么上？她还不知道。新闻采访学是一个实践性比较强的课程，其目的是通过新闻采访的实战训练，让大家在课程学习时间内，尽可能多地掌握新闻采访的本领，增强新闻采访的技能。

**林鑫：**我认为记者应该是一面明镜，将世间万物最真实地呈现在世人面前，忠于生活，不弄虚作假，相信大众有明是非、辨美丑的能力。

新闻采访是一项至关重要的工作。新闻采访学能教会记者采访技巧，提升记者的专业素养。我认为一个记者要掌握技能、善于沟通，更重要的是要有社会责任感，为人民发声。

**【课堂点评】**

**靖：**林鑫同学认为“记者”应该是一面明镜，将世间万物最真实地呈现在世人面前，忠于生活，不弄虚作假，相信大众有明是非、辨美丑的能力。这没有突出新闻工作的特点。新闻工作不是直观的镜子，将世界万物都呈现给受众，新闻报道是有选择性的，一方面是媒体定位对新闻的选择，另一方面是意识形态、宣传政策和纪律对新闻的选择。受众也没有精力和时间了解“世间万物”，记者只能选择受众最关心、最具有新闻价值的事实进行采访和报道。记者所从事的工作不是自然主义的再现，它带有记者客观准确的判断。记者必须作出正确的判断，报道必须是正确的、积极的和有意义的。新闻工作是舆论宣传工作，新闻是能够起到引导大众、引导舆论的作用的。在许多情况下，公众无法明辨信息真伪，他们接触新闻媒体，就是希望媒体能够给他们一个正确的引导，能够给出正确的观点。

林鑫认为新闻采访至关重要。但是她只强调了新闻采访的重要性，没有去认识新闻采访的具体内涵。新闻采访是一项特殊的调查研究工作。

我们这门课怎么上？林鑫认为我会教记者采访技巧，这个“教”不能仅仅理解为是我来灌输相关的理论和知识，我们主要是通过实战训练提高新闻采访的基本技能，提升新闻采访实战的能力。

**徐铭慧：**记者应该是具有强烈社会责任感，有专业素养，能够将有新闻价值的事实以公众乐于接受的形式传递出去的人。

新闻采访是记者获取素材的第一步。

新闻采访课程讲授我们必须学习掌握的专业知识。

新闻采访课如何上：实践为上。

**【课堂点评】**

**靖：**她对记者的认识基本上是正确的。她认为新闻采访是记者获取素材的第一步，这有些不太明确。新闻采访是为新闻报道所进行的特殊的调查研究，其中包括获取新闻素材，那么这个“第一步”就不知道如何去理解？“第二步”是什么？新闻采访课“讲授我们必须学习掌握的专业知识”，这还没有真正理解新闻采访课，我们不是单纯教新闻采访专业知识。这门课程的根本目的是让学生掌握新闻采访的技能，能熟练运用新闻采访技能进行新闻采访，圆满完成新闻报道任务。如果它仅仅是出于使同学们掌握新闻采访的专业知识的目的，那它就和其他课程没有什么区别了。我猜测一些学校的新闻采访课就是这样上的，老师这样讲授新闻采访学课程，同学们可能会拿到比较理想的成绩，但并不能真正掌握新闻采访的技能。

至于课程如何上，实践为上。我认为你这个观点是正确的。新闻采访学这门课和新闻专业里许多实践性很强的技能课，都是以实践为上。

**龚荃宇：**记者：用文字报道现实社会中具有新闻价值的人物与事件的新闻工作者。

新闻采访：记者对报道对象进行各种形式的采访的过程。

新闻采访课程：对将来准备从事新闻行业的学生传授新闻采访的相关知识，并培养学生出色采访能力的课程。

新闻采访课如何上：课堂上会有一定的理论知识，会有面对面的模拟采访练习，课后布置一定的采访任务。

**【课堂点评】**

**靖：**他对记者的判断比较狭窄。记者报道不局限于文字报道，还有电视报道、广播报道、图片报道等。另外，记者不仅仅报道“人物与事件”，记者报道一切具有新闻价值的信息，比如受众关注的时政信息、会议信息、实用信息等。他对“新闻采访”的认识，从一个侧面来说也可以认为是比较科学的。“采访的过程”应该说是“调查研究的过程”。他关于“新闻采访”概念的表述中出现了该概念的核心词语，这存在逻辑问题，属于“同义反复”的问题。

课怎么上？他的认识基本是正确的。新闻采访学课程既传授知识也培养采访能力和实践能力。课堂上不仅仅有模拟采访，实战采访也会有，让大家与新闻实践工作保持零距离，感受和经历真正的新闻采访工作。我们也会把课堂转移到社会上，让同学们在社会的大课堂中，通过新闻采访实战来学习和掌握新闻采访的技能，领会和消化新闻采访的理论和知识。

**靖：**以上是7位同学的相关认识和我的简略课堂点评。由于时间关系，我点到为止，不当之处，课后我们可以进一步交流。

## 第二教学环节：同学们初次采访“试水”与课堂点评

**【赶鸭子上架：第一次新闻采访“试水”】**

接下来，为认识同学，请同学们依次“自报家门”，然后确定分组名单。分组的目的在于培养互助精神，另外，在初学阶段大家遇到的许多困难，也可以通过“抱团取暖”克服。当然，这可能限制同学们个人主观能动性、积极性和创造性的发挥。自报“家门”时，有的同学声音较小，我对她说采访时不能表现得缺乏自信，说话要让对方听清，引起对方注意和重视，有时还需要把对方“镇住”，既要彬彬有礼，也要理直气壮。

**靖：**以后我们出去采访代表的是公众和老百姓，要理直气壮、信心满满地去采访，而不是战战兢兢、怕这怕那。记者必须是社会活动家，要善于与人打交道，惧怕与人打交道的人做不了记者。当然采访经验是慢慢积累的。

学习小组分组情况：

邢怡和贡晨霜为第一组；

张睿和徐铭慧为第二组；

金星、林鑫和龚荃宇为第三组。

经小组商量，每个组排在前面的同学为小组长。

我们每堂课呈现的东西，外出采访过程和体会感悟都要及时记录下来，作为宝贵的教学资料。事后的追记既不全面，也不准确。记者先是“记”，记录速度要快。如果脑子记得不清楚，眼看得不准确，手记得太慢，就不适合做记者工作。现在手机里有多种记录软件，这方便了我们训练记者必备的“记”的本领。

我现在要问同学们：你们会进行新闻采访吗？我们通过采访实践来验证。同学们，新学期到了，全校正在进行紧张的“迎新”工作。今天下午我们新闻与传播学院各个系都安排了教师和新生见面会。另外，教师节在即，学校有关部门对今年的教师节会有怎样的活动安排？我已经给你们提示了新闻线索，同学们出发吧！

（我一说完，同学们面面相觑，有点不知所措。）

**靖：**每个小组也可以商量采访问题。时间所限，这次只在校园内采访，采访到的新闻要有报道价值，你们也可以回到自己的母院、母系了解情况。一个小时后请大家回到教室，报告你们的采访情况及打算写什么样的新闻。你们带上采访本和课堂笔记。同学们在这半年会经常和新闻媒体的记者一起采访。今天上午和昨天晚上，我还在和省里的新闻媒体沟通，怎么样来安排你们的采访学习。你们要想在新闻实践能力上得到较快提高，实在太困难了，因为你们的课程太多太多。我一直在思考：同学们怎么才能在课程压力大的情况下取得新闻采访课程的学习成果。这是题外话。

OK，出发吧，我在这里期待你们凯旋！

（有同学问：真的假的啊？）

**靖：**当然是真的！

（同学们显得有些迷茫，带上笔记本和笔，硬着头皮茫然无措地走出教室。而我却暗自高兴，只要同学们走出教室就是成功的开始，他们将在未知和挫折中感受新闻采访学课程学习的艰难，认识到掌握采访技能的重要性。）

**【同学们“采访”归来：五味杂陈】**

离开教室将近一个小时，同学们陆续回到课堂，他们按要求用微信写下我下达任务后各自的想法、困难、顾虑，以及采访过程中的心理活动，将它们发到我们的“教学交流微信群”里。

**贡晨霜：**任务下达时，我感觉有点震惊，第一次遇到这样临时的、突然的、不曾遇到的任务，我都懵了。

采访前我有一点模糊的想法，觉得应该要有计划地去采访，如列出采访问题，选择被采访人等，但实际过程中突发状况很多。

困难的是我不知道该怎样选择要采访的人，感觉有些漫无目的、不知所措，而且和陌生人搭话也有些顾虑，怕被拒绝。

采访过程：我们先是去了教师教育学院，但采访不太顺利，被采访人员不太清楚这件事，然后我们去新闻与传播学院采访辅导员李鑫，通过他得知学校还没下发相关通知，之后去了校团委，通过采访团委老师才得知教师节活动正在计划中，受挫后我们就改为采访学生，之后就比较顺利了。采访过程中我们既有些胆怯也有些兴奋，虽然采访不太顺利，但我们很开心。

**邢怡：**由于我们对新闻采访学还一无所知，在我们得知这一次的采访任务时有些不知所措，不知道该从哪里下手。

根据靖老师的提示我们有了一点方向，虽然我们比较担心采访时碰壁，但是还是着手去做。在采访过程中我发现很难从受访者那里获得一些有效的信息，有一点怀疑自己的表达能力和与人沟通的能力，但通过采访我还是能感觉到这些能力有所提高。

**金星：**我们接到采访任务时，都觉得“迎新”和“教师节”这两个选题没啥意思，没啥新闻价值。所以一开始我们就像无头苍蝇一样随便选了“教师节”这个选题，找到教育科学学院的辅导员，打算随便问些问题。

但是在采访了一两位老师之后，渐渐地感觉就有了，我们也找到了采访的角度——在教师节，老师们都是如何问候他们的老师的?

**林鑫：**任务下达的那一刻整个人是不知所措、迷茫的状态，我感觉这是一个大众化的选题，没什么可写的。

经过了短暂的纠结之后，我组决定先去教育科学学院试一试。然而结果并不理想，我从老师那里并没有获取到理想的素材，于是我又去了教师教育学院。

其实我是胆怯的，因为教师教育学院党委办公室里的老师看上去略显严肃。金星打了头阵，我尾随而去，我仔细地打量着老师们，发现他们严肃的外表下有一颗热情奔放的心。

我们获得了一些素材之后走出去，正巧遇上了骆正林老师。我心中大喜，感觉找到了救星。我们简短问了骆老师几个问题，思路逐渐清晰，我们又讨论了一下手中的素材，感觉收获良多。

**张睿：**我的第一反应是将采访选题定为迎接新生入学。考虑到学校学院太多，采访某一学院不具备代表性，我们将采访对象定为“迎新”过程中为大家付出颇多却很少得到关注的学校保安叔叔和宿管阿姨。

采访过程中保安叔叔很热情地回答了我们的问题，并给出了自己的看法。而宿管阿姨因为宿舍琐事多而比较繁忙，我们就没有太多打扰，只是简单地问了几个问题。

之后我们也采访了一位参与化学科学学院“迎新”的学姐和一位文学院的学妹，以她们如何看待“迎新”这件事为话题进行采访。

**徐铭慧：**采访前我们觉得非常突然，后来看见其他组同学似乎都打算前往各个学院进行采访，张睿和我决定换一种思路，对“迎新”工作中默默付出、为新生提供最实际帮助的人进行采访，深入了解南师大今年“迎新”工作情况。

但是时间有限，“迎新”工作也仍在进行，各岗位的人员十分忙碌，我们的专业知识也很有限，很难进行非常充分的采访。

后来我们决定对新生从走进学校大门到完成整个报到流程过程中遇见的一些人进行采访，我们采访了校门保安、化学科学学院志愿者、宿管阿姨，了解他们在“迎新”中的安排、感想和建议。

采访中最大的困难是受自己专业能力所限，很多时候采访难以进行，很难挖掘到真正有价值的内容。

**【同学们报告“采访”情况与课堂点评】**

**靖：**第一组组长先汇报。你们去采访后打算写什么样的新闻？你们采访了什么？怎么采访的?

**邢怡：**我们先根据老师的提示去了几个学院，发现他们都在等校团委下达通知，各院自己没有组织活动。

我们去团委那边没有找到老师，于是我们先采访了学院里的路人。我也反问自己：教师节的时候自己会用怎么样的方式向老师感恩？我基本上就是给老师发短信问候或是送花送礼物。我们在考虑回报师恩的方法是否可以多元化。

后来我们去团委，那边老师说正式通知还未下达，他们也不愿更多地说什么。但是他告诉我们今年学校的教师节庆祝活动主要是两个主题，第一个是用行动向老师报恩，第二个是用文明向母校献礼。为什么会提出用文明向母校献礼呢，那边的老师说，因为他们发现学校里存在不少不文明的现象，比如说茶苑附近的环境问题，餐厅和教室也有些不文明的现象。他们觉得可以通过教师节庆祝活动，让全校师生关注大学生行为规范问题。

**靖：**这是南师大今年教师节的主题对吧，这就和南京大学、东南大学不一样。你们打算怎么写？写成什么样的作品形态？是消息还是通讯？

**邢怡：**消息。

**靖：**好，请坐。你们组还有没有补充？

**贡晨霜：**就教师节如何向老师表示感恩，我们采访了一些学生。他们有的认为好好听课、保持环境整洁也是向老师表达感恩的方式。另外一些同学认为：这些是他们应该做的，是他们的一种责任。

**靖：**我非常认可第一小组的汇报。

刚才邢怡介绍了采访过程，他们先到某个学院，没有获得消息。作为记者，他们在采访中碰了壁，没有如自己所愿了解到信息和情况的时候，积极思考，随机应变，在路上还不失时机地向同学提问，然后他们再到学校团委采访。这种积极思考、不断进取的精神是记者应有的品质和精神，值得肯定。

采访中要学会与采访对象打招呼，让采访对象了解我们的意图，这些都是基本的应该掌握的技巧。对了，以后你们自我介绍，就说自己是《江苏教育报》实习生，一定记住。你们已经在《江苏教育报》备案了。

以后我们在校园内外，在大中小学校乃至托儿所都可以进行采访，你们就等待指令。

《江苏教育报》那边希望我们去江苏各地采访，这个难度较大，偶尔为之可以，毕竟我们还要兼顾其他课程学习和考核。

好，请第二组报告采访情况。

**张睿：**我在看到这个选题的时候，想的是把我们这组的主题定位在“迎新”这方面，因为在我的印象里，教师节可能就是学校给老师发发福利什么的。

我们走出教室后的第一反应是去各个学院采访老师，后来改变了想法，决定采访别的岗位上的工作人员，问问他们在“迎新”时候做了哪些事情，于是我们将目标定为宿管阿姨和学校保安。

我们学校西区第 14、15 栋楼是新生宿舍，我们先去这两栋楼采访宿舍管理人员。但是宿管人员这两天工作比较琐碎，比较繁忙，不太愿意回答我们的问题，于是我们转战校门口。在路上我们采访了一位新生和一位学姐，问学姐是否参与了“迎新”工作，问新生是否满意学校关于“迎新”的时间和方式的安排。

我们来到校大门口保安室后，保安告诉我们，今年学校采取新政策，对送新生的车辆分流引导，让新生到宿舍安顿后再去各学院报到。我们还询问了他们的工作内容。几位保安对于学校的“迎新”工作表示很满意，觉得学校的安排一年比一年好。

**徐铭慧：**我们一开始没打算系统地、一步一步地采访。我们在路上遇到一个同学，先从熟人开始采访。

后来，我们决定从一个新生报到的角度报道学校“迎新”工作新变化。

我们还想去采访学校团委的老师，但是我们没有时间了。

我们在采访中，有时向采访对象问话问不下去，问到一个死胡同里了，大家都没有什么话说，挺尴尬。

通过这次采访，我们感到自己的专业知识不够，技巧也缺乏，必须努力学习。

**靖：**你们都能够积极地去采访，去思考问题，你们已经初步有了与人打交道、与人交流的经验和能力，这很好，即便有时候会很尴尬。

出现这方面问题主要是因为采访的目的不明确。你们的采访没有预先思考和准备。从事新闻采访工作必须有一个预先的思考和准备，这十分重要。比如说安排你们去采访校长，你们就要事先做好准备，也要有对现场突发事情的预见和应对能力。新闻采访的准备工作是极其重要的工作，以后我们会通过大量课时和实战训练来强化学习，让同学们真正掌握采访准备的方法和技巧。今天通过新闻采访的“试水”，大家初步认识到这个问题的重要性就行了。

有了这次“试水”经验，你们以后就会认识到采访准备的重要性。就今天而言，你们能够克服困难和障碍进行采访，哪怕是硬着头皮采访，这就是很可贵的。做记者脸皮要厚，要主动与人攀谈，要尽快消除与采访对象之间的陌生感，把与交流对象之间的心理鸿沟给填平。

你们在不断地动脑筋，也考虑到从新的角度、新的侧面来了解今年“迎新”的安排。如果要报道南师大今年“迎新”的特点或有价值的信息，你们可以从学工处或者团委那里了解一些特别的学生，例如创造全国纪录、世界纪录的体育特长生。要找到今年“迎新”的特点，一个是学生特点，一个是学校迎新工作的特点。记得十几年前我在广西大学新闻系上采访写作课时，同学们每年都采访报道一些“迎新”新闻，刊发在当地的《南国早报》上。

你们可以继续采访，现在正处于“迎新季”，这方面的新闻还能引起读者的注意。你们可以上网搜索这一二十年来国内外“迎新”的新闻都报道了什么，这样你们就能受到启发。从过往新闻中受启发、找差异、找报道的空白点，也是寻找新闻线索的技巧之一，以后的教学中会有专门的学习，这里从略。

清华、北大、复旦、南大，还有我们南师大，历年都有什么样的“迎新”新闻？你们把去年江苏媒体报道的“迎新”新闻全部搜索出来进行分析对比。你今年再写“迎新”新闻，你就会发现，你今天了解的这些实际上不具有多少新闻性，南京读者不会感兴趣，江苏读者和全国读者也不会感兴趣。信息是否有新闻报道价值决定于受众是否对其感兴趣。

有的新闻信息跟南京市读者有关，南京市的读者会感兴趣，该新闻信息对南京和江苏的媒体来说就有新闻价值；有的新闻，如某个人学在“迎新”的时候发生踩踏事件，导致30名学生死亡，这就是国际新闻，其新闻性来源于国际受众对30名学生生命的关切和痛惜。

接下来请第三组报告采访情况。

**林鑫：**我们决定围绕教师节进行采访。我们在课堂上听到这个话题的时候不知道采访什么，后来就近去了教育科学学院采访，询问该学院教师教师节是否有活动。我们被告知没有任何活动，只有学生会有一些活动。

后来我们去了教师教育学院，该学院教师说这几年国家政策改变，高校教师教师节补贴已经取消。他们透露说学校开学典礼会对优秀老师进行表彰，来庆祝教师节，学生会也会自发表示对老师的尊重。

后来我们换了一个角度，采访在职的老师，看他们在教师节对他们的恩师以怎样的方式表示感恩。采访后发现，有的老师会一直与自己以前的老师保持密切联系，在节日前后会与老师聚餐。隔得远的话会发短信慰问，表示自己对老师的尊重。可能因为他们自身是老师，所以对自己的老师比一般人更尊重。

我们采访完之后遇到了我们学院的骆正林老师。骆老师觉得学生对老师最大的尊重是在课堂上认真听讲，这是一个老师最大的欣慰。

**靖：**你们这个采访角度可以更丰满一些，你们还可以多采访一些人。一是了解老师对他们的老师如何表示感恩，要有发散思维，把这个点子做成一个新闻。二是了解老师们对学生有什么期望，骆老师的看法有意思，但是形成新闻还要补充采访。你们其他两位同学有没有补充？

**靖：**大家没有补充，那我做简单小结。此次小班教学实践，大家以饱满的精神和热情来参与。此次采访实践也暴露出同学们在采访过程中存在的问题。同学们暴露出问题这是肯定的，也是必然的，这也是件好事。你们还没有深刻认识到有关采访的一些基本问题。

我在新闻媒体工作时，是靠写新闻报道来养家糊口的，我那时的心态和你们在校学习时的心态是完全不一样的。在校学习，许多同学只希望取得不错的学习成绩，为成绩而学，但我相信你们主要为掌握新闻采访技能和知识而学。你们要注意转换学习心理和诉求，变常人思维为记者思维。变得越早，变得越积极主动，学习效果就越好。希望同学们一定要把自己当成真记者，走出校门也罢，躺在床上也罢，对接触到的所有信息，都要以新闻工作者的思维进行分析。

那么，如何分析接触到的社会信息？你们要分析这个信息与我们要服务的媒体的受众有什么关系，受众会不会对它感兴趣。这个问题后面的课程有专门的学习、训练，这里从略。

大概没有什么课程比新闻采访学课程更让人煎熬和辛苦的了。新闻采访学课程如果要出成绩，你们就要全身心投入，这一过程会很辛苦、很累。

接下来分析大家在新闻采访中暴露出来的问题，这也是今天课程要解决的问题。同学们对采访的任务、采访的具体方向以及采访要写什么东西，还不是太明确，采访也存在一定的盲目性，主题多变。你们所选择的题材、主题究竟能不能写成新闻呢？能不能报道出来呢？这要打个大问号。

我认为今天采访出现问题很正常，没问题当然更好，但这几乎是不可能的。不过这不要紧，因为你们还没有学过新闻采访学课程。

我们将来采访时首先要考虑有没有人对我们的报道感兴趣，谁会感兴趣，能不能写成报道，而不是为采访而采访。我们是为了满足读者的信息需求而从事新闻工作的。

我们的新闻采访学教学的支持媒体是《江苏教育报》。今天我们要考虑的读者对象是《江苏教育报》的读者。大家要考虑所选取的新闻线索、信息，写出的新闻报道与《江苏教育报》的读者有什么关系。未来我们会考虑再寻求其他媒体的支持。这段时间你们就要认真研究《江苏教育报》和《中国教育报》，研究它们刊登什么样的关于教育、学生、教师和校园的新闻。万事从基础学习开始，从易到难，循序渐进。

刚才对你们进行了课堂点评和指导。第一组同学听明白没有？第一组和第三组同学各考虑写一篇关于教师节的新闻。第二组报道“迎新”工作，还要重新采访，看看有没有“八卦”的、搞笑的、有特点的、有意思的、有报道价值的活动，至少要让南京范围内的读者感兴趣，要是能使江苏乃至全国读者感兴趣就更好。新闻报道的内容一定是报道覆盖范围内的读者闻所未闻而又感兴趣的，写出的稿件仅仅打动你自己是不行的，不能只是吸引、打动自己和亲朋好友。当然报道首先要吸引甚至打动我们自己和亲朋好友，如果说连自己和亲朋好友听了看了都感觉没意思，不感兴趣，那可能就是没有价值的。不过新闻是很怪的，有时我们感兴趣的却并没有报道的价值，而我们认为没有价值的却可能是有价值的。说怪也不怪，其实都是新闻市场、受众需求在起作用。这是后面的教学内容，先按下不表。

请同学们记住，在采访前和采访中首先要解决为什么采访的问题，要想好我们要写的是什么样的报道。刚才有同学说要写消息，那么消息是什么样子？一组和三组尽快写出来发我邮箱和微信。

你们的消息怎么写？要想写好消息，导语是关键。导语写作要符合规范，要突出最重要、最能吸引读者、最有价值的新闻信息。新闻标题也要把新闻标出来。段落之间逻辑性要特别强，围绕新闻选题所提供的信息要准确完整，不能有缺漏和模糊。所写的消息能够回答受众的关切和疑问就是一条完整的消息。下次我们分析同学们写的消息存在什么问题。采访目的不明确会导致采访效率低下。

## 第三教学环节：通过了解新闻报道形态<br>反观新闻采访与新闻写作的关系

**靖：**我们先打开网页来了解一下今天国内媒体有哪些重要新闻，分析某一条新闻写了什么、怎么写的、为什么这样写。学习新闻专业首先要亲密接触新闻，与新闻保持零距离。不关心新闻，不了解新闻，不了解国家和世界大事，我们就无法判断我们的报道是不是受众和社会所需要和关注的，同时我们也可能不知道如何写好新闻，因为你的脑子里没有信息背景。我们首先进入人民网主页。

（打开人民网）

现在是北京时间 2015 年 9 月 7 日 15 时 43 分，我们看到，这个时间点人民网首页的头条新闻是对习近平主席在纪念中国人民抗日战争胜利 70 周年大会重要讲话的评论。这也是一种消息写作的方式，这种新闻就不需要采访。

同学们现在看到的除了习近平总书记的新闻之外，还有李克强总理的新闻：《李克强向 1 270 万中小学教师发出大礼包》。这是关于即将到来的教师节的一则新闻。我们来看这条新闻，分析它都写了什么，为什么这样写，弄明白了这些，我们在写类似新闻时就知道怎样确立选题、怎样去采访。这种学习方式以后我们还会巩固、强化。

大家看到，《李克强向 1 270 万中小学教师发出大礼包》这则新闻的导语是这样的：

1 270 万中小学教师即将收到国务院发出的一份“大礼包”：李克强总理 8 月 26 日主持召开国务院常务会议，决定全面推开中小学教师职称制度改革，为基础教育发展提供人才支撑。

**靖：**这 80 多字里面奥妙无穷！记者为什么要这样写？为什么不写今天上午国务院在哪儿开什么会，会议由谁主持，国务院总理作了有关什么工作的讲话，他在讲话中提出什么？为什么呢？

同学们，你们要弄明白，这样写主要是为了让受众尽快获悉重要信息。会议报道主要是报道会议中透露的、受众特别感兴趣的、对社会发展特别重要的信息。

实际上这里有一个重要的会议报道理念，我撰写过《会议学概论》《会议新闻学》《记者招待会的组织与传播》《实用新闻发布学》《会议新闻的采访与报道》等有关会议传播的学术专著和学术论文。我的主要观点是：会议报道应该遵循大众传播理念，提供受众最为关切的信息。会议活动通常是会议主体——组织、机构、单位（党政军群和企事业单位等）开展的组织传播活动，但是会议活动不能以组织传播的理念进行大众传播。道理很简单，在无意注意的状态下阅读新闻的受众不是传播会议信息的组织的成员，不能把受众当成某个组织系统的成员或下级官员来传播灌输会议信息。我国的会议报道致命的问题是以组织传播模式报道会议信息。《李克强向 1 270 万中小学教师发出大礼包》这则新闻的可取之处是，从标题到导语都遵循了大众传播的理念和要求。

新闻写作是与采访有直接和紧密关系的新闻工作，采访和写作可以互补。我们在课堂上提前学习新闻写作知识，有助于我们把采访工作做好，同时把新闻写好。

这条新闻指出，“李克强强调，重视教育、关心教师，是各级党委政府的神圣职责。要深化职称评定制度改革”。这实际上讲的是职称制度改革的问题。职称制度改革，对中小学教师是一个福音，所以记者用了“发出大礼包”这个形象、通俗的说法。因时间关系，这个问题就不展开了。

接下来的新闻是《证监会：股市剧烈异常波动政府不会坐视不管》。它能排在人民网上这样一个位置，说明它是很重要的。这条新闻，千千万万的家庭、股民极为感兴趣，这条新闻表明，政府会呵护股市的发展，让股民在不断暴跌的股市中吃了一颗定心丸。当然具体效果怎么样要观察，要看有关部门采取的措施及其效果。

分析人民网的新闻，我们主要看它首页的新闻。那么，接下来，《把握正确方向是中美关系的关键所在》这条新闻是观点新闻，是专家所言或者是评论员文章。这个不是我们采访学课程教学要讨论的问题。

再接下来，《军事专家解读裁军三十万：海空军比例或增加》是要通过采访才能写出来的新闻，是记者通过采访有关专家写成的报道，具有一定的权威性，虽然是解读，但也是新闻。在我的新闻范畴内它还是观点新闻。专家的解读通过记者采访报道出来，这在新闻采访里面叫专访。用新媒体、自媒体做采访，特别有利于记者工作，能够减少记者的奔波劳顿之苦，节省很多时间。这是新媒体时代重要的采访方法和方式，区别于传统的采访，同学们尤其要学习掌握。

新闻采访未必是任何问题都需要记者跟采访对象面对面交流，这要视采访内容而定。但是有一点是肯定的，即，面对面的采访比其他形式的采访更直接、更有效。面对面采访时，记者能对采访对象的言行举止和心理活动进行直接观察。面对面采访有利于记者与采访对象进行思想和情感沟通，打消采访对象的顾虑，消除采访对象的不信任甚至敌意，同时有利于建立未来新闻工作关系，有时甚至会有奇迹出现，让记者不经意间发现重大新闻或新闻线索。你们还没有这样的体会，以后当然会有。我在当记者的经历中，面对面采访过省部级官员、社会名流、贩夫走卒、犯罪嫌疑人、罪犯等各类采访对象，感触良多。只要时间允许，记者就应该千方百计见到采访对象，对他们进行面对面采访（新闻连线和视频采访是面对面采访的特殊形式）。例外的情况也有，比如有的特殊的采访是不能让采访对象察觉的，有些采访记者不能见采访对象，有些采访对象因受到管制，是不允许记者面对面进行采访的。

再看下一条新闻——《中国女排重登世界之巅》，中国女排世界杯夺冠。这使我想起1988年我采写的《中国女排可望重温旧梦》这篇深度报道。当时我在中国人民大学新闻学院学习，班里有被称为“黑珍珠”的梁艳和刘晓军两位刚从中国女排退役的著名运动员。鉴于当时国人的中国女排情结和中国女排出现的一些负面新闻，加上韩国汉城奥运会中国女排表现不佳、比赛前景堪忧、可能无缘夺冠，新闻敏感触发我要采写一篇深度分析中国女排问题的报道。正如我分析和担忧的那样，汉城奥运会上中国女排败走汉城，比赛输得一塌糊涂。我写的报道实际上是说中国女排必败无疑，但写出来的报道却是充满正能量的深度分析报道。

这篇报道的采写还有一些插曲和应该引起记者特别注意的问题。我和班上的朱波同学采访了梁艳和刘晓军。采访中我用微型录音机进行了录音。报道写好后，我联系了我在中国新闻社广西分社学习期间认识的中国新闻社总部总编室陶编辑（《毛泽东的孙子考入中国人民大学历史系》也是陶编辑编发的，作为专稿分别给香港《明报》和天津《今晚报》刊发。报道在海内外产生了较大反响，后面的教学还会提及）。我将稿件送到位于甘家口的中国新闻社总社，陶编辑看了我的稿件，问能否公开两位被访者的姓名？如果能公开，新闻价值就大，不能公开，就不好发稿。我想了一下，觉得不能因为想体现自己的劳动成果，而不顾采访对象的处境和可能给采访对象带来的麻烦，做出有悖新闻工作者职业伦理的事情。我决定不公开被访者的姓名，后来将稿件投给另一家报纸。记得那天我们上张征老师的新闻写作课，朱波将刊有《中国女排可望重温旧梦》报道的报纸拿给向来都坐在教室第一排的梁艳看。我在后排看到，梁艳接过报纸，一看到我们写的报道，脸一下子涨红了，瞬间连脖子都红了。我第一次看见一个人脸红得这样快、红成这样。我当时想，她看了这篇报道一定是感到很突然和害怕，好在我没有让中国新闻社透露她们的姓名播发这条新闻，否则不知会给她们带来怎样的后果。（《中国女排可望重温旧梦》见附录二）

接下来我们再来浏览《中国青年报》网页。新闻报道存在同质化现象，国内外重要新闻同质化率会更高。媒体新闻报道一定比例的同质化是可以允许的和正常的，但是同质化比例过高就是一个问题。人民网是人民日报社的上市网络媒体，《人民日报》报道的，人民网通常也会报道。上面提到的一些重要新闻，《中国青年报》也会报道。

《中国青年报》值得一提的报道是《湖南“青年之声”深度服务“青年之需”》，这条新闻是“本报记者洪克非”的报道。这是通讯，不是消息。如是消息它会写“本报讯”“本报北京讯”“本报综合电”或者“新华社 ×× 月 ×× 日电”等。消息之外的新闻，一般笼统地称为通讯，包括特写、工作研究、专访、侧记、速写等。通过采访写成的新闻主要分为消息和通讯两大类。

再看这条新闻，《“真人图书馆”来啦》，这也是一篇通讯。

好，我们再看新华网页面的新闻。新华网是新华社的上市网络媒体。新华社作为全球新闻的供应商，每时每刻都有新闻报道。现在我们看到的《习近平与西藏的那些事儿》也是一种新闻，是把习近平在西藏的事儿，用集纳的方式集中报道的新闻，是资料性、背景性新闻。背景性新闻就是找一个由头，把过去的事儿带出来。

李克强向中小学教师发大礼包是比较重要的新闻，体现了国家对中小学教师的关心。这条新闻人民网刊发了，新华网当然不会漏掉它。

接下来，《中纪委：要使问责常态化》是记者采访中纪委有关官员写出的一则新闻。

《2014 年 GDP 增速修正为 7.3%，下调 0.1 个百分点》，这条新闻说的是老百姓关注的事儿。记得当年我在中国新闻社广西分社从事新闻报道的时候，到广西统计局采访，从大量数据里寻找有价值的新闻信息，写了不少对外报道。大家要学习怎么搜集数据，如何在枯燥的数据里发现有价值的新闻。

以上新闻信息让我们看到，什么样的信息才能成为新闻。我们要与新闻保持零距离，保持对新闻的感觉。

今天就是想让大家粗略了解国家级媒体主要报道什么，又是如何报道的。国家级媒体主要报道国家层面的问题和对全国受众来说有新闻价值的新闻。

作为初学新闻采访学、身居南京的学生，你们无疑也需要了解南京和江苏每天都有什么新闻。作为《江苏教育报》的实习记者，你们有必要了解《江苏教育报》的报道情况，看看本省的教育媒体每天都报道什么新闻。

我们来看《江苏教育报》电子版的头条新闻:《姜堰“严打”有偿家教实现“零违规”》。这则新闻报道的是家教问题。这是姜堰存在的问题。如果你发现南京也有这样的问题，也可以采访报道。

接下来的新闻是《我省全面部署校园安全大检查工作》，这也是跟教育密切相关的。再接下来的新闻是《全省首届“互联网 +”大学生创新创业大赛启动》，如果我们发现校园里有与该新闻相关的活动，我们就可以去采访。

一般情况下，头条新闻（在报纸报名下面的新闻或网络媒体名称下方的新闻）是涉及全局或某方面重要问题的报道。倒头条新闻是与头条新闻成对角在报纸左下方的新闻，通常是分量较重的热点、深度报道（以通讯居多）。我们现在看到的《在感动中成长，在成长中感动》，是一篇关于中学的德育实践之路的通讯。如果我们接到任务，要写南京某个中学某个方面教育改革的成果，那我们就要知道稿件应该怎么写、如何采访。

**靖**：通过一堂课的简略分析，我们了解到，新闻就是一定范围内的受众闻所未闻又有价值的信息。新闻的内容要新、要重要、要吸引人。

如果大家发现自己身边有关于教育、教学和校园的新闻，也可以通过采访写出稿件，向《江苏教育报》投稿。

好，今天的课程教学就到这里。

第一次课后，三个组的同学按照要求行动起来，积极采写新闻。他们分别发来习作（金星同学还单独采写了一篇），有的经我修改及时传给《江苏教育报》，已经见诸媒体。

第一次课后，我与《江苏教育报》总编室顾明珠主任联系安排学生实习采访事宜，并及时推荐稿件给该报刊发。

回首十几年前我在广西大学新闻系的新闻采访写作课程教学工作，我除了给同学们提供新闻线索、启发他们寻找和发现新闻线索，还常常为同学们联系采访单位和采访对象，联系媒体刊发学生作品，有时还亲自将学生作品送给有关单位审核盖章，再根据稿件内容将它们分别送到适合刊发的报社。自己虽然疲累些，但见到学生的稿件见诸报端，还是很高兴的。学生学有所成，教师是很有成就感的。这些我在相关教学论文[1]中已有总结。

## 【金星同学的课后习作及师生交流】

9 月 14 日下午 4 点多，金星通过微信发来一篇稿件。以下是金星同学的习作以及我与金星同学的微信互动交流内容：

### 我校在首届中国“互联网 +”江苏省决赛上成绩斐然

（本报讯 实习生　金星）今天下午，首届江苏省“互联网 +”大学生创新创业大赛暨首届中国“互联网 +”大学生创新创业大赛江苏省选拔赛决赛颁奖典礼在南京高新技术开发区雅居乐国际大酒店举行。我校“智慧农村——村镇管理系统”项目荣获创意组一等奖，打进了 10 月份在吉林大学举办的国家赛。

另外，“Hi 团课”项目荣获实践组二等奖，“DXC 健身平台”“宠物之家”“超级实习生”和“生态旅游”项目均获得创意组三等奖，成果颇丰！

在校就业办的组织和领导下，我校在这次“互联网 +”大赛上还获得了优秀组织奖。

**金星：**靖老师，帮我看看，还需要加些啥？

（当天下午，金星同学和她的团队一起参加颁奖典礼，她兴致勃勃地带上相机要去现场顺便采访、拍照，打算回来发一篇稿子。她在现场写了这篇稿件，还没来得及修改，就发给我。）

[1] 靖鸣．新闻应用课程教学如何提高学生的实践技能 [J]. 高教论坛，2004（2）：111−113+120.

**靖：**你的角色是媒体实习生，是《江苏教育报》实习生，实习生也是记者，你不是为南师大校内媒体做报道。比赛活动的基本情况是什么，多少支队伍参加比赛，二等奖有哪些，三等奖有哪些，这些都要提到。至于比赛在哪里举办根本不用提及。稿件中还出现了“Hi 团课”项目荣获实践组二等奖的信息，这不合适，新闻写作主题要集中、专一，一则新闻通常只写一个新闻事实。另外，你的稿件里为什么只写“荣获实践组二等奖”，而不写“一等奖”信息？你的稿子暴露了很多问题。你注意学习媒体上是如何报道新闻的，明天上课我们再具体分析你和同学们在写作和采访方面存在的问题。

**金星：**老师，我打算先投校报的……

**靖：**那倒可以。可是课堂上我们不是明确了吗？你们已经是《江苏教育报》实习记者，首先应该考虑为《江苏教育报》采写稿件。为了最大限度地实现新闻的价值，扩大其社会影响，要往大的媒体投稿。在校生采访报道也要自上而下思考信息的新闻价值，要思考自己获取的新闻信息或新闻线索是否能成为国际新闻、国内新闻、省内新闻、市内新闻，千万不要自下而上地思考信息的新闻价值，另外投校报的新闻也不能这样写。金星，你的写法也有很多问题，包括表达问题。明天细说。

**金星：**哦……

金星同学的稿件反映出来的问题说明，不明了怎么写、写什么，一定会影响到新闻采访。写作对采访具有反作用，新闻写作与新闻采访有密切的关系。

## 本章核心知识放送

**【何谓记者】**

记者是指新闻机构中从事新闻报道工作的人员，有时泛指新闻工作者，包括总编辑、编辑、播音员、通联工作人员等。记者也指为大众传播消息的一种职业。

**【何谓新闻采访】**

新闻采访是指记者为获取新闻所进行的观察、询问、倾听、思索和记录等活动。新闻采访是新闻写作的前提，是一种特殊的调查研究。新闻采访的目的在于搜集新闻素材，了解事件的来龙去脉，挖掘事实真相，为新闻报道创造必要的条件。新闻采访是新闻传播的起点。新闻写作在摄取素材方面有别于文学创作。新闻采访体现了记者的职业特点。

**【新闻采访的重要性】**

新闻采访在新闻传播中举足轻重，具有特殊的价值，它决定着新闻传播内容的真假和深浅。新闻采访是新闻工作和新闻事业的基础。

采访决定写作，决定写作内容的真实性、权威性，决定材料的取舍以及表达方式方法的选择。记者只有经过采访，获得新闻素材和信息，才能进一步进行选材、融材，完成写作任务。

**【新闻采访与写作的关系】**

新闻采访与新闻写作具有相互依存的辩证关系。新闻采访对新闻写作起着主导作用，新闻采访最终要落实到新闻写作中。新闻写作对新闻采访具有能动作用和反作用。写作虽然在流程上处于新闻采访之后，但这并不意味着记者必须在采访之后才考虑新闻写作问题。新闻采访和新闻写作像两股搓揉在一起的绳子，互相依存不能分离。记者在新闻采访之前和采访的过程和环节中就应该思考写作问题，比如采访的材料是否挖掘恰当，材料内容用哪一种新闻体裁表现更为恰当，采访细节能不能突出新闻性，采访的素材能否支撑起一篇有深度的新闻报道等问题。如果记者新闻写作能力存在问题，采访内容就无法形成一篇高质量的新闻报道。记者应该熟练掌握新闻写作的规律与技巧。记者只有熟悉各种新闻报道体裁，掌握新闻写作的基本方法，才能在采访时根据写作方向有针对性地提问，提高采访效率。

## 第二章

# 掌握新闻写作要领，明确新闻采访要求

9 月 14 日，星期一

**教学目的、要求、内容和设想（“剧情”安排）**

**一、教学目的和要求**

第二次教学活动是让学生掌握新闻作品（消息）写作要领，明确采访的目的、方向和要求。

采访是为了写作，不为写作的采访是只开花不结果的采访。学习新闻采访学必须掌握新闻写作的规则和要领。采写采写，采访与写作密不可分。采访决定写作，写作反过来影响新闻采访。不知为什么写和写什么，是无法进行有效采访的。所以，为了提高采访和写作的效率，采访之前要了解新闻作品形态及写作所需的新闻素材。新闻采访课程教学要通过适当的写作实战训练，让同学们在写作实践中掌握写作的技能，体悟新闻采访的意义。不能因为已经有了新闻写作课的教学安排，而在新闻采访学课程教学时淡化、回避新闻写作知识、写作能力的教学。

新闻采访学教学，要从实践和实际出发，尽快让同学们进入记者角色，去接触新闻采访工作中最核心的东西。

**二、教学内容和设想（“剧情”安排）**

第一教学环节：讨论同学们所写新闻稿件存在的问题。时隔一周时间了，同学们多少会有些反思和提高。

第二教学环节：通过学习，使同学们认知消息的样态，从而增强新闻采访的目的性，提高新闻采访的针对性和效率。

第三教学环节：让学生了解新闻采访中应该注意采集什么样的新闻素材，从而做到有的放矢地进行新闻采访。

## 第一教学环节：分析稿件存在的问题，强化学生对新闻写作问题的认知

**【同学们的稿件与点评】**

**靖：**今天是新闻采访学课程教学的第二次教学活动。这一次课程教学要解决同学们对新闻（消息）的认知问题。

上一次课程结束前，我要求同学们在这次课前提交一篇新闻稿件。这也是我的教学策划，实际上是为这堂课的教学埋下伏笔、做好前期准备。上一次课程教学在同学们未知未学的情况下，我让同学们去采访，同学们虽然出师不利，却都有很多的体会和收获。

新闻采访学课程分四个板块进行教学。

第一板块使同学们了解新闻作品应该是什么样的文本形态和表达样态，使同学们知道应该写什么样的新闻和怎样把新闻写好。

第二板块使同学们知道什么是新闻，如何进行有效的新闻采访。记者应知道受众需要什么样的信息服务、对什么新闻感兴趣。

第三板块使同学们了解记者工作对象的复杂性和接受采访时的心理。

第四板块让同学了解收集新闻素材应该掌握的方法和技巧。

我在上周跟《江苏教育报》的总编室顾主任聊到了你们几位同学今后在他们的帮助支持下学习新闻采访的问题。从 10 月份开始大家就要真正进入记者角色了，到时候你们尽量用自己课程时间和周二时间（周二同学没有课程安排）去采访，如果因为采访需要调课或请假，我会跟相关课程老师和学院说明情况。另外一个重要问题是：外出采访，安全第一。

上次三个组的同学把在课程中间和课后获得的一些新闻线索都写成了新闻稿，有的已经被媒体刊发。同学们的学习已经初见成效，我为你们高兴。

这次课程教学会让大家知道新闻采访学有哪些教学内容，新闻稿应该怎样写。你们应该学习新闻写作知识和新闻采访知识，了解新闻写作需要什么新闻素材以及新闻素材的来源，明确在新闻采访中应掌握的各种技巧和方法，应该注意的问题，增强你们学习的积极性和主动性。

我们的教学遵循这样一个逻辑：先导入实践，导入相关问题和案例，增强同学们的感性认知和一定的实践体验，再来学习研究有关知识和理论。这样你们学习的目的性和紧迫感会大大增强，你们的采写技能会得到提高。

首先分析金星同学昨天传给我的稿件《我校在首届中国“互联网 +”江苏省决赛上成绩斐然》（正文略，详见上文）。

金星同学，我觉得你的稿件不能传给《江苏教育报》，因为它还不具有报道的价值。采访报道首先要考虑这篇稿件新闻价值有多大，其次要考虑若能报道应该报道什么，这里

面什么信息才是受众感兴趣的。记者要想着全心全意为读者服务，要有受众思维、老百姓思维。记者的文字应把读者的眼球吸引住，把读者的心勾住。金星你自己说说你这篇稿件存在什么问题。

**金星：**老师您刚才说中了一点，的确我写这个稿子存在一点私心。

这个稿子里面写到的项目有一个是我自己的项目，这个项目获得了二等奖，同组有个小伙伴得了一等奖。我想把这个稿子投到校报，但又不想太突出一等奖。我觉得那件事情比较有新闻价值，所以才去写。但后来因为自己有点私心，所以……

**靖：**我说说你稿件存在的一些问题。

写新闻不要面面俱到，不要记流水账，要抓住核心和重要的内容来写。你发给我稿件，我以为你要我帮你看看能不能投到《江苏教育报》，我不知道你是想投到校报。投到校报你可以讲“我校”，但是投到社会媒体不能讲“我校”。

另外被报道单位要写全称。还有大家是记者身份，比如采访某个老师要讲他的职称、职位，不要讲某某某老师。你的报道没有从读者的视角写。采访的时候可以表示谦虚，尊重采访对象，但写稿不用客气。

另外，这件事有多大的新闻价值呢？“智慧农村——村镇管理系统项目荣获创意组一等奖，打进了10月份在吉林大学举办的国家赛。”这在学校媒体里面可能有点新闻价值，但投稿到其他新闻媒体就没有价值了。这只是预赛，有一点新闻性，但是感兴趣的人不多。如果是南师大某个组获得国家级比赛一等奖，这就有新闻价值了。所以它的新闻价值有限，充其量只能投校报校网，也还不知道能不能刊发。

接下来一个大问题就是消息导语的写作。写消息要考虑五个W一个H：何人、何时、何事、何地、如何、为何。大家要思考这六个要素中哪个要素是读者最关心最感兴趣的，哪个要素最重要最有价值。是“何人”重要，是“何事”重要，是“何因”重要，还是“解决问题的方法”更重要？哪个要素重要就将它突出写在导语里面。那么，你先来看看你的导语有多少个字，121个字！大杂烩！什么都往里面写。重要信息不突出，分散读者注意力。那么这121个字里，什么消息最重要、最有价值？为什么导语第一句就写时间？这个时间有价值吗？

学院保研考试或研究生考试，只要我出“新闻实务”的试卷，都会要求考生根据给出的材料写出不超过40个字的导语。考生必须在六个要素里面找出最有价值、最吸引读者的一个或两个要素，在40个字里面加以突出，而且这40个字里面，前20个字就要把读者牢牢吸引住。后面的教学我会给你们展示一些案例看看我写作导语的理念。

我现在这样说，你们可能还很茫然，不知道怎么写导语。消息写作里导语写作是最难、最折磨人的。写好导语，把读者吸引住太难了，只有真正当过记者的人才有这样的感触。我多年当记者的经验是，写导语的时间是写整篇新闻时间的1/2。一个新闻事件或事实里的若干要素和细节到底哪个最重要最有新闻价值呢？就拿南师大在这个活动里面荣获一等奖来说，你要用导语让读者快速了解到最重要最有价值的新闻信息。“今天下午”这四个字没有新闻性，何必要浪费宝贵的导语空间呢？

要突出新闻的时间除非有例外，比如今天下午我国向太空发射了一艘宇宙飞船，这才要写“时间”，这时候“时间”有新闻性，而且要写到几时几分几秒。否则，我是坚决反对消息导语写作一开始就写“时间”的。

“首届江苏省‘互联网＋’大学生创新创业大赛暨首届中国‘互联网＋’大学生创新创业大赛”这句话不能这么写，你上来就应该说南师大在 ××× 活动中获一等奖，打入即将在吉林大学举办的国家赛，次要的信息可以放在第二段来写。这样处理会好一点。

再有就是你要交代这里面埋藏的很多未知的东西，在第三段介绍这个活动有多少单位参加，活动是在哪里举办的，获得二等奖、三等奖的又有多少。

我们再来看张睿和徐铭慧两位同学写的已经发表的新闻：

## 中国女排主攻张常宁入读南师大

本报讯（实习记者 张睿 徐铭慧） 女排世界杯冠军中国队主攻张常宁通过高水平运动员招生，入读南京师范大学体育科学学院，成为体育教育专业 2015 级新生。

据南师大体科院党委副书记薛枫老师介绍，南师大是中国第一个开设体育教育专业的综合性大学，吸引了惠若琪、王嘉男、张常宁等优秀运动员就读。体科院根据国家运动员训练任务繁重的特点，为张常宁等同学制定了独特的培养方案与授课模式。学院将通过远程教学、视频授课、同学互助学习等方式，在不影响训练任务的同时，给予他们学业上的最大帮助，也为其今后职业生涯的长远发展助力。

（本新闻同时刊于《江苏教育报》和江苏教育新闻网）

**靖：**张睿、徐铭慧，你们有没有对比过自己写的原稿和发表出来的稿件有什么区别？编辑有没有修改调整？我看一下，基本上是没有变化的。导语是符合新闻写作要求的。新闻写作要千方百计突出新闻性。为什么这件事情能成为新闻？我们学校今年招了好几千学生，为什么没写别人？因为她是名人——中国女排主攻手张常宁。记住：名人就是新闻。新闻六要素里的“Who”是新闻的主体，“Who”是“谁”的意思，可以是人，也可以是桌子，是狗，不仅仅指人。“Who”越有知名度和显著性，其新闻价值越大。

还有，稿件犯了与上面同样的错误。不要说某某“老师”介绍，不要从学生的角度写，你们是记者。编辑没给你们改，我觉得这不大好。像这则导语如果按 40 个字的容量的要求来写，怎样才能提炼得更好一点呢？

我认为，导语写作最极致的要求是你写的导语不能多一个字也不能少一个字，否则就会出现语病和新闻失实。要按照这个标准来写导语。这则导语如果让我写，我会这样写："女排世界杯冠军主攻张常宁今天成为南师大体育科学学院新生。"多少个字？连句号28个字。在导语里我没有必要突出"通过入学考试"这一信息，这一信息和其他信息可以放在后面的段落来写。读者看完我的导语可能只记得一件事——女排世界杯冠军张常宁到南师大读书了，我写作的目的就达到了。你们要学会提炼。南师大是"中国第一个开设体育教育专业的综合性大学，吸引了惠若琪、王嘉男、等优秀运动员就读"，这个背景资料介绍得特别好。接下来，南师大体科院采用的教育方式也是读者关心的，很有必要写，你们提供的信息回答了读者的疑问，这个写得很好，很简洁。

你们可以盯着她们来到南师大之后怎么和老师见面交流，将来如何学习，继续采写她们的新闻。

做记者要有这种本领，就是你和采访对象建立联系后，能保证以后他有什么新闻，会惦记你，还会打电话找你，或你再采访他，他不觉得厌烦，乐意接受你的采访。记者能建立这种人脉关系才是称职的记者。

这则新闻和下面这则新闻都在江苏教育网发表了，可喜的是上面这则新闻还在《江苏教育报》发表了，祝贺同学们！你们在系统学习新闻写作之前，就通过采写训练和自学，发表新闻处女作了。

**南师大教师节开展特色主题教育活动**

江苏教育新闻网讯（通讯员 邢怡 贡晨霜） 适逢我国第31个教师节，同时也是南京师范大学113周年校庆，共青团南京师范大学委员会将组织开展"师情画意，文明相约"主题教育活动。

据记者了解，在教师节当天多数学生会选择用短信问候或是赠送小礼品的方式表达自己对老师的感恩之情，但多流于形式。对此南师大校团委提出"用行动向老师感恩，以文明向母校献礼"，组织各团支部在教师节来临之际用板书、板画的方式表达对老师和母校的感恩之情，倡导学生将对老师的尊重以及感恩之情落实到具体的行动之中，同时更注重对学生文明行为规范的养成。对此，一些学生表示规范自身行为是在行动上感恩老师，但也有部分学生认为遵守文明行为规范是一个学生应当具有的素养。

**靖：**"据记者了解"这几个字是多余的，可以改成"按照往年习惯"或者"在教师节当天"之前加"通常"二字。总的来说写得还是可以的。

还有一则是第三组写的采写作业，可能是角度选择的问题，没有采访挖掘到有价值的故事或信息，没有突出新闻点和特殊价值。这样写当然新闻价值不大，有点可惜。稿件如下：

**乡村特岗教师与南师大学子分享特别教育经历**

本报讯（实习记者 林鑫 金星 龚荃宇） 9月8日教师节前夕，“播种希望与未来——乡村特岗教师巡回报告会”在南京师范大学举行。

5位在乡村挥洒青春的特岗教师代表蔡小琴、巴世阳、熊唐汤、刘习聪和郭勇，分别来自湖南、河南、重庆、河北，他们分享了在乡村从教的经历，鼓励呼吁广大师范学生积极来乡村从教，为祖国贡献力量。

这场报告会既是特殊的教师节庆祝活动，旨在展示乡村教师之美，同时也是师范学子的第一课。

**靖：**这篇稿件新闻价值不大。这一活动是哪个单位组织的？你们要把这个交代清楚。这一活动怎么才能成为新闻呢？这5个人中间如果有知名人士，这就具有了新闻性，否则这5个人就没有提及的必要。稿件导语也不要突出“9月8日”这个时间，导语可改为：“播种希望与未来——乡村特岗教师巡回报告会”9月8日在南师大举行。

## 第二教学环节：了解消息的样态，增强新闻采访的目的性和效率

**靖：**接下来我们就按四个板块中的第一个板块的教学设计来给大家“灌输”一些理论知识。

**【导语写作的现场实训与课堂点评】**

**靖：**大家应该认识到导语写作的极端重要性了。消息写作中最为关键、最为重要的是写好导语，用“写好导语等于写好消息”来强调写好导语的重要性一点也不为过。导语是消息里的黄金宝地，记者对待导语要像姑娘对待自己脸蛋那样重视。记者要在导语这个“弹丸之地”、有限的空间里施展才华。导语好坏决定消息写作的成败。记者在采访过程中要不断思考，什么新闻素材最有价值，导语怎么写才能突出新闻价值，让读者“一见钟情”、欲罢不能。

下面我们来进行现场实战训练，以强化同学们导语写作技能。北京某报有则消息其导语是这样写的：

今天上午九时，副市长张百发又一次来到亚运村安慧里二区18号楼。与前几天不同的是，今天他带来了北京市城建系统几乎所有的局长、总经理。

**靖：**导语完全是记叙文的写法，时间、人物、地点，娓娓道来。第二段交代新闻背景：

这栋25层高的住宅楼建筑质量太糟糕了，楼内的墙皮脱落，板墙出现裂缝，部分厨房、厕所的地漏竟高出了地面。这栋楼在建成一年八个月后，迟迟住不上居民。

接下来的段落写张百发向大家宣布，工程质量有问题他负有领导责任，所以自罚一个月工资，以示自责。

同学们，这则导语问题何在？如何改写这则导语？你们就当自己是该报记者，面对上述新闻素材，先指出问题所在，然后用40个字以内的篇幅写出新的导语。

这是前年我给本院保研学生出的考试题目。现在我给大家留出15分钟的时间来写导语。

（15分钟时间一到，我一声令下，同学们将所发现的问题和改写的导语发到我们的课程教学微信群里。我先分析这则新闻导语写作存在的问题，然后再分析同学们发到学习交流群里的作业。）

张百发集中城建系统几乎所有负责人到亚运村里二区18号楼的目的是什么呢？核心的事实、读者最感兴趣的事实在导语中没有出现。这样的导语就是“盲导语”。盲导语，就是记者没有抓住新闻的核心要素，不着边际、盲目随意而写的导语。

上面这则导语，让人丈二和尚摸不着头脑：他们这是来干什么？导语没有告知读者感兴趣的信息。这条新闻的核心事实是什么呢？是亚运村的建筑出了问题，张百发作为分管的副市长是有领导责任的，他要当众宣布自罚——这才是最有新闻价值的。

这则导语所写内容，看似有很多信息，但其实没什么实质性的信息。这条消息的导语不妨改写成这样：

副市长张百发今天当众宣布扣发自己一个月工资以示自责。

**靖：**这样写比较简练。当然也可以将张百发这样做的原因放在导语中，导语字数不算多，也还是比较简练的，只是写进了原因，消息的悬念感和吸引力有所减弱。改写后的导语一下子就能吸引住读者。读者会问：副市长为什么当众自己罚自己一个月工资呢？这是从来没有的稀罕事啊！当然啦，这事儿现在想来不尽合法，副市长怎么能自己罚自己呢？他没有权力罚自己的！罚了几千块钱就了事，这本身也不合解决问题的规范。这是题外话，这里不展开。

导语写副市长张百发今天宣布扣发自己一个月的工资以示自责。接下来怎么写？紧接着，第二段就可以交代他为什么要自责。第三段再交代他带了哪些人来到亚运村。最后再交代背景材料——他为什么要来？因为亚运村楼房的工程质量出了问题。

好，现在进入课程学习交流群，看看大家对北京某报这则导语的分析以及如何改写导语的，我进行简略点评。

**贡晨霜：** 问题：首先我觉得写“时间”有些多余，其次是主要事件“自罚”没有突出。

改写：北京市副市长张百发因工程质量问题再临亚运村当众自罚，带来城建系统几乎所有高层。

**靖：** 你对问题的分析抓住了要害。北京市副市长张百发因工程质量问题再临亚运村当众自罚，带来城建系统几乎所有高层。

但是这种写法不符合书面语的表达要求。你注意到新闻价值问题，开头没有写时间和地点，因为这些根本不需要写。不写时间地点，就写事情——张百发今天当众自罚，就写这个事情。时间已经在里面了，写“今天”即可，不需要突出地写“时间”。另外，你说“带来城建系统几乎所有高层”，这个补叙有点累赘和别扭。

**金星：** 问题：导语面面俱到，重点要素不突出。

改写：亚运村安慧里二区 18 号楼出现严重的工程质量问题，副市长张百发带领北京市城建系统负责人当众自罚。

**靖：** 金星写作的问题：第一，你不要先写背景资料，那是“旧闻”。第二，突出了副市长张百发当众自罚，但是不必交代他带领城建系统负责人，说“带领”也不确切。

**徐铭慧：** 改写：副市长张百发再次视察亚运村质量问题住宅楼，同行北京市城建系统各局长、总经理。

**靖：** 徐铭慧没有指出原导语存在的问题，改写的导语也存在问题，这不是视察不视察的问题。楼房出现严重质量问题，这是个很不好的事情。不要写“同行北京市城建系统各局长、总经理”，这个没有新闻价值，且表述存在语病。

**邢怡：** 问题：要素不够突出，没有抓住最主要的问题。

改写：25 层高住宅楼建筑质量糟糕，北京市副市长张百发及城建系统官员上午九时再次现身亚运村。

**靖：** 邢怡分析得正确，但是从你改写的导语来看，你并没有掌握导语写作要领，你也存在“没有抓住最主要问题”的问题。“建筑质量糟糕”“再次现身亚运村”都不是新闻，真正的新闻就是“副市长张百发当众自罚”。

**张睿：** 问题：导语字数略多，语言拖沓，“几乎所有”指代不够明确。

改写：亚运村安慧里二区 18 号楼出现质量问题，副市长张百发当众自罚。

**靖：** 张睿指出了这则新闻写作存在的问题，但都是枝节性的小问题，没有发现这则新闻写作存在的根本问题。根本问题就是这则新闻导语没有抓住最重要、最具有新闻价值、最吸引读者的新闻点来写。改写的导语，先是交代背景，也没有尽快突出“副市长张百发当众自罚”这一最具有新闻价值的新闻点。

**林鑫：** 问题：导语字数过多，事件未表达清楚。

改写：今天上午，在亚运村安慧里二区 18 号楼前，副市长张百发当着城建系统几乎所有局长、总经理的面，自罚扣薪，以表自责。

**靖：**林鑫同学对这则新闻存在问题的分析没有抓到点子上，“字数过多”主要是事实提炼的问题，“事件未表达清楚”，具体是什么事实未表达清楚？主要问题是没有突出真正具有新闻价值的事实，没有在导语里“表达”有价值的事实。

“今天上午，在亚运村安慧里二区 18 号楼前”，对于导语写作，这些都是冗余信息，不应该这样写。导语可以一开句直接就说：“副市长张百发当着城建系统几乎所有局长、总经理的面，自罚扣薪，以表自责。”但是其中“以表自罚”的“表”字，用得不合乎规范，用“示”字好。我们应该把掌握的信息中最重要的信息突出地写在 40 个字导语的前 20 个字里。这对于初学新闻写作的同学来说很难，但是你们通过努力是可以做到的。

**龚荃宇：**问题：最大的新闻性在于副市长当众自罚，原导语只突出人物，未突出最重要的事件。

改写：今天上午，副市长张百发来到亚运村安慧里二区 18 号楼，为迟迟未解决的工程质量问题而当众自罚。

**靖：**龚荃宇对存在的问题分析精准到位，但是改写的导语存在不少问题，一是导语的开句没有必要突出“时间”，二是没必要在导语里突出“来到亚运村安慧里二区 18 号楼”，这个地点没有在导语里出现的必要性。

通过这一次写作实战训练，同学们应该能感觉到写好导语并非易事。我想起 1988 年在中国人民大学新闻学院张征老师的课堂上，她指导我们进行了大量的导语写作训练，这对我们的导语写作帮助很大。导语要想写得好，除了多实践、多写作，别无二途。

发现问题与不足，方知理论知识之欠缺。毛泽东说过：没有文化的军队是愚蠢的军队。我们可以说：没有专业理论的记者是愚蠢的记者。

**【案例分析：如何判断若干素材的新闻价值的大小】**

**靖：**采访归来，手头有若干新闻素材，那什么样的新闻素材才是最重要的、最具有新闻价值的呢？写作导语时，应该将新闻的六要素与新闻价值六大要素——重要性、时新性、接近性（相关性）、显著性、趣味性、变动性一一进行对比分析，最终将其中一个（最多不要超过两个）新闻素材写进导语。

课堂上我们进行写作训练的“北京市副市长张百发为亚运村工程质量问题而当众自罚”的新闻报道里至少包含三个新闻素材：一是亚运村的楼房建设质量出现问题，二是副市长带领城建系统领导来到问题楼房现场，三是副市长当众自罚一个月工资。

上述三件事哪件事最具有新闻价值？

我们先从重要性要素进行横向对比分析。重要性表现在两个维度：一是事件影响到的受众的人数多，很多人感兴趣；二是事件影响受众的程度深。事件与受众关系越密切越重要，关系到的人数越多越重要。第一件事北京市读者已有了解，是旧闻，读者已经不太关心。第二件事也是常有的事，从两个维度分析，它并不重要。第三件事体现了副市长勇于担当、以身作则的工作作风，社会关注广泛，受众感兴趣，具有广泛的宣传教育和警示意义，社会意义重大，具有重要性和最大的新闻价值。

我们从时新性要素进行分析。所谓时新性是指新闻事实在时间上是新近的（新近发生、新近发现、得知和将要发生），在内容上是受众未知的新鲜事。第一件事是早已客观存在的，没有时新性。第二件事是刚发生的，但是领导带下属到现场办公，这种事应该多有发生，并不新鲜。第三件事是刚发生的事情，时间近，内容新，人们闻所未闻，具有很强的时新性。实际上分析到这里，我们就知道消息导语里该突出哪个新闻要素了。

这三件事情有没有接近性？接近性是指新闻事实与受众的接近程度。接近性包含地理接近、心理接近、年龄接近、趣味接近、职业和性别接近等。三件事发生在北京同一个地方，对于北京读者而言都有地理的接近性。但是真正的接近性是人们对问题解决和处理情况的心理关切，也就是心理接近性，可见第三件事情具有心理接近性。

这三件事情有没有显著性？显著性指新闻事实涉及的人、事、物、地等因素令人瞩目。人物显著——北京市副市长，再一个，他是20世纪50年代闻名全国的劳动模范。另外还有什么显著性？有，这个工程是亚运村的项目，在当时来说是北京市的头号项目，建设得好坏，世人瞩目，当然具有显著性。

这三件事情有没有趣味性？趣味性是指事实新奇或富有戏剧性，情节曲折跌宕，能引起共鸣，对受众有吸引力。奇闻趣事、社会新闻、人间悲欢离合、动植物珍闻等可以归入此类。这件事显然没有什么趣味性。

这三件事情有没有变动性？变动性是指事物在发展过程中的显著变化，是同一事物的不同发展阶段的比较，变动越剧烈，程度越大，所产生的信息量就越大，新闻价值也就越大。第一件事是旧闻，没有变动性。第二件事是“第二次”，变动性不大。第三件事是核心的、实质性的、闻所未闻的，让人耳目一新，是个全新的事实，具有很大的变动性。

通过分析，你们马上就会发现，“副市长当众自罚一个月工资”这件事具有重要性、时新性和显著性，具有较高的新闻价值。

我们分析一个新闻是否值得采访，是否值得报道，其实只需要明确其中一个要素具有新闻价值就可以采访、报道了，不一定要六个要素俱全才进行采访报道。当然，一个事实具有的价值要素越多，其新闻价值就越大。

**【实训：通过对比选择，将最为重要、最具有新闻价值、最具有影响力的素材写进导语】**

**靖：**你们开始构思导语之前，不妨先将所掌握的新闻事实分解成若干独立的部分，然后比较、掂量，看哪部分素材或要素最有资格充当导语。

为让同学们直观理解掌握这一写作技能，我们来现场分解一个新闻事实：

某年6月6日—11日，某市郊区暴雨成灾。这一新闻事实可以分解成7个素材：①

市农业办主任向市领导汇报受灾情况；②受灾范围；③降雨量；④历史上同期最大降雨记录；⑤灾情——生命财产损失、农田受淹情况；⑥水库拦蓄情况；⑦平原城市是否受到影响。

在这 7 个新闻素材或要素当中，你们觉得哪一个才是最重要、最具有新闻价值的？

（同学们几乎是异口同声：灾情。）

**靖：**回答正确。素材⑤直接反映了灾情。灾情才是最牵动人心的核心新闻素材。那么，接下来的问题是：导语应该怎么写呢？

某市一家报纸导语是这样写的：

在昨晚市政府常务会议上，市农业办主任 ××× 汇报了市郊北部山区严重受灾和抗灾斗争的情况。

**靖：**这种写法的角度显然是领导角度、机关角度、组织传播角度，记者没有从报纸发行的角度、读者的角度和如何传播才能产生更好的效果角度来考虑问题：这个城市的读者面对洪灾最想了解什么情况呢？这样写显然不符合导语写作的要求。让人费解的是，这种写法至今依然充斥媒体。下面是我的写法，供同学们参考：

连续多日百年不遇特大暴雨造成市郊 ××、×× 两县 22 人死亡，6 人失踪，10 万民众受灾。

**靖：**同学们，这则导语里要写市农委主任吗？要写召开什么会议吗？要写向谁汇报吗？要写时间和地点吗？都不要！这些新闻素材或要素完全可以放在导语后面的段落里。导语要直击灾情！就像我们考察 7 个干部哪位能当科长，只能选择一人。

**【案例分析：将最有趣、最富有戏剧性和人情味的素材写进导语】**

**靖：**在导语中能够吸引读者的首先是重要的、影响大的事实，其次是新奇的、故事性强的、有人情味的事实。

读者是在无意注意的状态下阅读的，不这样写导语很难吸引他们的注意。如何将导语写作要领落实到写作中？我们通过一个案例来加深大家的认识，并掌握写作的技巧。

有一年，32 岁的安徽农民史小六，左前臂受重伤，失血休克。北京市博爱医院在无人缴费的情况下为其做了手术。然而，据说是为了逃避交费，史小六竟在尚未痊愈的情况下，悄悄离开了医院。

这家医院在《北京晚报》上发出了寻人启事，希望报社帮助寻找这位患者。《北京晚报》记者灵机一动，将寻人启事原文当作消息导语。导语是这样写的：

昨天下午，读者顾建向本报发来紧急传真：史小六，你为了逃避手术费，竟然左臂伤口内带着引流条就失踪了，请你立刻回到中国康复研究中心博爱医院接受紧急治疗，否则，你有感染截肢甚至丧命的危险。

**靖：**同学们，你们觉得这则导语写得好不好？这算是一种有创意的写法，直接拿医院的寻人启事作导语。但是我觉得这样写不是有效的表达，影响阅读效率，而且缺乏人文关怀。史小六是不想交钱才跑的，导语里不要提到与钱有关的字眼。这样写，史小六看见了，就更不敢去医院了。

《北京晚报》的写法显得得有点啰唆。下面是我改写的导语，供参考：

病友史小六你左臂伤口引流条没有取出就离开医院，可能会带来生命危险。

**靖：**这样写，史小六看见了就会着急。导语里不要提到钱的问题。其他要素在导语后面的段落再交代。

另外，在导语里不要写“昨天下午”，也可以不写“紧急传真”，导语一开始就应该把最扣人心弦、牵动人心的新闻信息推送到读者眼前，要像好莱坞大片一样，开头就能把读者的眼球吸引住。按照我的写法写出的导语，相信读者看到了也会为史小六着急啊！甚至会帮着医院来找人。如果在街上看到左臂缠着绷带的人就会联想到：这人是不是医院要寻找的史小六呢？

## 第三教学环节：掌握写作要领，提高采访效率

**【案例与实训：分析导语写作存在的问题，明确采访中最需要了解什么新闻素材】**

**靖：**我们来看下面这篇北京市防疫站通讯员写的稿件：

**北京市卫生局亚运会医务部迎亚运卫生工作会议在京举行**

北京市卫生局亚运会医务部迎亚运卫生工作会议今天在京召开。医务部负责人和卫生局有关处负责人就亚运会医务问题作了部署，全市各级医疗卫生单位都参加了会议。

亚运会医务部是为迎亚运会专设的 19 个部门中的 1 个，总管亚运会医疗卫生工作的安排调遣。

有关负责人就亚运会期间的参赛运动员、官员和工作人员的医疗保健工作、急救工作、

监督检测工作、防疫工作、性别鉴定工作等都作了安排部署。

据参加会议的北京市卫生防疫站站长张殿馀介绍，北京市 19 种主要传染病 8 年来总发病率持续大幅度下降，1982 年至 1989 年下降了 75.34%。食物中毒发病率也大幅度下降，1982 年至 1989 年下降了 94.01%，尤其近几年来呈稳定下降趋势。食品卫生、环境卫生的监督合格率也大幅度提高。

张站长说，这些成绩的取得是有原因的。目前北京市已形成市区（县）防疫部门、乡卫生院和各医院保健科三级防疫网，培养了一支近 5 千人的业务素质较高的防疫队伍。防疫部门的装备和监测手段已经现代化，三级网络通讯系统已进入计算机联网阶段。1983 年以来陆续制定的 8 个防疫方面的法规顺利实施。防疫部门已有了丰富的卫生防疫工作经验和有效的防病措施。北京卫生系统完全有能力在亚运会期间搞好防疫工作，杜绝传染病的流行和食物、饮食中毒事件的发生。

**靖：**北京市防疫站的稿件是一篇缺乏大众传播意识的会议报道，是对内部人员进行组织传播的宣传品。单位通讯员写出这样的稿件可以原谅，他很难摆脱组织传播的思维定式。遗憾的是，许多记者也是以组织传播的思维写会议新闻和其他题材的新闻。

记者要站在更广泛的读者角度思考：全世界的读者到底想要知道北京市亚运会医疗保障方面的什么信息呢？北京市防疫站为保障亚运会防疫工作做了哪些切实有效的工作？怎样打消世界舆论的疑虑？这才是全世界的读者所关心的话题，这才是有新闻价值的信息。

就导语写作而言，你们现在看到的这篇稿件的导语就是典型的以组织传播思维写的。它把重要的新闻信息都掩埋在诸多价值不大或没有价值的信息里面了。我们应该怎么写这篇消息的导语？应该从受众需要的角度来考虑导语写作问题。

经过上面的分析，如果同学们再遇到这样的新闻素材，相信就能写得更有针对性，写得更好。

导语中的“北京市卫生局亚运会医务部迎亚运卫生工作会议今天在京召开”交代会议是在哪里开。全世界的读者哪里会关心会议是在哪里开？这关受众什么事儿呢？再说北京市卫生局的会议肯定是在北京召开的，难道会在天津召开？

导语紧接着说，“医务部负责人和卫生局有关处负责人就亚运会医务问题作了部署”。你部署不部署，跟读者有什么关系呢？况且又没交代部署的内容，为何不直接告诉读者部署的内容？这样的写作模式还是受传统的文章表达的总分写作模式的影响，就是先高度概括内容，然后再娓娓道来。要知道，公文写作可以这样处理，无可厚非，新闻写作就不能这样写，记者应该尽快、直接地将最重要、最有价值、最令人关注的信息写出来。大众传播的受众不是组织传播的受众，你不吸引他，他就会放弃阅读，弃你而去。

另外，这则消息还说：“全市各级医疗卫生单位都参加了会议。”全市各级医疗卫生单位参不参加会议，跟读者有什么关系呢？所以说，整个导语写作不符合写作要求。

下面是经新华社编辑改写后的见报稿：

### 亚运会期间卫生防疫有保障

新华社 4 月 2 日电 “北京有能力在亚运会召开期间防止各种传染病的流行及食物中毒。”这是北京市防疫站站长张殿馀在今天召开的北京亚运会医务部迎亚运卫生工作会议上对记者说的。

据介绍，北京市 19 种主要传染病 8 年来总发病率持续大幅度下降，1982 年至 1989 年下降了 75.34%。食物中毒发病率也大幅度下降，1982 年至 1989 年下降了 94.01%，尤其近几年来呈稳定下降趋势。食品卫生、环境卫生的监督合格率也大幅度提高。

张殿馀说，目前北京市已形成市区县防疫部门、乡卫生院和各医院保健科三级防疫网。培养了一支近 5 千人的业务素质较高的防疫队伍。防疫部门的装备和监测手段已经现代化，三级网通讯系统已进入计算机联网阶段。1983 年以来陆续制定的 8 个防疫方面的法规顺利实施。防疫部门已有了丰富的卫生防疫工作经验和有效的防疫措施。

会上，有关负责人就亚运会期间的参赛运动员、官员、工作人员的医疗保健工作、急救工作、检测工作、防疫工作、性别鉴定工作等都作了安排部署。

**靖：**来看新华社播发的稿子的导语：“北京有能力在亚运会召开期间防止各种传染病的流行及食物中毒。”这是海内外读者极为关心的信息。

新华社修改稿紧接着交代信息来源：“这是北京市防疫站站长张殿馀在今天召开的北京亚运会医务部迎亚运卫生工作会议上对记者说的。”导语一开头不要说几月几日会议在什么地方举行，有哪些人参加……这些都不是重要信息，没必要在导语里面写，甚至整篇消息里都不必要写。

接下来，“据介绍……”这样的表述也比较恰当。记者了解到的信息多是别人介绍的，不是我们编造的，也不是我们想象的，所以要写“据介绍”“据了解”“据有关人士透露”，目的就是为了客观地呈现记者了解的情况。

再接下来，消息要回应导语。好，你说你有保障，依据何在？“北京市 19 种主要传染病 8 年来总发病率持续大幅度下降，1982 年至 1989 年下降了 75.34%……”1978 年以来，我们的各项数据都是下降的。看见没有？用新闻材料支持观点或结论。

第三段：“目前北京市已形成市区县防疫部门、乡卫生院和各医院保健科三级防疫网……”这个也是重要信息，这也是让国外的教练员和运动员们放心、让相关国际体育组织和读者放心的事情。我们说有保障，有根有据，不是瞎说的。

最后一段：“会上，有关负责人就亚运会期间的参赛运动员、官员和工作人员的医疗保健工作、急救工作、检测工作、防疫工作、性别鉴定工作等都作了安排部署。”同学们看见没有？

最后一段将几大工作一一罗列出来，这样是不是就能回答海内外受众所关注的问题，打消教练员、运动员、工作人员、官员和读者心中的疑虑了呢？所以消息写作要具体化。

以上就是我们现场进行的教学模拟与分析。如果时间允许的话，我更愿意让大家自己亲自改写这篇消息。

新闻写作和编辑奥妙无穷。编辑没有去实地采访。通讯员送来的稿件，经过编辑的改写，怎么就这么规范、可读呢？从我的分析中，大家有没有发现其中的门道？

**金星：**因为改写后的稿子抓住了读者关注的重点。

**靖：**是的，核心的一点就是从读者的角度来取舍材料。你们未来的写作就是在你们的采访本里面进行取舍，以读者角度和兴趣作为取舍的依据。如果报道的是大型程序性会议，当然可以有限度地从组织传播的角度作出取舍。

这里展开说一些与会议报道有关的问题。我国大陆媒体进行的传播是面向大众的组织传播，我们所提出的党管媒体、党媒姓党就鲜明地揭示了我国的媒体具有组织传播的性质，它们虽是向大众进行传播，但实质上进行的是组织传播，这明显不同于进入大众化报业时期的一些资本主义国家私营大众传播媒体的大众传播。可见，组织传播媒体也可以进行大众传播，换句话说进行大众传播的媒体，未必就是大众传播媒体。媒体的性质决定会议报道的方式，资本主义国家的媒体不管是报道本国官方会议活动，还是报道国外的类似活动，通常以大众传播的视角进行报道。我们的媒体如果报道党和国家的会议活动，尤其是民主程序性会议活动，如每年全国两会和党的全国代表大会议程中的一些民主程序性会议，按照组织传播的方式进行报道是符合情理和逻辑的制度性安排，只有这样的会议可以按照组织传播的方式进行报道，除此之外的会议报道就应该按照大众传播的规律和逻辑进行，如果把部门、行业、系统、企事业单位等的会议活动写成民主程序性会议报道，一般而言是报道者不了解组织传播与大众传播的区别，或被会议组织方要求必须按照其要求报道。这些问题，可以参阅笔者所著《会议新闻学》等著述，这里从略。

**【新闻处女作问世：邢怡同学报道世锦赛男子跳远季军王嘉男活动及采写感悟】**

**靖：**邢怡同学在世锦赛男子跳远季军王嘉男在母校南师大校园里的一次活动中发现新闻线索。后来，邢怡的报道被《南京晨报》刊发了，值得庆贺。

《南京晨报》刊发的报道如下：

**新科世锦赛跳远季军是南师大学生 王嘉男与母校同学分享激情**

在前不久结束的北京田径世锦赛上，18岁的徐州小伙王嘉男以8.18米的成绩赢得了男子跳远季军，成为首个在世锦赛该项目中登上领奖台的亚洲人。9月15日，作为南师大体科院 2014 级的学生，王嘉男回到母校，与老师、同学们分享了巅峰对决的激情和快乐。

## 同行不是冤家

同为跳远运动员，李金哲的以往战绩更好，他也更受关注。世锦赛上，李金哲表现欠佳无缘奖牌，而王嘉男却顶住压力拿到了铜牌。对此，王嘉男说："田径运动偶然性很大，哲哥受到的关注多，压力肯定大，赛前状态也不是特别好。"被问到与队友的关系时，王嘉男说："我们相处得特别好，一起训练完之后就一起玩，虽说同行是冤家，但是我们几个在一起不是这样。"

不仅和国家队的队友关系和谐，王嘉男和南师大的同学也处得很好，他在田径场上耐心指导大家跳远动作，并亲自示范如何起跳，赢得大家的阵阵欢呼。

## 心态是获胜关键

2012 年，王嘉男还在参加全国室内男子十项全能的比赛。短短 3 年之后，他却夺得世锦赛跳远季军。对此，王嘉男表示："我转练跳远是因为在全能里我的跳远很突出。其实，这样我的压力反而更小，毕竟我是练习全能出身，如果赢了最好，输了也没什么，所以说在比赛中心态就会比较好。"

王嘉男透露："我也遇到过挫折，比如今年年初就受伤了，世锦赛前一个月又拉伤，没有参加系统的训练。但是，我喜欢往好的方面想，总是让自己有更多的信心。"

王嘉男表示，"世锦赛过去了，我也只是收获了一枚奖牌而已。这次的季军，对我的里约奥运会肯定会有一些压力。所以，我必须在训练中更加努力。"

**【邢怡新闻采写的反思与小结】**

**邢怡：**我将我写的第五稿，对比着见报的内容也作了总结。靖老师说："你把在活动现场的心理与行为补充一下，这样可以发现自己的采访行为存在什么问题。是以粉丝的身份去参加活动的，还是以记者的身份去采访了解情况的？这样对大家会有启发。"

于是，我反思了一下自己在现场的表现。我当天中午才知道他下午会去操场，因为不是很清楚到底是什么样的活动，有没有比较大的新闻价值，也没有想着我一定要写稿。说实话粉丝心理更多些，我觉得能看到体育明星至少不虚此行，如果能写成稿子就最好。结果去了那边发现居然来了很多媒体记者，我就觉得应该是有报道价值的，然后才决定要写。但是这个决定已经太晚，此前没有对他进行了解。在最后会议上其实是有记者采访提问的环节，但我就想不到问题。我能想到的关于挫折之类的问题，其他记者也都问了，我就没有现场提问，所以这一点也是我要反思的。人物的采访必须要提前做好准备，想好问题才行。

这篇新闻稿经过多次的修改，虽然最终也没有达到一个高水平的写作，但对我来说很有收获。下一次采访中我必须提前做好准备，想清楚这样的新闻适合写成什么类型，在采访的过程中就开始构思，有些疑问必须当场得到解答，否则事后就会缺少素材。做一名记者，光有热情是不够的。靖老师也说："悟性要很高，要顽强，不怕吃苦。"从对这篇稿件的不断修改中我也真切感受到这一点，我想每一个行业都会是这样，初出茅庐一定会受到打击。所幸的是，刚刚开始进行新闻写作的我就能得到靖老师耐心细致的指导，在这里再次向老师表示感谢！

王嘉男回母校的新闻稿件在《南京晨报》刊登出来了，开心激动之余也发现原稿件和刊登出来的有很大的不同。

我原来写的标题是"王嘉男与母校南师大同学分享巅峰对决的激情与快乐"，当时我觉得标题有点长，最后该标题被改成两段式的标题"新科世锦赛跳远季军是南师大学生 王嘉男与母校同学分享激情"，后半段被放大作为主标题。如果将之前较长的一句话全部作为标题就很占版面，也不能一下子吸引受众。在标题的写作上不仅要做到简洁、高度概括和吸引受众，也必须考虑到版面以及受众心理等各个方面。

在新闻的第一段，编辑加入了 4 个字——徐州小伙。因为王嘉男是徐州籍的运动员，而对于江苏读者来说，写到徐州小伙就一下子拉近了与读者的距离，增强了新闻的接近性。编辑对正文部分做了一些删减，使其变得更为简洁。受众时间有限，记者必须用最简练的语言将新闻呈现给他们。可能是版面所限，本来写的三部分内容最后只登出两部分，最后一部分被压成一段作为结尾。原本我的结尾是南师大老师的一个总结。现在想来，老师的总结对于读报的人来说并不重要，如果是校报的话就会比较重要。在写作的时候必须考虑到报纸的受众群体，真正从受众的角度考虑如何进行写作。

我也要对照片的问题进行反思。当时在现场并没有拍到合适的照片，一方面是自己摄影技术的问题，另一方面自己也不够积极，当时没有想那么多，觉得写稿子就可以。到后来被问到有没有合适的照片时我才意识到自己的失误。我向同去的同学要到一张照片，然而她拍得也不够清晰，最后登报的还是王嘉男在世锦赛的照片，所以除了要会写，也必须会拍。

从这一次的报道实践中我也意识到我要学的东西太多。我希望之后和同学们一起学习，一起努力，一起进步！

## 本章核心知识放送

**【消息及其要素】**

消息是以最直接、最简练、最迅速的方式报道新闻事实的一种新闻体裁。

消息包括简讯（也称为百字新闻、快讯）和较长消息。从题材上来分，有事件性信息

（动态消息），有非事件性消息（人物消息、经验性消息等）。从专业上来分，有政治消息、经济消息、体育消息、文化娱乐消息等。由此可见，任何题材、内容，消息都可以表现。这是有关消息的最基础的知识。

我们在具体写作中会碰到消息的六个要素“5W+1H”，即：何人（Who）、何时（When）、何地（Where）、何事（What）、为何（Why）、过程如何（How）。每次写消息时都要思考这些要素要不要写在导语里或新闻里。采访前后要反复琢磨这六个要素，哪个要素重要就先写哪个。“琢磨”的标准和依据是什么？是新闻价值。

一条消息必须包含三个要素。这三个要素一是“何事”，二是“何地”，三是“何时”。在消息中，这三个要素是缺一不可的，否则消息就不成其为消息。

**【新闻的六要素】**

第一，“何事”要素。记者遇到一件事情或突发事件，第一反应是自问：这件事情是不是从来没有发生过，是不是很新鲜很稀奇古怪，是不是很重大。如果事情很小但人物重要，比如写美国总统早餐爱吃什么，也是新闻。

第二，“何时”要素。“何时”直接决定一则新闻是否具有时新性，是否具有接近性，是否具有显著性，是否有趣。另外，一些重大活动的时间的确定、变更，也具有较高的新闻价值。

我们采访，写稿，把稿子发到媒体，这三个时间点距离获得信息的时间越近越好。事件的发生、问题的出现不以人的意志为转移，我们只能决定采访报道的时间。新闻成立的时间距离发稿的时间越短，新闻价值越大。

第三，“何地”要素。记者要分析事发地点是否重要，是否与读者有接近性。一个发生在南京的新闻，在南京报纸登出来新闻价值就大，在浙江报纸登出来新闻价值就小。其中奥妙就在这里。面对“何地”要素时，记者要判断“地点”是否重要，“地点”是否有接近性，“地点”是否具有时新性。

第四，“何人”要素。“何人”就是新闻主体。这里的“人”包括人、动植物等，甚至包括我面前的讲台。如果这张讲台是纯金打造的，或是美国总统用过的，你写新闻就要突出这张讲台，而不是突出没有新闻显著性的教师。

对“何人”的判断要具体分析“何人”（施事者和受事者）是否重要、是否有名。信息传播包含身份传播。身份即传播。道理很简单，从受众接受角度来看，一个人越有名，其释放出来的信息和新闻的价值就越大。笔者的《采访对象主体论》一书中对此有充分论述，这里点到为止。

第五，“怎么样”要素。记者要分析事件或问题的“怎么样”这个要素是否重要，是否具有时新性、显著性、趣味性，有关方面采取的措施对社会或读者影响如何。

第六，“原因”要素。事件一发生大家都会问：“这是怎么回事啊？”接下来会问：“是什么原因导致的？”有时候事件很小但“原因”很特别，这个“原因”就会有新闻价值。

通过对几个新闻要素的分析，大家对新闻要素有了进一步的认识。养成上面的分析习惯，有助于我们在采访中抓取最具有价值的新闻信息和素材。

**【导语写作的极端重要性】**

消息写作最重要的是导语的写作，导语写好了，消息写作就成功了一大半。导语决定消息的成败。采访过程中要不断思考什么信息最有价值，需将其放到导语中。采访和写作分不开，采访的时候就要考虑导语怎么写。

# 第 二 板 块

# 树立科学的新闻观

# 第三章
# 科学的新闻意识是新闻采访的基石和保障（上）

9 月 21 日，星期一

**教学目的、要求、内容和设想（“剧情”安排）**

**一、教学目的和要求**

记者应该具有极强的新闻敏感性，具有极强的新闻意识。这一板块教学是要解决同学们缺乏新闻敏感性的问题，使同学们明白为什么要确立某个选题去采访，采访的意义和价值何在。

我们通过课堂教学方案设计，通过与媒体合作，利用某家媒体提供的新闻线索和选题，让同学们走出课堂，走出校园，投入新闻采访的实践，去实地采访、锻炼。

在这一学习过程中，我要求同学们了解《江苏教育报》《南京晨报》的定位、风格和写作要求，了解它们报道过什么，还需要报道什么，只有这样，同学们作为它们的实习记者才能知道自己为什么采访、写什么样的报道。

通过案例和实训，让同学们深切体会到什么样的信息才是受众所感兴趣和需要的，才是记者应该去采写报道的。同时，使同学尽快树立科学的新闻观，为接下来的学习打下坚实的理论基础。

**二、教学内容和设想（“剧情”安排）**

第一教学环节：测试同学们对新闻的认知是否科学，使同学们逐步形成对新闻的科学的认知。

我给出一定数量的信息，请同学们作出它们是不是新闻的判断，并阐明理由，发到我们的课程教学互动微信群里，然后在课堂一一呈现，由我进行现场分析，由此了解同学们对新闻判断的准确性如何，随后介绍分析国内外有代表性的新闻概念，并指出这些概念各自存在的问题，最后提出我的新闻概念。

第二教学环节：指导同学们运用新闻价值要素判断新闻价值，增强同学们分析判断新闻是否具有新闻价值的能力。

如何判断新闻价值的有无和大小？新闻价值有哪些要素？这些要素之间是什么关系？

这一环节帮助同学们了解新闻价值的要素及其相互关系。

## 第一教学环节：理解新闻概念，提高对“新闻”的科学认知

**靖：**从这一次课开始，《南京晨报》副总编辑、高级记者丁晓斌博士（后任该报总编辑）会不定时地参与我们新闻采访学课程的教学活动。感谢丁总加入我们的课程教学活动。需要告诉大家的是，我将我的新闻采访学教学设想与他分享，请他支持我的教学实验活动，并且坦言相告，纯属友情客串，没有任何报酬。他当即表示将鼎力支持南师大新闻与传播学院新闻采访学课程的教学实践和探索，只要时间不冲突，愿随时参与我们的教学活动，与我们共同培养新闻人才。

**丁：**靖鸣老师的教学探索很有意义，对我来说也是一次学习。

**靖：**今天是第三次课程教学。上一次课程我们解决的是“干什么”和为什么要“干”的问题。有意思的是，邢怡同学有一天作为粉丝，去参加了我们学校体科院“亚洲飞人”王嘉男的见面会，她在那个过程中间慢慢有了一点新闻意识，现场“被动地”进行了“采访”。她通过努力和与我多次互动，写好了稿件。我将稿件传给了丁总编辑，稿件第二天就见报了。这里我表扬一下邢怡同学，同学们要向她学习，善于寻找身边的新闻。新闻就在我们身边。从这节课开始，社会发展学院跨专业的钱澄同学加入我们的学习中来，原来第三组的龚荃宇同学和钱澄同学组成第四组。

我记得和大家讲过，我们新闻与传播学院的同学在学校里学习、生活，一定要和其他学院的同学不一样。你们面对社会信息，不仅要知其然，更要知其所以然。看到一条新闻时，你们要明了它为什么会成为新闻，这条新闻为什么这样写，这样写是不是最好的写法。你们面对校园和社会中的某条信息，要思考这条信息有没有新闻价值。作为新闻与传播学院的学生，你们要将自己普通人的意识变成新闻人的意识，要尽快实现这一角色的改变。

今天的教学将通过案例和实训，让同学们尽快树立和增强科学的新闻意识和受众意识。

同学们通过第二次课程的学习，面临着这样一些问题——作为准记者学习新闻采访，我采访什么呢？我如何判断某条信息是否有新闻价值？记者如果没有科学的新闻意识和认识，是无法当好记者的。当然仅仅有新闻意识是不够的，记者还要有与人沟通交往的能力。特别内向的人，通过努力也是可以改变自己的性格和行为方式的。

这里有必要补充一下我对“新闻意识”问题的研究。这个概念是我在《新闻意识与消息采写》（广西师范大学出版社 2004 年出版）一书里提出的，所谓“新闻意识”，是指新闻工作者主观意识对客观物质世界的职业性反映，是新闻感觉和思维、观念等各种新闻心理过程的总和。其中的新闻思维是新闻工作者特有的反映现实的高级思维方式。

新闻意识对新闻记者来说是必备的业务素质，它对记者的采访与写作具有决定性的作用，记者如果没有新闻意识很难成为一名合格的记者，有时甚至无法完成简单的采写任务。

记者首先要搞清楚新闻是什么。根据多年来当记者和带学生的经验，我发现一些记者的新闻意识不科学不正确。记者如果没有科学的新闻意识，就会漏报新闻，或把鸡毛蒜皮的事当大事来报道。

接下来对你们进行一个测试。你们是学过新闻理论课程的，我问你们：什么是新闻？

**金星：**新闻就是对新近发生的事实的报道。

**靖：**好的，还有没有不同的意见？

**龚荃宇：**新闻是对新近发生的事情的报道。

**靖：**有些类似，还有没有不同的看法？

**金星：**新闻是受众应该了解的并且需要了解的信息。

**靖：**对，新闻是受众应知欲知而未知的信息。

**【现场实训：如何判断获知的信息是不是新闻】**

**靖：**接下来我要给同学们提供 8 则信息。你们认为哪则信息具有报道价值就在信息序号后打钩，然后把自己的答案发到我们的教学互动微信群里。待会儿我要请你们阐述打钩或不打钩的理由。丁总今天也参与对新闻的判断，我们最后来看看丁总对新闻的判断与同学们的判断有什么区别。

8 则信息如下：

1. 南京市某家纺织企业党组织落实党员“三会一课”制度。
2. 商品房空置率如何统计？
3. 赫鲁晓夫与毛泽东的秘密会见。
4. 南京市今年上半年火灾发生率同比无大变化。
5. ××× 乡夜无电话声，早无堵门人。
6. 联合国掌管钱袋的 16 个人。
7. 一小偷忙碌一夜，仅偷得一元钱就被警察查获 。
8. 全国劣质商品展览会取消。

（同学们把答案发到群里，答案各不相同。）

**钱澄：**1.3.5.7.8 是新闻。

**贡晨霜：**3.5.6.7.8 是新闻。

**邢怡：**1.3.7.8 是新闻。

**张睿：**2.3.4.5.6.7.8 是新闻。

**徐铭慧：**1.5.7.8 是新闻。

**龚荃宇：**3.4.6.8 是新闻。

**金星：**1.2.3.6.7.8 是新闻。

**林鑫：**1.3.5.7.8 是新闻。

**丁：**我认为按照新闻价值大小来排序的话，依次是 3.8.6.7.4，其中，第 6 则信息提供的新闻点不是很明确，需要加以对比才能知道这则信息的新闻价值在哪里。

**靖：**贡晨霜同学，我想问你，你为什么认为第 2 则信息不是新闻信息？

**贡晨霜：**我认为只需要知道商品房空置率是多少，不需要知道怎么计算。我们一般人只会关心有多少空置的房间，而计算是专业的人去做的。

**靖：**第 2 则信息是新华社专门播发的新闻，你可以去搜一下。一则信息是不是新闻要看当时的新闻语境和社会背景。这条新闻是有背景的。当一些部门和专家对住房空置率统计有不同诠释、众说纷纭的时候，新华社记者通过采访国家统计局有关部门专家，给出了权威的说法。这是读者普遍关注的一条新闻。住房空置率涉及我国住房政策的调整和老百姓买房的心理和行为。如何计算住房空置率是当时令人关注的事情。

有几位同学认为第 1 条信息是新闻信息，你们可以试着去采访，看哪家报社会刊发你们写的这条新闻。

林鑫你为什么认为它是新闻呢？

**林鑫：**我认为如果“三会一课”是中央推行的某项制度，企业贯彻执行了中央制度的话，这就可以成为新闻。

**靖：**这是常识问题。“三会一课”是《党章》对党的组织的一个基本制度性要求。如果这家企业党组织不实行“三会一课”制度，这才能成为新闻。

张睿你认为第 7 则信息是新闻信息，是不是受我上堂课所讲内容的影响？

**张 睿：**确实是受上堂课的影响……

**靖：**这条信息告诉我们什么道理呢？它告诉我们如何看待新闻的显著性问题。

徐铭慧你为什么认为第 8 则信息是新闻？

**徐铭慧：**我觉得它是全国性的，又被取消，背后肯定有原因。

**靖：**这则信息是 1987 年国家还有轻工业部时候的信息。当时轻工业部发出全国劣质商品展览活动预告。活动的目的是让消费者看到劣质产品是什么样子，又是怎么“生产”出来的，以保护消费者的合法权利，治理制假售假的违法现象。几个月过后，确定的展览活动的时间到了，首都 30 多家媒体的记者去采访，可是轻工业部取消了这个活动，大部分记者都认为，既然活动取消了，就没有什么可报道的了。唯独《经济日报》一位记者觉得这背后一定有蹊跷。他认为这次活动没有如期举行的价值可能大于如期举行的价值，后来他经过采访写了一篇独家报道。

龚荃宇你为什么认为第 5 则信息不是新闻？

**龚荃宇：**夜无电话声，早无堵门人。我感觉这件事比较正常，信息量不大。

**靖：**恰恰相反，这曾经是一则影响广泛的大新闻，由时任《辽宁日报》记者后来担任

《人民日报》总编辑的范敬宜所写。

好，接下来有请丁总谈谈他对这 8 则信息的判断和分析。

**丁：**第 1 则，靖老师说得非常清楚，这就像大家平时按时上课一样，是非常平常的一件事。第 2 则，我也没把它当作新闻，但是在我们报道的时候，这个通常是作为新闻链接，比如说新华社发布中国商品房空置率达到 50%，这种情况下就会有一个新闻链接——商品房空置率是怎么算出来的？很多时候老百姓有疑问，这时候就要解释一下商品房空置率是怎么算出来的。这个作为新闻链接是很重要的。第 3 则，我觉得新闻价值是最大的。两个国家领袖会见本身就是一个重大新闻，更何况是秘密会见，更显示了它的非同寻常。第 4 则，正常情况下不是新闻，假如全国火灾发生率都在上升，而南京火灾发生率无大变化，那这条新闻就有价值。假如没有全国的高发情况，那么这条新闻就没有价值。第 5 则，该新闻获得全国好新闻一等奖，体现了时任《辽宁日报》记者范敬宜的新闻敏感性。但是现在写这么一条新闻我们就不会登了。第 6 则，我觉得这是最难判断的一条新闻，因为我不知道这 16 个人是多还是少，但是我隐约觉得这是大家会感兴趣的新闻，所以需要进一步采访才能得出结论。第 7 则，它的反差非常大——一夜和一元钱。如果一夜偷了一千元，可能就没有意义。第 8 则，宣布取消劣质商品展览活动很有新闻性。突然取消了，大家会感觉奇怪。是不是主管部门迫于压力？这是一件不同寻常的事情。所以它肯定是新闻。

**靖：**丁总分析得很深刻、很到位。我们传统的新闻概念是什么？陆定一先生说新闻是“新近发生的事实的报道”。我们做新闻，只要是受众有兴趣了解的信息，都能成为采访报道的目标。联合国掌管钱袋的 16 个人，新闻点不在于这十几个人，而在于联合国收那么多会费，这 16 个人怎么把这笔钱管好，这就很吸引人，是读者想了解的信息。如果以陆定一先生的新闻定义加以判断，它就不是新闻信息，因为它并不是“新近发生的事实”，是已经存在很久的客观事实。多年前路透社就做了详细报道，我是在《参考消息》上看到的。令我高兴和满意的是，同学们即便没有新闻工作经验也能作出较好的判断，得分能在 80 分上下。

**【新闻是什么】**

**靖：**从事记者工作首先要了解“什么是新闻”，什么信息具有新闻价值、值得报道。下面请同学们分析如下三个有代表性的定义，指出它们不尽科学、完善之处。

一是陆定一先生的定义：“新闻是新近发生的事实的报道。”

二是范长江先生的定义：“新闻就是广大群众欲知、应知而未知的重要事实。”

三是美国《太阳报》新闻部主任博加特的定义：“狗咬人不是新闻，人咬狗才是新闻。”

**张睿：**我先说第一个定义。每天我们周围新近发生的事情有很多，所以只能挑有重要性、趣味性和显著性等特点的消息作为新闻报道出来，而不是所有新近发生的事情都能作为新闻。第二个定义，我觉得广大群众欲知而未知的事，有些可能受政策上的限制是不能报道出来的。第三个定义我找不出来有啥问题。

**林鑫：** 我觉得第三个定义过度强调了新闻的趣味性。

**靖：** 第三个定义是用一种特别形象的说法来概括新闻的一个特性，倒不是仅仅强调“趣味性”，而公众需要的新闻不局限于此，这太片面了。范长江先生的概念有什么问题呢？我觉得“广大群众”是一个政治学概念，而新闻强调的是受众。再一个呢，他是站在人民日报社社长的角度来看什么是新闻的，当然只有很重要的事实才能登上《人民日报》。地方性报纸、市场化报刊、广播电台、电视台和互联网刊播出来的新闻未必都是所谓重要新闻，它们也刊播许多与老百姓生活密切相关的新闻信息，比如生活服务类新闻，比如明星八卦新闻。陆定一先生的概念问题在哪里呢？张睿已经说了。新近发生的事太多了，不可能都成为新闻。再者，陆定一先生的定义可能产生歧义，让人误认为新闻是指报道之后的新闻作品。这不利于记者去认识丰富复杂的未经报道的客观的具有新闻价值的事实信息。我们刚才列举的 8 则信息好多都不是新近发生的。

一条信息是否具有新闻价值不取决于它已经存在了多长时间，而取决于受众是否对它有兴趣。记者要做的工作是在获取有新闻价值的信息后，第一时间把它告诉给受众。

## 第二教学环节：科学认识新闻价值

**【牢固树立受众意识】**

**靖：** 现在出现了一个困扰大家的问题：怎样理解“受众欲知”呢？

这就涉及新闻价值的问题了，只有具有新闻价值的信息，才是受众欲知、感兴趣的信息。那么对于受众来说，哪些信息才可能具有新闻价值呢？什么是新闻价值？新闻价值有哪些要素和内涵？为什么你们过去写的一些稿件报社、新闻网站没有采用？

受众欲知的信息一定是具有新闻价值的信息。

新闻采访，难就难在不知如何把握“受众欲知”。一条信息是否具有新闻价值，不是宣传部部长说它具有新闻价值就具有新闻价值，也不是媒体老总说了算的，也不是记者认为具有新闻价值就具有新闻价值。谁说了算？受众！新闻的消费者！就像饭馆的菜肴是否美味可口要由食客说了算。因此，我们要牢固树立受众意识。

**【由人民网新闻分析新闻价值要素】**

**靖：** 接下来还是通过今天的新闻，来科学认识什么是新闻。让我们一起打开人民网页面，先浏览它今天刊发的新闻。

一条新闻之所以被报道出来，一定是具有其新闻价值的。我们来仔细看看，它们都具有哪些新闻价值呢？然后进一步了解新闻价值都有哪些要素。

来看它的滚动新闻，这里推出来的就是过去的一个时间段发生的重要事件。

《习近平就智利强震向智利总统巴切莱特致慰问电》，它为什么能成为新闻呢？

**金星：**强震，习近平，智利总统……

**靖：**强震，哪里都有，我们也关注不过来呀！这里最重要的是人物的显著性——中国国家主席习近平，中国国家主席习近平向强震国家的总统发去了慰问电。

下一条，《重庆市巫溪县官员一次“随茶便饭”吃掉“官帽”》，大家思考一下，这条信息为什么能成为新闻呢？

**林鑫：**官员，官员落马，跟贪污受贿有关，这是群众比较关心的问题。

**靖：**第一，“丢官帽”不一定叫“落马”；第二，大吃大喝主要是违反“八项规定”，不一定是腐败。它为什么能成为新闻呢？而且是人民网记者报道的。同学现在回答不了很正常。因为你们还不了解新闻价值的要素是什么。

新闻价值要素主要有重要性、时新性、接近性、显著性、变动性、趣味性等六要素。后面我们会专门展开论述，这里从略。只要新闻素材有这六个要素中的某一个要素，那么它就可以成为新闻。

新闻时新，一个是时间近，一个是内容新。新，就是新鲜，从来没发生过，从来没听过。我们从来没听过吃个“随茶便饭”就被免官的。或者说这样的事情有，但是并不多。这条新闻，主要是时新性，而不是重要性，它并没有多少重要的影响。

**【由《南京晨报》新闻分析新闻价值的内涵】**

**靖：**同学们，由于丁晓斌副总编辑亲情加盟我们新闻采访学课程教学，《南京晨报》以后也将是我们施展新闻才华的一个阵地，所以同学们以后也要多研究《南京晨报》。下面我们通过其网络版来认识了解《南京晨报》。

你要为哪家报社做通讯员、实习生，为哪家报社提供稿件，你就得研究这家报社的报纸。你要知道这家媒体报道过什么，它想要报道什么，而不是你想投什么稿件就投什么稿件。每一家报纸都有它自身的定位。

做新闻，永远都是一个比较的过程。老总派你去采访，可能你辛辛苦苦忙活一天发回稿件，老总又说这稿子发不了了。因为就在你采访的这段时间，国内外可能就发生了很多大事，有了更重要的新闻，这时你采访的新闻就显得不重要了，或没有今天非刊发不可的重要性了。所以大家以后从事工作，要习惯这样一种状态。

《我省通报 14 起违反规定典型问题》，这条新闻《南京晨报》为什么把它看得这么重要呢？

**邢怡：**首先这是江苏的事情……

**靖：**《南京晨报》报道的基本上都是江苏的事情，咱不能说因为是江苏的事情，《南京晨报》就报道。

**邢怡：**因为是江苏的事情，所以具有接近性。另外，它曝光的是“违反规定的典型问题”，具有显著性。

**靖：**嗯，这件事情具有一定的显著性。

**邢怡：**还有就是报道中显示的时间是“昨天”，所以说这件事具有时新性。

**靖：**不能这么说。如果这件事发生在10天前，但是这件事很重要，我们还是会报道它。

通常我们强调时新性，特别是时间，是考虑到媒体之间的竞争，看谁能先抢到新闻。但在这条新闻当中，时新性显得并不那么重要，主要是内容具有重要性。

新闻价值具有相对性。时新性，我们一般突出它的“新”，而不突出它的“时”。

再来看一条新闻，《长江南京段江豚数量缓慢增长》，这条新闻为什么会刊发？

**徐铭慧：**因为江豚是珍稀动物，已经濒临灭绝了。而现在江豚的数量竟然在缓慢增长，说明长江南京段的环境有所改善。我觉得这就是这条新闻的价值点。

**靖：**你说到了要点上。江豚这几年处于濒临灭绝的境地，人们还是很关注江豚的生存境况的。《南京晨报》的记者向有关部门了解到，江豚的境况有所好转，数量在缓慢增长——这就是有价值的新闻。

这条新闻的价值主要体现在它的“时新性”上，别的媒体没报道过，这还是特别新鲜的事，同时也是非常重要的事。有关部门很重视江豚的事儿，老百姓也惦记这事儿，这事儿能不重要吗？！江豚的数量有一点变化，你就可以写。如果再过一年，江豚的数量又增多了，你还可以写。

在未来的一段时间，你会发现，关于江豚的新闻还会反复出现。当然那时候可能具体情况不同了，背景不同、措施不同了。

有的新闻，记者一直跟踪，可以报道好长时间，这样的新闻我们可以“吃”很久。如果明年这个时候，我们发现江豚的数量又锐减了，那这又将是一条可报道的新闻。这是我们不希望看到的。

**丁：**我插一句啊，《我省5岁儿童七成有蛀牙》这篇报道，主要因为昨天（9月20日）是世界爱牙日。

**靖：**好了，我们通过这几条新闻的剖析，就是想让大家对新闻价值有个感性的认识。我对新闻价值做了一个梳理。国外学者主要把时新性放在首位。中国的学者主要把重要性放在首位。新闻价值的六个要素，国内外学者基本上形成共识了。

**【新闻价值判断训练：多视角透视“某”盗窃案】**

**靖：**以下虚拟案件供同学们思考分析：

某一天有一个窃贼出于某一原因在某地采取某种手段盗窃若干某物被某人以某种方式抓获。

这里面的“某”，只要它有新闻信息，我们写稿就加以突出。所以，这里面出现的任何一种情况，写出来的稿子都是不一样的。明白我说的意思吗？为什么报纸上几乎每天都有盗窃案、杀人案，它依然会有新闻性呢？这是因为记者将一个案件里面的某一点新闻要素加以突出来写的。好，下面大家来设想一下这桩虚拟盗窃案的不同情境。

**林鑫：**“某一天”可能是小偷的老婆生日的那一天，他想给老婆买一串18克拉的金项链，实在没钱，出此下策，瞒着老婆，到新街口金鹰国际店那边，从地下通道进入，实施盗窃……

**靖：**哈哈，你还蛮有想象力。这样的“某一天”才比较有可报道的价值。

**龚荃宇：**如果这个小偷是个三岁大的孩子……

**靖：**很好。如果是个三岁大的孩子去偷东西，那么这绝对是一条有价值的、吸引人的新闻。“某人”可以成为新闻点。但是涉及未成年人、女性的，在写作中我们要注意保护他（她）的合法权利。

**徐铭慧：**如果这小偷本身就是警察，警察监守自盗，那这条新闻也挺有意思。

**邢怡：**有钱人盗窃。如果小偷是个有钱人，那他为什么去偷东西呢？这也是个新闻点。

**张睿：**在公安局，或是在中国人民银行的地下金库里面发生了盗窃案，那也是新闻点。

**靖：**嗯，这样的话就可以突出“某地”。另外，如果盗窃的手段很怪异，或者偷窃的金额只有“一块钱”，或者是偷了很多钱，或者是这个小偷是被他老婆举报抓住的……也可以考虑在导语中加以突出。我们突出以上要素或环节中的某一点，就可以进行报道。

所以说，这样一桩盗窃新闻，不取决于案件的大小，而是取决于这些要素是否是我们闻所未闻的，是否能吸引人，是否能让人警觉。要善于发现事件中的每一个要素。如果能在不起眼的事件中将有价值的信息发掘出来，就可能使一则被忽视的事实信息起死回生，成为新闻。导语的写作就要善于抓住某一个要素的新闻性、新闻点来写。

**【《南京晨报》丁总进行新闻案例分析】**

**丁：**在这里跟大家谈一下近期发生的宝马车肇事案。

我想南京市几乎每个人都知道今年（2015年）6月20日的宝马案，今天又有新闻出来了。有一名肇事者，在友谊路口，开车开到195公里/小时的速度，撞上了一辆马自达轿车和一辆公交车，造成了2死5伤的这么一起特大交通事故。我们的主管部门也好，当地的政府部门也好，没有任何掩盖、包庇的意思。该案后来在全国产生了这么大的影响，这是出人意料的。我建议大家回去好好搜集一下资料。从6月20日开始，一直到今天中午。有专家说，间歇性突发精神病是可以伪装的。如果肇事了，大家是不是都可以伪装？

应该在8月底9月初的某天，某个微博指出肇事者当时突发精神病。后来新闻媒体介入。但是那一天的采访，各家报纸是不一样的，可以说我们《南京晨报》的表现是失分的。我想任何一家媒体得到这样的信息，首先应该是质疑，认为这里面有猫腻。

我们记者当时遇到的是这样的情况：交警说，经过脑科医院司法鉴定所的鉴定，肇事者有间歇性突发精神病。然后我们去采访了脑科医院的专家，但司法厅已经跟脑科医院打了招呼，让其不要接受任何人的采访。

后来，我们来到中大医院。中大医院的医生解释了什么叫间歇性突发精神病。我们的报道到此为止：警方公布了肇事者是间歇性突发精神病，并且中大医院的医生解释了什么是间歇性突发精神病。

但是，《扬子晚报》采访了受害者的父母。受害者父母肯定地说，他们不能接受啊。

再看《现代快报》，人家没有采访受害者的家属，而是采访了肇事者的家属。肇事者家属肯定地说他们相信科学，相信医院会有科学的断定结果。

电视台呢，又去采访交警了。交警说什么呢？说肇事者在事发前打过报警电话，说有人要追杀他。为什么肇事者在红绿灯那里没有停下来，而是飚着高速冲了过去，就是因为他觉得有人在追杀他。

不同的媒体采访了不同的采访对象，第二天的报道五花八门。这些个报道，谁高谁低？如果你只是就事论事，那么最简单，南京市交管局在它的官方微博已经公告，就是鉴定结果“市交管局公布 620 宝马案，肇事者 ××× 是 ××× 病”。

但是你要知道，外面的舆论已经沸沸扬扬，这件事在全国已经闹得满城风雨，大家谁还要看你的报道？你报道的东西，人家交管局官方微博上已经公布出来了。你说，我要扒这个底，我要去采访。怎么采访？你从什么角度去采访？采访谁？

现在我们的主管部门也有它的智慧。它的智慧在什么地方？它的智慧就在于，他在晚上九点钟发布鉴定结果。等我们要去采访核实了，脑科医院的专家已经下班回家睡觉了，受害者家属电话也打不通了。另外，我们一般的截稿时间是晚上九点到十一点，你怎么能顺利地找到采访对象，采访到你最想要的新闻，再及时把稿子发回来呢？

像这种事情，你一个人是完成不了的。这就需要小组合作，这两个人跑医院，那两个人跑交警大队，还有的人找受害者家属和肇事者家属，小组成员之间要相互合作，这样才能组合成读者想看到的完整的信息。只有这样，传统媒体才有生存的希望。

如果我们只是简单地把网上的东西复制下来，没有质疑，那要报纸做什么？

**靖：**丁总分析得很透彻，新闻事件往往很复杂，要考虑到很多问题。这个鲜活的案例，同学们进一步思考，可以得到更多启发。

## 本章核心知识放送

**【新闻价值】**

新闻价值是指信息本身所包含的足以构成新闻的特殊素质，是记者衡量事实信息能否成为新闻，编辑衡量新闻稿件能否成为新闻作品的标准。这些特殊素质的共同特征是，能引起广大受众的兴趣，能被广大受众关注。新闻价值的根本着眼点就是广大受众的普遍关注。

新闻价值是新闻事实本身所具有的，不是人为附加给它的。

新闻价值、新闻价值观、新闻的价值，它们是三个不同的概念。新闻价值是一个客观的东西，新闻价值观是一个主观的东西。而新闻的价值，是新闻作品所具有的价值，是主客观结合的产物。

一条新闻之所以能“爬”到媒体版面上，“爬”到新闻头条位置上，是由新闻的价值要素决定的。

**【新闻价值六要素】**

重要性。重要性是指信息具有的为多数人所关心的社会意义。信息与受众关系越密切越重要，关系到的人数越多越重要。

时新性。时新性是指新闻事实在时间上是新近的（新近发生、发现、得知和将要发生），在内容上是受众未知的新鲜事。新闻事实时间越近，新闻价值越高，内容越新，新闻价值也越高。

接近性。接近性是指新闻事实与受众心理的接近程度，反映的是社会类型相同的人们对同一事实的态度、兴趣和关切程度。新闻接近性可作如下分类：一是地理上的接近性，二是行业职业上的接近性，三是性别上的接近性，四是年龄上的接近性。

显著性。显著性是指新闻事实所涉及的人物、地点等因素为众人瞩目。显著性也指新闻事实超乎寻常，极好或极坏的事实会特别吸引人们的注意力。

变动性。变动性是指事物在发展过程中体现出来的变化特性。对同一事物的不同发展阶段进行比较，可以发现事物的变动性。事物变动越激烈，程度越大，所产生的信息量就越大，新闻价值也就越大。事物的变动性越大，受众的兴趣就越浓。

趣味性。趣味性是指事实新奇、富有戏剧性、情节曲折跌宕、体现出人情味等，能引起受众共鸣，对受众有吸引力。

# 第四章

# 科学的新闻意识是新闻采访的基石和保障（下）

9月28日，星期一

**教学目的、要求、内容和设想（“剧情”安排）**

**一、教学目的和要求**

从事新闻工作，需要具备极强的新闻敏感性。本次教学的目的是让同学们真正理解和掌握新闻敏感性的要素，提高和增强新闻敏感性。

**二、教学内容和设想（“剧情”安排）**

第一教学环节：通过实训使同学们掌握新闻敏感性的内涵和要素，增强新闻敏感性。

第二教学环节：通过实训使同学们增强读者意识，提高新闻采访的针对性。读者是记者的上帝，新闻意识说到底是读者意识。判断新闻、衡量新闻价值的大小、采写新闻都需要有很强的读者意识，都要从读者（受众）角度考虑问题。这一教学环节，通过实训强化同学们的读者意识。

## 第一教学环节：通过实训增强学生的新闻敏感性

**【通过寻找新闻线索检验和锻炼学生的新闻发现和判断能力】**

**靖：**上节课下课前我布置给同学们一个作业：让大家用一周的时间，寻找两三条新闻线索到课堂交流汇报，大家一起分析你发现的信息、线索有没有报道的价值。

在这一周里面你们发现了对南京市读者、江苏省读者乃至全国、全世界读者有价值的信息没有？接下来就请大家把线索发到群里来，有就发，没有就不发。

**金星：**

1. 南京森林音乐节，吸引了众多年轻人。

2. 中秋节当天，仙林苏果社区店月饼被抢购一空。

**钱澄：**

1. 9 月 24 日全世界穆斯林共度古尔邦节，南师大穆斯林穿盛装去清真寺朝拜。
2. 南师大新闻与传播学院新闻系女生骑自行车磕断牙齿。
3. 9 月 26 日南师大美院学生举办的画展闭馆。
4. 9 月 24 日米兰世博会南京周展会闭幕。

**林鑫：**

1. 9 月 27 日扬州瘦西湖千人吃早茶，创吉尼斯之最，著名作家林清玄也参与其中。
2. 中秋节正值扬州 2 500 年城庆，何园举办祭月大典，广场点亮了 2 499 个圆月，场面震撼。

**邢怡：**

1. 保研推免系统开放，推免名额在增多，考研越来越难。
2. 高淳即将承办国际马拉松比赛，报名开始。
3. 南京森林音乐节开幕。

**龚荃宇：**

1. 南师大附中发生一起外教打人事件。
2. 强化院上周为改造学明楼一教室为咖啡馆发起众筹。
3. 体科院一学子夺举重世界冠军。

**张睿：**

1. 南京森林音乐节游客数量庞大，游客自觉性差且安保不完善，易发生踩踏事故。
2. 南师学长自主创业，创办“倾樽酒庐”。

**徐铭慧：**

1. 南京农业大学生物标本库对市民开放。
2. 南京森林音乐节。
3. 南京首个苹果直营店 9 月 19 日开业，市民彻夜排队。

**靖：**大家的新闻线索和选题都发在我们的微信群里了。总的感觉是大家发的线索大部分为校园里的线索，说明大家在校园里的新闻意识是有了，但我还是希望你们能在校园外发现一些具有新闻价值的信息和线索。读者未必对我们现在的这些信息感兴趣。因为媒体不是南师大办的，读者是校门外奔波忙碌的老百姓。

来看金星同学的线索信息。我们获知线索信息一定要对照新闻价值六要素进行思考分析。“南京市森林音乐节”这一线索信息还是有价值的。这是不是南京市首届森林音乐节？如果是首届新闻价值就更大。

第 2 则信息是中秋节当天“仙林苏果社区店月饼被抢购一空”，这则信息的新闻点在“抢”字上，那是怎样的抢法呢？把“抢”字反映出来就是有价值的新闻。我们发现一个新闻点，一定要有发散式思维，应迅速到其他苏果店或非苏果店了解情况，是不是月饼都抢购一空呢？是的话就有新闻价值。应找到顾客采访，为什么要抢购呢？一方面问顾客，另一方面问店家，了解去年、前年是什么情况。如果问出一个让人眼前一亮的原因，马上就可以写，就可以投稿。

接下来是钱澄同学的线索信息。第一条是穆斯林共度古尔邦节。南师大穆斯林穿盛装去清真寺朝拜。南师大师生中有多少是穆斯林呢？媒体一般不会渲染宗教新闻，你去看看南京的媒体有关于古尔邦节的新闻吗？只有少数民族集聚的地方才会报道这些新闻，汉族地区这样的活动规模肯定不大，新闻价值有限。但是这确实是一个线索，记者一定要像天真烂漫的孩子，对周围发生的一切事物都要十分好奇，去打探真伪，去刨根问底，去判断是否具有报道价值。

第 2 则是南师大新闻系女生骑自行车磕断牙齿。这是很一般的社会新闻，除非满嘴牙都磕掉了，或骑车磕断牙齿是看手机导致的，再不然就是南师大这个女生有特殊背景，有人物的显著性，你去追问一下原因，是怎么骑车把牙齿磕了的。做记者就是要有发散思维，挖掘信息的价值所在。

第 3 则是南师大美院学生举办的画展闭馆。“闭馆”这个信息通常是没有价值的，这一类的活动“开馆”才可能有价值。除非出事了，或作品被订购一空。也可以思考：美院学生举办画展是不是很正常的事情呢？是不是南师大学生第一次举办画展呢？不是的话，价值就十分有限。获悉信息时一定要想，参与的主体客体是否具有新闻的显著性和重要性，有显著性和重要性就有新闻价值。

第 4 则是米兰世博会南京周展会闭幕。大家以后一定要注意，不管什么活动，开幕的新闻价值一定比闭幕的新闻价值大。如果活动不大，写了开幕一般都不会再写闭幕了。闭幕本身没有多少价值，闭幕了要看这个博览会有什么成果，和之前有什么差异，可以在这些方面看看有没有新闻价值。

林鑫同学的线索第 1 则是“瘦西湖千人吃早茶”，这个线索一定是有新闻价值的，价值在吉尼斯纪录，再有一个在瘦西湖，地点具有显著性，如果是发生在南师大，那价值就小了。

第 2 则信息是扬州 2 500 年城庆，你是在报纸上看到的吗？

**林鑫：**是朋友圈中的信息。

**靖：**不管信息来自什么媒体和渠道，都要考虑这则信息是不是真的。第 2 则信息是不是依然有很多人关注？

邢怡同学的线索信息中第 1 则信息是保研推免系统开放，推免名额在增多，考研越来越难。其中一个点是推免系统开放，另一个点是考研难，需要进一步去了解。第 2 则信息是高淳即将承办国际马拉松比赛。这肯定有价值，不管在哪里举办都有价值。

龚荃宇的 3 则线索信息都有新闻价值。

一是南师大附中发生一起外教打人事件，这是爆炸性新闻啊，有报道吗？外教打人事件涉及外事和外交，报社报道会有一定的限制，但是这不影响我们对线索的判断。我们要有敏锐的新闻意识。当记者要做到“三不”：到别人不敢去的地方采访；到别人去不了的地方采访；到别人不愿去的地方采访。

二是南师大强化学院上周为建咖啡馆发起众筹。这是很有意思的线索，那你就要去进一步了解事情的来龙去脉。写稿子不能给读者留下很多疑惑，要站在读者角度考虑采访问题。

三是南师大体科院一学子勇夺举重世界冠军。这个线索信息一定是新闻，问题是你怎么能采访到他或者采访到他的老师、家人。我们没有讲授过采访的方式方法。记者无论遇到什么困难都要去克服，要千方百计接触到信息源。这是什么时候的新闻？

**龚荃宇：**大概三四天前。

**靖：**那就不能再写举重新闻了，要写该冠军在校园的学习情况和读者感兴趣的东西，这是其一。其二，如果能接触到他本人，你可以写他个人和家庭情况，他是怎么走上举重这条道路的，等等。只要我们了解到的信息、素材是闻所未闻、报所未报，那就是新闻。媒体体育部一般缺本地稿子。你也要让人家相信你这是真实的新闻，怎么办呢？你写好之后去体科院盖上公章发过去，也可以发给我，我来转。

张睿的第 1 则信息是南京森林音乐节游客数量庞大，游客自觉性差且安保不完善，易发生踩踏事故。这是你的分析，发现其中的问题，这个是反向思维，挺好。

南师学长自主创业，创办“倾樽酒庐”……

**张睿：**这位学长也是南师大新传院刚刚毕业的。

**靖：**我倒不在意这个。我关注的是，他成功了吗？成功到什么程度，可以复制模仿吗？

**张睿：**我是因为看到去年也有学长自主创业，在南大那边创办了南山茶屋，《金陵晚报》就报道过，我受这个启发。我还没有去采访这位学长，但是他跟我是一个高中的，也还蛮熟的。

**靖：**嗯，你可以进一步了解，再一个，你写这种新闻就不要简单重复了，要写得有深度和新角度，给创业就业的学生一些帮助。

“南京农业大学生物标本库对市民开放”这条信息，我直觉上认为还是有点价值，什么叫“生物标本库”？

**张睿：**是南京农业大学有供生科院的学生老师做实验用的生物标本库。

**靖：**那么，我要问：第一，这一新闻之前有媒体报道过吗？第二，是不是南京农业大学首次为之？你能弄清楚是“首次”，就有价值。

“南京首个苹果直营店 9 月 19 日开业，市民彻夜排队”，这个新闻信息是有报道价值的，即便是有给苹果公司打广告的嫌疑。如果去报道，你要去参与排队，看看有什么有价值的信息，可以写参与式报道，一是写自己的直接感受，二是去采访排队的人。19 号发生的事情到现在已经过了一段时间，那就没什么新闻价值了。你去查了吗？媒体有相关报道吗？

**张睿：**有报道。

**靖：**可想而知，应该还不少。

好，通过这次实践和课堂分析交流，大家对新闻和新闻敏感性有了一定的体会，希望大家能在“十一”假期到各自的家乡去采访挖掘新闻信息，进行报道。我们有省内媒体做我们的后援，你们就是《江苏教育报》《南京晨报》的实习生。同学们这次发来的线索有几条还是有新闻价值的，还是可以继续跟踪采访的。我希望同学们能够去想办法完成报道。

## 第二教学环节：增强读者意识，提高新闻采访的针对性

**【新闻敏感与模拟实训（1）】**

**靖：**现在讲一件事，比如我们去国家煤炭管理部门采访了解到如下 3 则信息：

一是国家煤炭管理部门召开一个电话会议，全国 30 个省市区的有关部门和单位参加电话会议。

二是这个会议是全国煤炭统配工作会议。

三是这个会议由一位副部长主持，会上煤炭统配局局长作了一个工作汇报，会议安排了山西一个在煤炭统配方面做得很好的煤矿矿长作经验交流发言。会议一共进行了 18 分钟。

请同学们把自己当作新华社记者，站在新华社的角度对我说的上述情况进行思考，思考这个会议能不能报道，怎么报道，报道什么，思考之后发到微信群里来。

随后同学们各自发来自己的思考：

**林鑫：**紧扣 18 分钟，抓重点，提炼主题，避免平淡无奇、空洞无味。在允许报道的范围内披露群众关心的相关信息，最后宣扬一下煤炭管理部门高效务实的作风。

**金星：**有报道的价值，可以放在经济版，从煤炭统配的政策动向方面解读。

**张睿：**常见的座谈会变成电话会议，且大大缩短会议时间，节省了财力物力人力。

**徐铭慧：**召开的是电话会议，而不是传统的现场会议。从节俭创新的角度报道。

**邢怡：**有报道价值。电话会议比较新奇，又是全国性的，有价值。煤炭统配和国家经济发展息息相关。以山西煤炭统配案例为正面案例给各省市提供学习经验。

**钱澄：**以此为契机，着重强调煤矿安全问题，增强安全意识，从严治矿。

**龚荃宇：**先抓取副部长讲话中的关键信息，然后谈谈煤炭工作近几年的进步以及不足。

**靖：**张睿你先说说你为什么有这样的思考。

**张睿：**我选的角度是常见的座谈会变成电话会议，且大大缩短会议时间，节省了财力物力人力。

**靖：**你为什么选这个角度报道呢？

**张睿：**刚才老师给我们的第 3 个信息是会议时长 18 分钟，这一点在我脑海里印象比较深。这又是一个电话会议。

**靖：**电话会议很正常啊，一年全国各个部门和系统会开很多工作性的电视电话会议。你思考的选题重心和主题不突出，说明你的新闻敏感性还存在问题。实际上就是转变会风和机关工作作风、开短会、办实事的问题。针对文山会海的顽疾，用正面的实例进行报道，具有很强的现实指导意义。这是这一新闻的价值所在。

邢怡和龚荃宇都像是煤炭部门的记者，报道的是专业性的会议新闻，不是新华社记者和全国读者所关注的更具有新闻价值的新闻。新华社大概是在会议结束 10 多天后才报道的，时间性已经不强，不知是记者问题还是编辑部问题。那么，没有时间性的新闻信息应该报道什么呢？这也有一个报道技巧的问题。你们一定要知道，机关工作作风的转变才是对全国有普遍指导意义的、有价值的角度，不搞文山会海，讲究工作效率是公共话题。所以所给的信息里面最有价值的信息、新闻素材就是一个全国性的电话会议只开了 18 分钟就解决了很多的问题，至于会议的具体内容跟新华社的读者关系不大，这不重要，点到为止即可。它的新闻价值就在机关工作作风转变。开短会，办事效率提高，具有很强的针对性和新闻价值，值得新华社报道。

下面我讲一个案例。1988 年，我在中国人民大学新闻学院听刘明华老师的新闻采访学课时，当时的新华社驻中东分社首席记者黎信被她请到课堂作记者招待会报道专题讲座。他讲了自己亲历的一个故事，从侧面说明西方新闻记者的敏感性有多强。“文化大革命”期间，有一天他陪同西方媒体记者去清华大学参观报道，在清华大学举行的接待活动上，校党委副书记谢静宜主要介绍清华大学在“文化大革命”中取得的成果。到互动时间，谢静宜请记者提问，话音一落，美国一位记者就问：请问刘少奇现在在干什么？这是全国全世界人民最为关注的信息。谢静宜答：他和我们一样，在认真学习毛主席著作。回答完毕会场顿时就乱了，记者们立即离开会场去找电话向总部发送这一特大“新闻”，他们要报道的是刘少奇还活着，以回应世界媒体有关刘少奇已经死亡的猜测。实际上此前失去人身自由的刘少奇已经在河南开封病逝。黎信和西方记者离开清华大学在回程路上就听到美国之音播报这一“新闻”。这说明西方记者的反应有多快，也体现了西方记者的工作激情和专业精神。那么我就想问你们，你们从中学到什么了呢？希望这个案例能给同学们一些启发。

接下来我们学习有关新闻敏感性的知识。了解了新闻价值的内涵，是建立科学的新闻意识的第一步。新闻意识的核心是新闻敏感性，没有新闻敏感性就无法开展新闻工作。那么什么是新闻敏感性呢？我认为新闻敏感性就是对新闻的感悟力与发现力，就是发现和判断新闻的能力。说穿了，新闻敏感性要求记者、编辑面对新闻信息时运用新闻价值规律对其作出是否具有新闻价值的判断。那么，我们如何把自己训练成一个具有敏锐的新闻敏感性的人呢？

**【采访毛新宇与新闻敏感】**

**靖：**好，现在我跟大家分享一段我自己的报道经历。主要是用来说明记者的新闻敏感性以及报道执行力的问题。广西大学新闻传播学院虞达文教授提出新闻敏感性是一个动态的过程。如果记者虽具有新闻敏感性，发现了新闻，却没有通过报道使新闻见诸媒体，这就不能说记者具有新闻敏感性。

1988 年 9 月新学年，我到中国人民大学新闻学院学习不久，有一天我去学校第二学生食堂吃午饭，食堂门口放着一块黑板，是新闻学院学生每周“出版”的“新闻周刊”，所谓“新闻周刊”是用几种颜色的粉笔书写的十几条校园新闻，其中一条新闻一下子就把我吸引住了：“毛泽东的孙子毛新宇考入中国人民大学历史系。”我眼前一亮。那么，同学们听到这里肯定都知道这是条有新闻价值的新闻，为什么？因为他是毛泽东的孙子，唯一的孙子，具有人物的显著性。

接下来应该考虑怎么完成采访任务，怎么将这一新闻报道出去。要知道当时新闻学院办有一个全国新闻媒体培训班，央媒和地方媒体有 40 多位记者在人民大学校园出没，要报道这一独家新闻，还要有抢新闻的意识。我当时就去地摊买了一大本光明日报社出版的《文摘报》(合订本)，里面就有关于毛泽东家人的一篇报道。我根据里面的信息，针对读者可能关心的问题，做了一些访前准备，在采访本里写了 20 几个要提问的问题。记者如果没有问题意识，见到采访对象肯定很难完成采访任务。我从读者角度想了很多问题，他的家庭情况，他自己的情况，他家和江青家人的关系，等等。做好了访前准备，我到了人大历史系办公室，记得办公室主任姓刘。我就说，刘主任，我是中国新闻社的（我来人民大学学习前在中国新闻社广西分社从事新闻报道工作），我了解到毛泽东的孙子考入人大历史系，我想采访他，但是不知道他住哪儿。刘主任同意采访，但是提出两点采访禁忌。我让他放心。他告诉我毛新宇住在学一楼 105 寝室。我吃完午饭，背着放有碗勺的军用黄书包找到毛新宇的宿舍。门关着，我敲门，开门的正是毛新宇，一个黑乎乎、胖墩墩的大男孩，他问我找谁，我说找毛新宇。他说我就是。我说我想采访你。他们 6 位同学住一个房间，看到他们都要午休了，为了不影响他和同学们的午休，于是我就说，这样吧，你先休息，我晚饭过后来采访你。吃完晚饭我就去采访他了。他在宿舍等着我，其他同学都出去了，宿舍里就我和他两个人。说采访实际上是一种交流。一开始他有点腼腆，我抓住他的心理，从他感兴趣的问题切入，进行交流。他很快就放开了，而且我们越谈越畅快投机，原先面对面坐着，两人之间有点距离，谈着谈着，两人越靠越近，真正是促膝交谈。所以我想，新闻采访，你只要尊重采访对象，顺应采访对象心理，找准交流的话题和切入点，按照准备好的采访提纲，把写作需要的信息和细节问清楚，不遗漏，跟他真诚交流，他都会坦诚地回答你所提的问题。这次采访特别顺利，当晚我就写好了稿件。第二天上午就去甘家口中国新闻社总社找到我在广西就熟悉的总编室陶编辑。他一看稿子就说，我马上帮你编发专稿。后来我知道稿件作为专稿分别发往香港《明报》和天津《今晚报》两家海内外知名报纸。这一新闻经由法新社台北分社援引中国台湾《中央日报》转载的《文汇报》报道传播到全世界，毛新宇顿时成为全世界媒体关注的新闻人物。

在中国人民大学学习期间我曾采访过好几位新闻人物，在广西学习时我也经常去采访。有一次我去采访一家大型国企，他们的党委书记曾担任狼牙山五壮士那个团的政委。一开始人家看不起学新闻的在校生，说："我们单位是大型的国企，来采访的都是《人民日报》《广西日报》等报的记者……"而我是做了充分的准备去采访的。就在采访前，当时的国家经济委员会刚刚发了一个文件，对全国企业发展提出了相关要求，于是我将国家要求作为衡量一个企业是否做得好的依据，到该企业找经验。这是我采访的一个诀窍。经过几次采访报道后，我的工作得到了这个单位领导层的高度重视和认可，后来采访起来就十分顺利。说这个例子是希望大家能够通过出色的新闻报道工作，将采访对象打动，确保顺利完成新闻报道任务。

回到报道毛新宇的事情上来。我将报纸给毛新宇看后，他非常开心。后来他告诉我，有读者写信告诉他，天津的报贩子就像电影上报童卖报一样，在大街上吆喝："卖报啦，卖《今晚报》，《今晚报》有毛主席的孙子毛新宇的最新消息。"那天的报纸销得很快。后来中新社陶编辑告诉我，《今晚报》总编辑、著名报人李夫先生写信到中国新闻社，夸这篇专稿写得好。

这个案例告诉我们，记者要具有新闻敏感性所要求的第一种能力：迅速发现具有广泛的社会影响的新闻信息的能力。

**【新闻敏感与模拟实训（2）】**

案例：在综合素质教育基地采访医科大学标本室了解到的几种情况。

**靖：**这是我过去一位新闻单位的同事的采访案例。当时我的同事去采访作为南宁市综合素质教育基地的广西医科大学人体标本室。通过采访，她了解到如下情况：

当地的一些中小学生到人体标本室参观后，心理上不太适应。老师和家长也觉得不应该选择这样的场所作为综合素质教育基地。但是当地还是有不少中小学组织参观该标本室，这个综合素质教育基地还是很受欢迎。

采访过程中，她了解到有一具标本是广西医科大学尸体解剖室主任的尸体。

采访结束后，她写了一篇报道，报道中反映了上述情况，而报社总编辑看完后拍桌大怒：“这条新闻的新闻点只有一个，到底是哪个？重新采访！”

现在请同学们说，总编辑说的新闻点是什么？我刚才叙述的情况中，什么才最有新闻价值？来看看你们的新闻敏感性如何。

**邢怡：**我了解到尸体的身份的时候有些触动。

**靖：**尸体解剖室主任的尸体在解剖室。那总编辑让记者重新采访，你们觉得应该采访什么？

**徐铭慧：**应该采访捐献遗体的主任生前有什么事迹，对解剖事业有什么贡献，他为什么要捐献遗体。采访他背后的故事。

**靖：**新闻就在这里，当然其他的也能写，比如可以写我们确立综合素质教育基地应该考虑到接受者的心理，这个也可以写，有新闻性。一定要在各种信息中选择最有新闻价值和社会意义的信息，而不是选择没有新闻价值的信息。

这位记者重新采访时，选择了尸体解剖室主任捐献遗体这个新闻点，又补充采访了他的家属、同事和学生，结果报道非常感人。这位解剖室主任把一切都献给了医学事业，这一非常令人感动的奉献精神最具有新闻价值。后来这条新闻被全国很多媒体转载。

这个案例告诉我们，记者要具有新闻敏感性所要求的第二种能力：在诸多新闻信息中迅速发现最具有新闻价值的信息的能力。

**【新闻敏感与模拟实训（3）】**

**靖：**如果我们今天去南京郊区农村采访，同学们先设想一下，会发现什么情况？

**林鑫：**农村现在建设得挺好的，有的地方建设得比城市还好。

**靖：**这是一个总体印象，不细。你有没有发现什么现象令你感到意外，或者有什么新的现象，打个比方，比如说现在的农民家家都有 Wifi，他们通过微信来组织生产，来营销产品。像这样的新现象、新情况、新问题、新人物、新经验等才有新闻价值。

**林鑫：**农民拆迁后成了“土豪”。

**靖：**还有空壳村、老人留守等。而新华社等媒体的记者令我们钦佩的本领在于，他们特别善于在农村发现大新闻，而不是在各大城市的会场、新闻发布会上。所以我们也应该迈开双脚，走街串巷，到我们附近的一些社区、街道去发现新闻。

（案例：《中国青年报》记者到豫南庄户采访，发现一个现象：许多农民家里挂地图。）

**靖：**如果你们就是《中国青年报》的记者，发现了这个现象，你们能想到什么？

**钱澄：**农民的文化水平提高，关心国家大事。

**金星：**在家中挂地图，简单来说是一种装饰，也体现了农民的开拓精神。

**靖：**这里要交代一下背景。《中国青年报》的记者在采访时发现，原来农民家家户户都挂着神像，随着改革开放的推进，他们放眼全国，放眼世界，他们要把产品销往外地，就需要研究外地商品产、销信息，于是纷纷取下神像挂地图。这条新闻通过豫南庄户这个窗口，展示了改革开放形势下，中国农民思想观念发生的巨大变化。他们破除迷信，相信科学，尊重知识，开阔视野，开始走出家门闯世界。

这条新闻报道后，第五届中国新闻奖作品评选揭晓，《中国青年报》的这篇消息《豫南庄户纷纷举行交接仪式（引题）取下神像挂地图（主题）》获二等奖。

同学们要思考，这条新闻的新闻点是什么，记者是通过什么材料来反映记者要表达的主题。

新华社 1999 年 2 月 14 日的电讯《一个灾民的“家园日记”》，就是一篇角度小而具体的好报道，消息以小见大，从一个生动、典型的小事情（灾民日记），反映了人们抗洪救灾、自强不息的历程，表达了在党和政府的有力领导下，只要自强不息，就能夺取抗洪救灾胜利的重大主题。

新华社 1999 年 2 月 22 日播发的《公路年年修，地图年年改》实际上是反映我国公路建设的巨大成就。如果从正面写，一是前面有人写过，二是写起来难度大，而选择“地图年年改”这个角度就很好。从这个角度来反映我国交通事业的发展、改革开放的成就，角度新巧，生动又有说服力，也便于记者开展报道。

这些案例告诉我们，记者要具有新闻敏感性所要求的第三种能力：从平常的事情中发现新闻价值的能力。范敬宜采写的“夜无电话声，早无堵门人”新闻，最生动地体现了这种新闻敏感能力。

**【新闻敏感与笔者报道案例】**

**靖：**接下来谈谈我在当记者时写一篇报道的经历和体会。

我所在的媒体老总抓了个选题，并进行新闻策划：知识青年回乡活动跟踪报道。

当年被迫到农村插队落户的知识青年在 20 世纪 70 年代末 80 年代初返城之后，一些人事业小有成就，他们认为自己之所以取得成就，得益于当年在农村插队的时候得到的艰苦锻炼，于是纷纷伸出援手去关心农村经济的发展。那段时期，全国的媒体都报道这个事情，由于我所在的报社的老总和几位副总也有知青经历，报社就推出这个选题。我也参与了报道。

一段时间之后，全国各地纷纷出现类似的报道，大量的报道出现后，这类新闻的新闻价值就降低了。于是我认为，不能再报道一个个孤立的事件。因为这种简单重复的报道会导致新闻价值递减。我考虑的是，这些知青为什么会探视怀念农村，为什么会感恩农村，这种现象说明了什么问题。采访后，我发现，有的知青带着子女去农村，让子女去感受艰苦的生活，接受艰苦奋斗的教育。

在采访的基础上，我写出了《广西出现知青探场热》《知青探场现象》等报道，分别在《南国早报》《中国农垦》杂志刊发。《知青探场现象》被《中国农垦》评为年度好新闻。

这一案例告诉我们，记者应具有新闻敏感性所要求的第四种能力：在不断重复的事件中探寻为什么和怎么样，从而发现值得深度报道的新闻的能力。

**【新闻敏感与实训（4）】**

**靖：**据英国广播公司（BBC）报道，大众汽车公司 22 日承认其在美国官方的尾气排放测试中存在“操纵”行为。该公司表示，这次丑闻共牵涉世界范围内 1 100 万辆大众汽车，并表示已拨出 65 亿欧元用来弥补丑闻造成的损失。

请同学们思考并回答：看了这一新闻，你们想到了哪些问题？打算如何开展报道？这一新闻将产生什么样的连锁反应？对大众汽车、对德国将产生什么样的影响？

**龚荃宇：**今后消费者在购买大众汽车时一定会非常谨慎。

**靖：**大众汽车的确受到了重创。这个事件给它的生产、销售、经营带来了直接冲击，两天内它的股价下跌了 31%。而我们也要联想到，中国的大众汽车会如何？中国的消费者是什么心情？这一事件对整个汽车行业会产生什么影响？这些都是新闻，都可以采访。在世界各地不管发生了什么事，我们应该马上联想到其与我们的受众有什么关系，我们作为记者应作出什么样的判断，写出什么样的报道。

由于时间关系，我们直接来看看大众汽车“造假门”到底产生了怎样的影响和后果：

### 大众“造假门”冲击传统车企 新能源车迎替代机遇

9 月 18 日，美环保局指控德国大众汽车集团所售部分汽车安装专门应付尾气排放检测的“失效保护器”，以便车检时能以“高环保标准”过关，而在平时使用中却大量排放污染物。根据美国《清洁空气法》，大众汽车面临最高 180 亿美元罚款。

此次涉案车辆包括大众汽车集团 2008 年以来在美国销售的约 48.2 万辆柴油车，涉及 2009 年至 2015 年款的柴油版捷达、甲壳虫和高尔夫，同期的奥迪 A3 和 2014 年至 2015 年款帕萨特。如确认这些车存在软件欺诈行为，罚款总额可能达 180 亿美元。

周二晚间，大众官方网站上贴出了一段文德恩的讲话视频，他没有对自己的未来发表任何言论，而是再次对作弊丑闻表示了深刻的歉意。之后，德国大众汽车的股价连续暴跌，周二收报 111.2 欧元，跌幅达 16.83%，两个交易日下来股价已惨跌 31%，优先股和普通股合计超过 300 亿欧元市值（合 2 350 亿元人民币）在尾气作弊丑闻中烟消云散。

大众汽车股价暴跌，还拖累了宝马、戴姆勒等传统车企汽车股票，法兰克福 DAX 指数当天涨幅只有 0.33 个百分点，表现差于伦敦、巴黎等其他欧洲主要股市。

虽然此次事件给予德国大众和传统车企重创，但却给我国国内车企带来新机遇。国际对于汽车尾气关注度的提高，也给新能源车生产企业带来新希望，新能源整车、充电桩、锂电池三大产业相关板块后期也望直接受益。（网易财经）

**靖：**这一案例告诉我们，记者应具有新闻敏感性所要求的第五种能力：根据新闻信息作出预见性报道的能力。

**【经典案例与新闻敏感】**

**靖：**接下来我讲我当时的实习指导老师广西《右江日报》记者部主任李福德的一个报道案例。

他采写的《靖西县一农民迫切要求除去脸上"亡国奴"三字》一见报，海内外诸多记者感到这则新闻还潜藏着新的具有较高新闻价值的线索，纷纷追踪新闻线索进行报道，也都写出了令受众满意的报道。中新社记者蔡希平采写的《广西一农民除掉被日本人刻在脸上的"亡国奴"三字》一稿被多家报纸刊载。

这是李福德老师亲身经历的一个案例。他有一年春节后到广西靖西县的农村采访，碰到了一个老农，他的脸上有当年日本人侵略中国时烙的"亡国奴"三个字。老农几十年来都很痛苦，希望除掉这三个字，这是个人的耻辱，也是日本人在我国犯下的罪行的铁证。这个案例同时也可说明新闻的时宜性。新闻报道应具有时宜性，新闻宣传更应具有时宜性。记者与县委的报道组通讯员老梁（我曾去过靖西县采访，得到他的帮助——笔者注）商量后认为，若这篇报道在春节后发出，其新闻价值有限。他们决定等到 8 月 15 日纪念抗日战争胜利 40 周年的时候进行报道，那时这篇报道的新闻价值就很大。当年日本右翼势力嚣张，全面否认侵华历史，篡改日本国内教科书。后来这一新闻报道后，成为受海内外媒体广泛关注的新闻。所有参与报道这一事件的中央媒体和地方新闻媒体的记者都获得了中国好新闻奖。

这一案例充分体现了新闻敏感性所要求的第六种能力：从别人的报道中发现具有新闻价值的信息的能力。同学们一定要多接触新闻，善于思考新闻背后的线索，在阅读新闻的过程中要有自己的新闻发现。

今天我们通过实训和采访案例告诉大家新闻敏感性的概念和内涵。新闻敏感性的提高要靠实践、靠双脚、靠多采访和多写作。

**【布置课后作业：检验和培养同学们的新闻敏感性】**

**靖：**接下来你们要做的一项工作是，通过阅读《江苏教育报》新闻，努力发现你们要采访的选题，然后通过自己努力或老师安排进行采访报道。这也是这次课程布置的课后作业，目的是巩固所学的知识和理论，培养在别人的报道中发现新闻线索和报道选题的能力。这项工作做不好，一定会影响后续的采访学习。在没有进行理论学习的情况下，让同学们进入实际的新闻采访，经历挫折和失败，吃尽苦头，出足洋相，同学们回过头来反思学习，就会达到较好的学习效果，达到我们的教学目的。这也可以视作"试错学习法"和"挫折教学法"。

**【为第五次实践课程做准备的微信交流】**

以下是 2015 年 10 月 18 日（星期天）第五次课程前一天我与同学们在我们课程微信群的交流记录：

**靖：**请各位同学今晚前把我上节课布置的采访提纲和采访屠呦呦的提纲发给我，先发我邮箱。收到请回复。

班长把作业要求再通过电话方式告诉大家，因为有的同学没有反馈。如果班长五分钟没在群里反馈，金星负责通过其他方式联系上她，并反馈我。

新闻线索一定要有价值，并可以立即进行采访，有可操作性。

大家要通过看相关新闻，了解相关政策，了解教育、教学、校园情况，结合学过的新闻价值知识，发现、确立新闻线索和选题。

大家必须在今晚前完成作业任务，我好安排明后天的学习任务。学习已经到关键阶段，如果不能及时完成作业任务，会影响后面课程的学习效果。

班长都通知到了吗？

**张睿：**都通知到了。

**靖：**那我开始布置明天后天的任务。明天是课外实践课，大家根据自己的线索或选题，选择最有价值并具有可操作性的一个选题，明天下午投入采访。各位带上学生证，就以《江苏教育报》实习生的名义采访，以小组为单位，采访中遇到问题可以互相商量。

我要求同学们事后详细写下从发现线索到完成采访任务的过程及思考，写出与采访对象接触交流的过程和经验体会教训，写出选择某人作为采访对象的理由，写出打算如何与他或她沟通。

同学们在完成任务的过程中要接触多位采访对象。大家力争通过这一天半的采访写出一篇报道。有问题随时与我沟通，也可以随时请教丁总。（丁晓斌副总编辑也在我们的群里——笔者注）

通过这样的锻炼，你们对采访会有一个感性甚至是理性认识。这样的锻炼将为接下来的采访报道和课程学习打下基础，有助于培养你们的学习兴趣。

多准备些问题和采访方案。如果发现线索、想法和实际有出入，或无法进行采访，不要轻易退却和放弃，要随机应变，考虑是否有其他新闻线索可以采访。

每个小组采访前要认真研究好线索和选题，设计好采访方案，想好困难的应对方法等。总之做好采访的一切准备。

没反馈的，班长一一通知到，并让他们在群里回应下。

**张睿：**好的。

**靖：**另外请大家注意，明天下午采访回来，要将过程写出来。如果当天能完成一次采访任务，写出报道，第二天再完成本组第二个任务。如果明天下午完不成采访任务，第二天接着干。

（同学们一一回应。）

**【同学们发来的新闻线索】**

**林鑫：**信息："十三五"规划——大力发展职业教育

虽然我国高等教育的普及率不断提高，但高等教育培养的人才与当前国内产业结构不太匹配，人才结构性短缺和结构性过剩同时并存。"十三五"时期，职业教育将得到大力发展。

可以就近采访南京职业学校（比如南京高等技术职业学校）有关负责人，问问他们今年的培养方案是否与国家规划相接轨。

暂时想到这个，未完待续。

**张睿：**今年 7 月至 9 月 350 名参加雅思考试的同学雅思成绩被取消。我想去出国留学中介机构调查一下，了解这些机构面对这类事情时会采取怎样的解决措施，这一事件对准备出国留学的学生和语言培训机构又会带来怎样的影响。

**钱澄：**10 月 15 日，教育部召开新闻发布会，宣布将启动教育扶贫全覆盖行动，可深入采访了解南京市在教育扶贫方面的成就，以及响应教育部而采取的行动。

**龚荃宇：**南京中小学老师过去 5 年教学理念的转变（由过分强调分数到重视学生综合素质的提升）。

采访对象：学校老师、家长、各个年级的学生。

1. 义务教育普及率的变化。

实践：调查中小学辍学人数在过去 5 年间的变化。

2. 我的课表进行时——南京学生课表在 5 年间的细微变化。

实践：收集各个学校过去 5 年的课表，对比分析得出结论。

3. 有多少人有一技之长？

实践：调查南京技校数量和技校学生人数的变化。

**金星：**

1. 大市教育局局长走进"网络直播室"。我觉得南京作为江苏省省会，在这方面有天然的优势，很具代表性。

2. "强富美高"新江苏·中小学生摄影大赛。教育特色活动，很值得报道。

3. 上个 5 年的教育发展轨迹和成就。

4. 大市教育局今后 5 年教育发展的新思路和拟采取的新措施。

5. "十二五"期间民办教育在南京的发展。

**贡晨霜：**

1. 就义务教育推行相关问题走访江苏省教育局，了解相关数据和政策。

2. 就学前教育问题走访高校（南师大），了解招生政策和相关情况。

3. 就深化课程改革问题走访南京名校，了解小学、初中、高中各年级学生每周的课程安排情况。

4. 采访南京外国语学校和南师附中的校长，了解学校在“十二五”期间取得的成就。

## 本章核心知识放送

新闻敏感性所要求的第一种能力：迅速发现或预见到某一新闻事实的社会意义、政治影响的能力。

新闻敏感性所要求的第二种能力：在诸多新闻信息中迅速发现最具有新闻价值的信息的能力。

新闻敏感性所要求的第三种能力：从平常的事情中发现新闻价值的能力。

新闻敏感性所要求的第四种能力：对重复、类似的新闻事实进行剖析，从而发现值得报道的新闻的能力。

新闻敏感性所要求的第五种能力：根据已有的新闻信息作出预见性报道的能力。

新闻敏感性所要求的第六种能力：从别人的报道中发现具有新闻价值的信息的能力。

## 第五章

# 在实战中检验同学们对知识的掌握程度，提高同学们的采访技能

10 月 19 日，星期一

**教学目的、要求、内容和设想（“剧情”安排）**

**一、教学目的和要求**

把课堂搬到社会，让同学们在实战中增强新闻采访能力。这次实践教学同时也为第三板块的课程学习打下基础。

同学们要通过寻找发现新闻线索，带着有关教育的线索和任务进行采访锻炼。采访实训需要确定报道选题，列采访提纲，设计采访方案，以及落实具体的采访活动，包括和老师的互动交流。同学们要在实战中初步掌握新闻采访的“应为”与“不为”，为下一章的学习打好基础。

**二、教学内容和设想（“剧情”安排）**

让同学们课前认真做好各项采访准备，鼓励同学们在采访中勇于克服困难，努力完成采访任务，并对采访情况进行总结。

## 教学环节：采访实战前与同学们进行采访实训互动

以下是 10 月 19 日当天我与同学们的微信交流记录：

**靖：**江苏教育报刊总社总编室主任顾明珠老师电话 139XXXXXXXX。如果采访单位需要核实身份，让他们打这个电话联系她。

新闻采访关键是要做好充分准备，列好提纲，现场随机应变。

要记下采访过程中发生的各种情况。晚上将情况发给我。如果晚上能直接写出稿件也同时发给我。

（同学们一一回应。）

**靖：**下午的采访都好吧？今晚期待分享你们的采访经历。大家在忙啥？

**贡晨霜：**在回学校的路上，采访还算顺利。

**靖：**好的，辛苦了！

**钱澄：**我和龚荃宇屡屡碰壁。

**靖：**今晚把经过和反思写出来发给我，明天再根据线索和选题继续采访。

**钱澄：**好的。

**贡晨霜：**发微信群里吗？

**靖：**可以。同时也发我邮箱。

大家写采访小结，除了要写采访过程外，还要写对采访对象的认识与分析。我们要知己知彼，了解采访对象，分析采访对象的心理与行为，为顺利采访积累经验，打好基础。

**贡晨霜：**我们采访了南师大社会发展学院的一位老师，这位老师在问清楚我们的来意后，很亲切地接受了我们的采访。关于社会发展学院“十二五”时期的突出成就，他给我们讲了许多，而且十分热情地问我们，要具体采访哪方面的问题。看到我们有些无措后，他告诉我们，最好是先搞清楚是要报道人还是报道事，是进行点的报道还是进行面的报道，弄清楚之后，他才能具体告诉我们。我很受启发，这位老师一下子就点出了我们的问题在哪里。

离开社会发展学院后，我们一时间不知道该怎么办，又想到靖老师要我们走出校园采访。于是我们决定沿着地铁 2 号线沿路采访几个重点站，弄清楚地铁站的男女厕所的厕位比例。

我们先是到了最近的学则路地铁站，了解女厕所很容易，但了解男厕所对于我们两个女生来说就有些困难了。正巧有一位保洁阿姨在打扫卫生，我们就去采访了她，毕竟保洁阿姨对厕所的情况很熟悉，我们很顺利地得到了答案。然后我们就又分别了解了马群、大行宫、新街口地铁站的男女厕所厕位情况。采访虽然遇到些困难，但总体还是很顺利的。由于时间关系，今天我们只是实地了解了厕所情况，没有对专业人士进行采访，我们计划明天去采访一下相关专业人士。

**靖：**你们要注意采访女生多于男生的高校，也可以去中小学了解情况，做好调查统计工作。

**贡晨霜：**好的，老师。

**靖：**一定要注意数据统计的准确性、科学性。要考虑所收集的数据能说明什么问题，稿子到底要反映什么问题，要采访什么类型的专家，专家会有什么建议，等等。

**邢怡：**好的。

**靖：**你们今天辛苦了，等待你们的好消息！

其他同学都在忙啥？

**钱澄：**还在上课哩。

**张睿：**我们正在准备写稿子。

**靖：**四个组同学今天的采访情况如何？采访的情况要写出小结。稿件写好发给我。下周一另外三个组做好准备，要到江宁区教育局采访，可以先上网收集有关背景资料。

**【关于采访事宜我与同学的微信再交流】**

以下是 2015 年 10 月 21 日（星期三）我与同学们的微信交流记录：

**靖：**其他组同学的稿件写好发给我。采访小结写好直接发到微信群里和大家分享。与我互动的微信，各自整理好发我邮箱里。收到请回复。

**张睿：**好的。

**靖：**采访小结涉及稿件的，也将稿件放进采访小结里。

（同学们一一回应，并将小结发到了微信群里，鉴于下次课程要专门进行分析，这里从略。）

这次同学们的采访总结交流安排在第三板块的课程教学中。

## 本章核心知识放送

初次采访需要注意以下问题：

第一，做好充分的采访前准备。要明确采访目的，尽可能了解采访对象，准备多套采访方案。

第二，如果可能，尽早联系采访对象。这可以使采访者有足够的时间说服采访对象接受采访。

第三，要礼貌、谦虚，尊重采访对象。

第四，设身处地为采访对象着想，消除采访对象的顾虑和疑心。提出采访要求时，要作自我介绍，向采访对象说明采访理由，告诉采访对象采访需要多长时间，让采访对象有心理准备。如果采访对象要求提供相关材料，要尽量满足采访对象的要求。提出采访要求时，最好不提“采访”两个字，以免采访对象紧张和反感。

第五，采访过程中要考虑稿件写作对素材的需要，不要轻易结束采访。结束采访前要对采访对象说，稿件写作中遇到问题还会麻烦到他（她）。

第六，遇到困难不要轻易打退堂鼓，要想办法克服。

第 三 板 块

# 认知采访对象

第六章

# 在实训中了解采访对象

10 月 26 日，星期一

**教学目的、要求、内容和设想（“剧情”安排）**

**一、教学目的和要求**

新闻采访工作最难的是与采访对象打交道。善于与人打交道是记者的一个基本功和基本素养。衡量一个人是否适合从事新闻工作、能否当好记者，关键就是看他是否具备与人打交道的能力，是否具备社会活动能力。本次教学通过模拟采访实训，让同学们体会到与采访对象打交道的艰难与重要性，对采访对象有一个初步、感性的认识。

这一板块需要同学们研究采访对象的心理和行为。新闻报道中的 90% 左右的素材和信息都是通过与人打交道、通过采访写出来的。当然，利用文献资料、数据也可以写出新闻报道，但其往往逊色于通过与人沟通获得第一手材料形成的新闻报道。我们要成为一个社会活动家、好记者，必须对采访对象有较深入的研究。

**二、教学内容和设想（“剧情”安排）**

第一教学环节：同学们总结上一周采访的经验教训，特别是与采访对象打交道的经验教训；老师参与点评分析。

第二教学环节：模拟采访屠呦呦青蒿素案件代理律师琚存旭，分析同学们采访中存在的问题。后面的章节会专门讨论分析对屠呦呦青蒿素案件代理律师琚存旭进行采访的采访提纲设计问题，这一教学环节也起到为后面的教学热身和打基础的作用。

## 第一教学环节：采访交流与点评

**靖：**今天首先想请同学们汇报上一次实践课的外出采访的过程、经历和体会。

知己知彼方能百战不殆。新闻采访要研究采访对象、了解采访对象。请同学们谈一谈你们对所接触的采访对象的印象，在采访过程中的感受和体会。第一组先来交流。我们先来看张睿和徐铭慧的书面采访小结。

## 张睿的采访小结

10月18日我给靖老师提交的新闻线索如下：今年7月至9月，350名参加雅思考试的同学雅思成绩被取消。我想去出国留学中介机构调查一下，了解这些机构在面对这类事情时会采取怎样的解决措施，这一事件对准备出国留学的学生和语言培训机构又会带来怎样的影响。

我也曾参加过雅思考试，而且周围有同学受到了此次事件的影响，所以在网上看到相关报道时比较关心。但是网上相关的报道都比较笼统，不能满足读者对信息的需要，因此我确定了这条新闻线索。

### 一、采访经过

10月19日下午2:40，我和徐铭慧从学校出发前往新街口，目的地是新街口的环球雅思培训中心。由于我以前在那里上过课，所以找起来比较容易。

我觉得该机构可能对记者比较戒备，因此我们决定以学生身份进行采访。我们在环球雅思的前台表明来意后，前台的工作人员建议我们去找市场部的工作人员。当我们到达市场部之后，发现那个办公室里还有环球雅思的其他部门员工在那工作。

我们在门口徘徊了一会，觉得直接进入办公室询问有些尴尬。当时快到五点了，我们担心他们要下班，所以鼓起勇气进了门。巧合的是我问的那个老师就是市场部的，她让我们稍等一会，她可以帮我们找市场部负责人。当市场部负责人过来后，我们发现他把我们当成来拉赞助的了。

市场部的工作人员告诉我们可以等教学总监开完会后回答我们的问题，于是我们开始了漫长的等待。大约一小时后，我们终于等到了教学总监朱莹莹。我先将自己的学生证递给她看，我觉得学生身份比较能赢得对方信任。我询问她是否可以录音，得到肯定的回答之后，我们开始了采访。

教学总监刚巧7月参加了雅思考试并且成绩被抽调，所以她对此次事件比较了解。她非常热情地回答了我们的问题并给我们提供了环球雅思搜集到的一些资料。采访对象的积极配合使我们的采访轻松了不少。

采访持续了20分钟，过程十分顺利。

### 二、采访感受

1. 只要态度诚恳真诚，对方会很乐意提供帮助。

2. 我们在与市场部工作人员闲聊的过程中被问及为何会找到环球雅思，我说因为以前在这上过课所以比较亲切，赢取了对方的好感和信任。

3. 我们准备的采访问题不够细致，并且我们只能就准备好的问题进行提问，缺乏进一步追问的能力。

## 徐铭慧的采访小结

### 一、采访背景

10 月 19 日我和张睿就 350 名考生雅思成绩被取消事件，对环球雅思培训学校的教学总监进行了采访。这件事，央视有过报道，但是网上找到的相关报道比较单一，南京还没有相关媒体报道过这件事。

### 二、采访经过

我们参考了网上的新闻，讨论后决定就成绩取消原因、对考生影响，以及培训机构押题过度、泄题等问题对采访对象进行提问。

一开始我们来到了环球雅思培训学校的咨询部，心里非常没谱，不知道这种培训机构是否会直接拒绝我们。两个人犹豫了一阵子之后，鼓起勇气向前台询问，是否有负责人可以接受采访。我们被告知可以去市场部找相关老师。

我们到达市场部后，里面的职员都特别忙碌，我们开始很不好意思进去打扰，纠结了很久才上前询问。市场部的一个职员一听我们是南师大的，就说让我们在外面等一等，他马上找某某来和我们谈。短暂的等待后，我们回过神来：她是不是认为我们是来为校园活动拉赞助了？于是我拦住了一位职员，说清了目的，她告诉我们教学总监在开会，散会后可以接受我们的采访。

大约一个小时的等待后，我们和教学总监朱女士见了面。她非常亲切，告诉我们，她也是今年 7 月份参加雅思考试的考生之一，特别能体会考生的心情，还给了我们一些资料。我们非常高兴，问对人了，等待是值得的。于是我们就采访提纲向她提问，在采访中发现自己对于事实了解还是不足，于是我们根据实际情况调整了所问的问题。采访结束后，我们互换了联系方式。

### 三、总结反思

我们很长时间都在犹豫纠结，害怕采访对象不接受我们的采访，不敢上前表明来意。实际上，我们接触到的人都很热心，没有拒绝为我们提供信息。今后我们应该大方地去采访，不能害怕拒绝，害怕开口。

与一些专业记者的提问相比，我们准备的问题缺乏新意，比较笼统，以后在采访前应该了解更多的背景知识，阅读更多相关报道。

**靖：**你们俩还有补充吗？

**张睿：**我们后来反思采访中存在的问题：提的问题不够细致，浮于表面没有深入，而且采访对象比较单一，我们没能从多方面对这件事进行报道。

**靖：**徐铭慧有没有补充？

**徐铭慧：**我觉得张睿说得比较完整，我还有一个很大的感触就是，在采访过程中与那边老师话语上的交流太少了，大部分都是我们问她答。她给我们的启发也不多，可能一是因为我们前期对这件事了解不多，二是在采访时底气不足，比较紧张。对采访过程我还不是特别满意。

**靖：**你们遇到的这些采访问题后面的课会讲到，你们在实践中通过锻炼知道存在的问题在哪，下次就会避免，下次会做好。通过你们对过程的描述可以看出，一是你们运用了特定的采访方法，比如隐性采访，采访比较顺利，把身份锁定在学生上比较好沟通，对方也不会有什么戒备；二是你们准备不充分。比如说你到底要写成什么样的稿子，到底要反映什么问题，你给读者——那些想考雅思的学生有什么样的服务和提醒，这些要特别清楚。第一，你们在采访过程中要瞄准这些问题，要问清楚；第二，在采访过程中采访对象给你的信息，又能够启发你想到其他的问题，使采访更加深入，提升报道本身的价值。我把稿子传给丁总后，丁总及时传到有关部门，隔了一天他们做了篇相关的报道。你们学习下记者的报道。你们的稿件成了别的记者的报道线索。你们要思考自己想反映的问题反映出来了没有，没反映出来就要调整采访方案，写作角度和内容都需要考虑，进一步完成采访报道。这个选题不错，但是你们报道的主题和内容比较表面和一般，不够深入，所以你俩还要继续研究。只要事实没有在媒体上揭示出来，它就仍然是一个具有新闻价值的选题。这也能表现出我们新闻工作者的韧劲和随机应变的本领。至于方法和技巧还要慢慢积累，今天不再细说。

## 钱澄的采访小结

### 一、采访准备

（一）确定主题

我和龚荃宇在昨天的讨论中确定了两个主题：一是“我的课表进行时”——南京学生课表在5年间的细微变化；二是南京教育扶贫落实情况调查。

（二）确定采访对象

对于第一个主题，我们选取白下区、秦淮区、鼓楼区、建邺区等一些小学作为代表，搜集同年级过去和现在的课程表，对比观察出课程设置的细微变化；采访学校老师，了解课程设置的倾向性和可行性；采访学生，了解学生的学习感受；采访教育局，了解其对课程设置的宏观掌控。

（三）采访提纲

“十二五”期间，江苏的教育取得的新进展主要体现在哪些方面？

作为江苏省的省会，南京这几年的教育大环境有什么样的变化？

教师自身教育理念有哪些变化？对学生有什么影响？

日常教学中，学校在学生的课表安排、作息安排、活动安排上作出了哪些改进？在向着什么样的方向发展？

学生对于教育改革的反应如何？他们是否更喜欢新的教育方式和教育理念？

“十三五”期间，学校将会作出哪些调整来响应教育现代化和“强富美高”新江苏建设目标？

## 二、采访实践

进小学大门成问题。我们先到就近的仙林小学，门卫要求内部人员来接我们才能进，但我们谁也不认识。龚荃宇给仙林小学教务处打电话，但几个电话打下来全是门卫接的。最后我们又给《南京晨报》的丁总打了个电话，得到了“先去教育局采访，通过他们去小学采访”的建议，我们立马赶去教育局。

在教育局采访遭遇困局。通过门卫的联系，我们找到了一名姓顾的女工作人员，她接受了我们的采访。我们很快就发现，我们提的问题还是很大，基本得不到什么有用的信息。课程设置方面她说是国家规定，很多年没有进行过调整。对于 10 月 15 日下发的扶贫文件，她说现在没接到通知，如果有会通知我们。关于教育扶贫成就，她说要到“十二五”结束才能有具体数据……

转变方向，提高可行性。考虑到我们进不了小学，也得不到教育局的数据，我们决定改变采访方向：到中小学课外辅导机构调查，了解中小学生补课人数的变化，从而分析南京人教育理念的变化。我们立刻行动，去找各个课外辅导机构。结果，无论是精锐、万学，还是大明、哈耶普、纳思，他们要么不符合采访要求，要么不愿意告诉我们任何信息。采访对象大都态度冷漠，有一种本能的防范意识。我们困惑于他们为什么都讳莫如深，结果我们一无所获。

路上，我们调侃道：今天的收获是各种“碰”。今天我们虽然很累，但没有获得有价值的信息。后来我想，我们至少了解了困难在什么地方。这样想着，心里安慰了许多。

## 三、采访总结和下一步打算

这个选题是可以做的，只是我们缺少刨根问底的精神。需要再做充足的准备，确定好方向，一点一点挖下去。

人脉不够。小学里没有认识的老师，我们就只能站在门外进不去。

专业素养不够，在和他人交流的时候，不能准确把握他人的心理，说不到点子上，问不出有价值的信息。

我们决定明天单独行动，每人采访几所学校，最后再进行汇总。

虽然问题重重，也不知道最终会做成什么样，但我们还是决定再坚持一下，尽力做出点样子来！

**钱澄：**我想补充两点。第一是课程表问题，目前我们已经联系好了6所学校，决定从明天开始做下去。第二是通过这次采访得到了两方面的教训。一是我们没考虑到会遇到的这些问题，手里资源少，对别人依赖强。二是采访准备不充分，采访能力有待提升。

**靖：**小组长你来讲一讲你对采访时候接触的给你提供信息的这些人的印象。我非常高兴这次你们走出校门走向社会了，这是一个好的开端。

**龚荃宇：**采访教育局的工作人员时，准备不充分，面对他的问题我们没能很好回应，他认为我们的提问比较宽泛……

**靖：**第一是你们准备不充分，第二是你们随机应变能力缺乏。这都是你们经验不足、知识缺乏导致的。你们要把思路放开，可以试着问他们是否需要帮忙在报纸上为他们宣传。你们和门卫沟通其实也是需要技巧的，要学会用一些方式打动别人。经验不足或许也能以真诚打动别人，重要的是让别人信任你们。

## 邢怡采访小结

今天（10月19日）上午我们在学校了解了教学楼的男女厕位比之后，想着先去找一个本校法学老师请教有关问题，但是到了法学院之后我们发现老师们都不在办公室。在跟一个法律专业的博士生交流之后，我们决定去找公共管理学院的老师。

在公共管理学院办公室，我们要到了对城市建设这一块比较有研究的陈辉老师的电话号码，与陈老师电话联系采访了一下，得到了一些信息。但我们认为还需要更多的材料，在路过校园橱窗栏时看到金陵女子学院有研究女性学的老师，我们就打算下午时候去采访“金女院”的郭爱妹和金一虹教授。有了之前的经验，我们觉得去办公室找老师的方法行不通，决定通过院办去要老师的联系方式，但是“金女院”院办的电话始终打不通。此外，我们还想用同样的方式联系南京大学建筑与城市规划方面的教授，拨打了几次办公室的电话都没有人接。后来我们干脆去随园校区看看能不能找到几位相关的老师，到了随园发现，“金女院”一个老师都不在，所以也没有要到老师的联系方式。

离开随园校区我们又去到南京大学鼓楼校区，几经波折找到了建筑与城市规划研究所，通过与一名城市规划专业学生的交流，我们得到了黄春晓教授的电话，考虑到正好是晚饭时间，我们就给黄老师发了个短信说明来意，但一直没有得到黄老师的回应。接着我们又找到了想要找的张京祥老师的工作室，里面有不少他的学生，但是他的学生只答应给我们转达，却没有给我们提供张老师的联系方式。我们写下了几个问题交由他们转达之后，他们给的回应是，张老师认为这几个问题比较简单，相关内容网上都可以查阅到。帮我们转达的学生给了我们一些专业方面的解析，这些内容还是有些利用价值的。

根据现有的材料先写完稿件之后，我们打算再找机会联系相关老师再进行采访完善材料。这次的采访经历让我知道，在高校找老师采访也是要方法的，蛮干只能碰壁，许多老师是不坐班的，电话联系的方式可能更为有效。另外公共厕所问题很少有老师专门研究，我们需要找到对这个问题有研究的专家。

**【邢怡的采访作业】**

### 如厕难成城市女性新难题

国庆期间，一则“中山陵男厕被征当女厕用”的新闻引发社会各界人士的关注。近年来，在一些人流量较大的公共场所征用男厕的新闻频频出现。早在 2012 年就出现过广州女大学生“占领男厕运动”的行为艺术。

据了解，在一些男女生数量悬殊的师范类院校的教学楼内，男女厕位比接近 2:1，一名南师大文学院的女生说：“在一些大课，课间下课的时候，女厕所排队要排很久。”而不少男生表示从来没有在学校遇到过厕所排队的情况。

记者在探寻了南京地铁沿线几个人流量较大的站点后发现，除残疾人专用坑位外，男厕所蹲（站）位普遍比女厕所蹲位的数量要多。在几个大型站点如新街口站、大行宫站，男蹲（站）位与女蹲位比例达到了 2:1。

“人多的时候男女厕所都排队，但女厕所排的人更多。”地铁站的保洁人员告诉记者。不少女性乘客表示在上下班的高峰期女厕所门口排队的人很多，在地铁站上厕所太难了。

在女性顾客明显多于男性的大型商场也存在着男女厕位失衡的现象。新百商场除员工专用厕所外，男女厕所厕位比例为 8:5；中央商城为 6:5。显然，这与《城市公共厕所设计标准》中“商场内女厕建筑面积宜为男厕建筑面积的 2 倍，女性厕位的数量宜为男性厕位的 1.5 倍”的要求不符。

对此，南京师范大学公共管理学院的陈辉副教授认为，中国城市化发展之后，城市商场之类的公共场所女性数量比男性要多，但是在设计之初没有考虑到这一因素，所以导致了女性如厕难的问题。在设计中应遵守以人为本的原则，适当增加女厕的厕位。

根据《城市公共厕所设计标准》，公共厕所应适当增加女厕的建筑面积和厕位数量。厕所男蹲（坐、站）位与女蹲（坐）位的比例宜为 1:1 ～ 2:3。独立式公共厕所宜为 1:1，商业区域内公共厕所宜为 2:3。

城市规划专业的相关人士表示，不同的公共场所应该按照实际的需求对比例进行适当调整。规划技术标准也应当与时俱进，以适应性别公平的要求，同时更好地为设计者提供指引和约束。

**靖：**我觉得学者教授相对来说好采访，你把采访目的和需要提的问题写清楚给他，把报道的意义价值告诉他，如果你的报道对他不会有不利影响，他一般会乐意回答问题。如果你们采访城市建设专家后得知，国家有规定而设计和建设单位没有执行，就这点也可以写一篇报道。值得表扬的是，邢怡小组写出了新闻稿件。当然还要继续深入采访，完善稿件。你们抓的这个问题是个现实问题，有必要提出来，很有新闻价值。

**邢怡：**老师我想补充一下关于采访大学教授的事。我觉得在找教授之前要先搞清楚他们的研究方向，发邮件前也要先给他们打个电话，以免他们看不到。我们联系到了南京大学一位城市建设方面的老师，那个老师很客气，回了我们邮件之后还给我发了信息。这种非面对面的交流有一个缺陷，就是不能在采访沟通过程中获得更好的启发。

**靖：**如果想有深入的探讨交流，你也可以和他约时间和地点见面。要找什么样的专家也要有计划，不是随便找专家采访。我希望你们通过调查来量化分析研究这个问题，用数据来支撑报道。我自己觉得这个选题还是不错的。

## 第二教学环节：实训、模拟采访，认识采访准备的重要性

**靖：**本次教学进入第二环节：同学们根据之前各自所列的采访提纲，模拟采访屠呦呦青蒿素案件代理律师琚存旭，我来分析大家采访准备中存在的问题。

前天我去北京采访了屠呦呦青蒿素案件的代理律师，昨天晚上 7 点赶回南京。采访屠呦呦青蒿素诉讼案件代理律师，首先要进行访前准备，要列好采访提纲，要了解目前国内外相关报道的情况和背景资料。采访提纲取决于你的报道角度。你的报道角度又决定了你的报道方向和新闻价值。

同学们上次做的采访琚存旭律师的提纲我都看了，大家学习还是很认真的。可是大家考虑过自己的报道角度没有？通过采访想达到什么报道目的呢？要写什么样的报道呢？是写屠呦呦作为科学家的敬业奉献，还是写青蒿素案件的原委和内情？不同的报道角度和采访目的需要进行不同的采访准备，列出不同的采访提纲。列采访提纲的问题是第四板块教学的学习内容，这里不展开论述。眼下大家知道进行新闻采访尤其是比较复杂的采访是需要访前认真准备和列采访提纲即可。

由于时间关系，课堂上我就不播放我采访琚存旭律师的录音，录音整理出来让大家看看我如何根据采访提纲进行采访，了解到鲜为人知的情况。当年屠呦呦给管理部门写的一封信的复印件现在在我手里，这是弥足珍贵的新闻素材。

现在你们把我当作琚存旭律师，对我进行采访。先请龚荃宇同学采访。同学们看他的采访可取之处在哪里，存在什么问题。

**【采访琚存旭律师的情景模拟（1）】**

**靖：**请龚记者进行采访。

**龚荃宇：**就直接问吗？

**靖：**你就把我当琚律师，现在就正规地采访。刚认识一个人，你要采访他，那你该怎么进行？其他同学也注意观察。

**龚荃宇：**可以开始了吗？

**靖：**嗯。

**龚荃宇：**琚律师你好，非常感谢你能接受本次采访。

**靖：**（笑）你就打算这样开始吗？

**龚荃宇：**（尴尬）那该怎么说？

**靖：**好，开始吧。

**龚荃宇：**嗯，琚律师，请问你是如何了解到这个案子的？

**靖：**不是我了解的，是屠呦呦老师来找我的。

**龚荃宇：**他们来找你的？

（大家笑）

**靖：**呵呵，大家不要笑。真实情况有可能是这样！好，龚记者你继续！

**龚荃宇：**那么，你在接受本案的时候，预想过它的难度会很大吗？

**靖：**啥？后面几个字没听清楚，记者同志你能不能再复述一遍？

**龚荃宇：**哦，就是你在接手这个案子的时候，想过这个案子会打很久、难度会很大吗？

**靖：**呃，这个我倒是考虑过。因为青蒿素对于治疗疟疾有很大帮助，是我们国家的一个重大发现，但由于当时知识产权法律法规不完善，青蒿素的知识产权问题没有引起大家足够的重视。那么，青蒿素产品出来之后，全国许多生产厂家都在自己生产、自己销售。所以，代理这个案子的难度相当大。找哪些厂家来起诉呢？又依据什么样的法律法规呢？我打过许多知识产权官司，人家来找我，也是基于我在这方面在全国有一点影响。但是我也感觉，想要打赢这场官司，确实有相当大的难度。谢谢。

**龚荃宇：**好的。社会各界对于本案的舆论是怎样的？

**靖：**社会舆论极为关注。从《人民日报》《光明日报》到专业报纸，如《中国医药报》，还有其他相关的报纸，包括法律类的报纸，对我们这起诉讼案件都极为重视，他们一直都在跟踪案件审理的进展情况。

**龚荃宇：**在本案中，屠呦呦有参与进来吗？

**靖：**在本案中，屠呦呦作为中国医药研究所的主要研究人员，积极地为本案准备资料。她要维护所里的知识产权，为此她付出了很多劳动。记得那天，所里安排屠呦呦跟我谈了整整一个下午。由此可见屠呦呦对这个问题的重视程度。

**龚荃宇：**当初有预料过屠呦呦会取得今天这样一个成就吗？

**靖：**这是神仙也难预料到的。当时怎么会往这个方面想呢？

**龚荃宇：**那么，本案是在四川提起的诉讼，为什么选择在四川呢？

**靖：**咱们上街买柿子，有个经验，找软柿子买。我们就挑了西部的四川、云南等地两三家厂家来取证、起诉。如果挑的是北京、上海、江苏的大企业，难度就会相当大。

**龚荃宇：**你觉得本案最大的困难在哪里？又是怎么去解决的？

**靖：**没有现成的法律依据，这是最大的困难。另外还有一点就是，存在地方保护主义。那两家被起诉的企业，在地方上是纳税大户。案件审理过程中，当地厂家组织工人到现场呼叫、阻挠。你可以想象有多么艰难。当地法院的工作做得相当好，我们一出火车站，他们就派人来保护我们，担心我们会出现意外。这要感谢当地法院。

**龚荃宇：**那你们有遭遇过实质性的困难吗？

**靖：**我们拿出了有力的证据，所以案件的一审、二审都很顺利。当地法院依据事实作出了公正的裁决。

**龚荃宇：**为什么一审之后又有了二审呢？

**靖：**一审之后，对方代理律师提出上诉，对方认为，本案不是民事案件，而是行政诉讼案件，是生产厂家和医药管理部门之间的纠纷。这是节外生枝，对方企图改变案件的性质，本来是民事案件，非要说成是行政诉讼案件。

**龚荃宇：**被告厂商被判决承担民事赔偿责任，具体的赔偿情况是怎样的？

**靖：**判决赔偿 72 万元。不过当时我们律师事务所只要了 2 万元。

**龚荃宇：**你认为我国在知识产权保护方面现在做得怎么样？

**靖：**现在我们在这方面就做得很完备了。目前，我们国家在知识产权立法方面处于国际领先地位。

**龚荃宇：**此案已经过去 20 多年了，你现在对此案印象最深刻的是什么？

**靖：**印象最深刻的……我们不辞辛劳，甚至冒着生命危险，从北京到那么偏僻的地方去开展工作。有一次，我们开车走在一条宽不足 4 米的公路上，一侧是乌江天堑，一侧是悬崖绝壁，适逢雨季，山路泥泞湿滑，还不时出现浓雾，能见度不足 1 米，而行驶中的车辆又根本无法停住，司机只能冒险前行。在浓雾中，当两车会车时，我所乘坐的车辆为避让来车，行至距深壑不足 10 厘米的地方，当雾散时，司机竟被吓得哇哇大哭。

**龚荃宇：**那么后来，你跟屠呦呦教授还有联系吗？

**靖：**当然有。

**龚荃宇：**屠教授获诺奖了，你是怎么祝贺她的呢？

**靖：**没有去祝贺她，毕竟联系比较少了。倒是为了南师大新闻与传播学院靖鸣老师的采访，联系过她几次。

怎么样？时间差不多了吧，龚记者？

**龚荃宇：**（笑）嗯嗯，谢谢琚律师！

**靖：**（笑）总体来说还是不错的，你自己说说存在什么问题。

**龚荃宇：**嗯，问题提得不是太好，逻辑性也不是太强，比较乱。

**靖：**大家可以看看我采访琚律师的录音整理材料（见附录五），看看我是怎么开场的，采访如何切入，先提什么问题，怎么去追问，怎么去展开提问。更重要的是，我们要做什么样的采访，难道就是报道二十几年前的案子？当然不是。大家觉得这次报道的价值在哪儿？回过头来思考，你的采访提纲就存在问题。如果按照提纲进行采访，能写成有新闻价值的报道吗？另外，你的采访也没有围绕提纲进行。

**徐铭慧：**总之得跟屠呦呦获诺贝尔奖产生联系。

**靖：**可以这么说。如果没有这个案子，就不能确定中医药研究所、屠呦呦在发现青蒿素提炼方法方面所作的独特贡献。

我在北京采访的过程中，琚律师说，他曾经受理过这样一个案子。有位老作家不会用电脑打稿子，他请了个打字员帮他打字。打完之后，打字员就提出把自己的名字加在上面。这的确是个让人犯难的事儿，这稿子的确有打字员的一份功劳。那么，这篇文学作品的知识产权到底属于谁？联系到屠呦呦这个案子，青蒿素成果出来之后，有5家医院都来争功劳，这几家医院就认为这个成果是属于他们的，理由是青蒿素临床试验是在他们那里做的。实际上大家知道，屠呦呦和中医药研究所的工作才具有不可替代性。我这里说得不太专业啊，等同学们听完我对琚律师的访谈，就什么都明白了。

龚荃宇，你的采访准备不充分表现在哪里呢？就是你不知道自己到底要完成怎样一个采访和报道。其他同学也反思一下你们所列的采访提纲。你们觉得，按照你们的思路来采访，采访结束之后，你们的采访能写成报道吗？不能吧？存在的问题一是角度问题，二是主题问题，还有就是缺乏对采访对象情况和心理的研究，采访时提问不到位、不全面。这也就是我们这一板块教学要解决的问题。

**【采访琚存旭律师的情景模拟（2）】**

**靖：**我们再请一位同学进行模拟采访。钱澄，钱记者你来采访。

**钱澄：**律师是一个以法救人的职业，而医生是个以药救人的职业……

**靖：**开头的寒暄可能没什么实质内容，但也是很重要的，可以拉近与采访对象的心理距离。我们的同学采访幼稚在哪里呢？带着一个采访本到人家那里去，还没寒暄呢，就开始问问题了，这有点突兀。一般而言，采访得预热，有个适应的过程，热一下场子。好，我们现在就算认识了，你是某报的实习生，我是琚律师，你可以开始你的采访了。

**钱澄：**琚律师你好，我是《江苏教育报》的记者钱澄，很高兴今天能跟你见面。

**靖：**你前面刚刚上来，没说自己是谁，也没说自己要做什么样的采访。三言两语，很自然地交代一下，让人家知道：哦，你是干记者的。好，开始吧！

**钱澄：**律师是一个以法救人的职业，而医生是个以药救人的职业，当时您是不是也是出于一个依法救人的信念，才决定接手这个案子的？

**靖：**我可能没有考虑到依法救人这个事儿，我受雇于中医药研究所，想的就是怎样才能依据法律帮他们打赢官司，救人是他们医生、医院乃至研究所的事。

**钱澄：**这个案子会遇到很多麻烦，这也是您一开始预感到的。您决定接下这个案子，是出于什么样的考虑？

**靖：**第一，就是感觉到人家对我的信任。我当时也就 28 岁，当然，在京城也是有点名气了。人家找遍了京城，最后决定找我来做这件事。一个人对另一个人的充分信任，会给对方以巨大的鼓舞，我被他们感动了。第二，屠呦呦老师为了能够使国家的中医瑰宝得到保护，大力支持我的工作。有时候，为找一个文件，她会花上几天时间，深更半夜找到就会很欣喜地打电话跟我说。我是被她这种精神所感染感动。第三，当时我们国家知识产权立法不完善，这场官司如果能够胜诉，将推动我们国家的知识产权立法工作。

**钱澄：**在知识产权立法方面，国家有什么具体的措施出台吗？

**靖：**钱澄啊，老师打断一下啊，你作为记者要注意，这些内容在网上应该是有的，你采访之前应该查一下，不能去问采访对象知识性、常识性问题。

**钱澄：**哦，我记住了。代理本案期间，您印象最深刻的是什么事？还有，最难解决的是什么问题？

**靖：**印象最深的是，去四川、云南的道路很艰难，有很大风险。另外，庭审的过程中间也有很多插曲。

**钱澄：**设想一下，如果当时这场官司被告赢了，结果会怎样？

**靖：**历史是不可改变的，也不能假设。事实是我们赢了。假如被告赢了，那我们就继续起诉吧！我们的资料搜集得很充分，证据有力，被告明显是侵权了。我们有打赢这场官司的理由和信心！

**钱澄：**那这个官司肯定会打很长时间。

**靖：**那当然了，这是一场持久战，我们从 1994 年一直打到 1996 年底，前后用了 3 年的时间，最终以我们胜诉告终。

**钱澄：**当时被告是否为青蒿素的发明作出了贡献？为什么当地厂家会声称“同北京来‘抢夺’果实的坏人斗争”？

**靖：**这个关乎当地厂家和职工的利益问题，也可以理解。因为这是砸人家饭碗的事儿，人家当然会不乐意、会抵制。被告一旦败诉将要支付知识产权方面的赔偿，以后也不能再侵权生产了。所以说，这是可以理解的。

**钱澄：**好的，非常感谢您接受我的采访！

**靖:** 好,钱记者,那我现在问你啊,你想做成什么样的报道呢？你对采访对象有了解吗？

**钱澄：** 嗯……主要想解答人们对于这个案件的疑问，说明该案件对后来屠呦呦获诺奖的推动作用。

**靖：** 嗯，可是这个问题你在刚刚的采访中并没有具体问到。在我对琚律师的采访中，我请他具体阐述了打赢这场官司的意义。

钱记者，你的采访比前面的记者稍有进步，但是也存在问题。问题在哪里？就是我们做采访，一开始不要一下子就切入到你要问的问题上面来。首先要嘘寒问暖，接着把采访的目的交代清楚，然后请他介绍案件的起因、来龙去脉。这是一个技巧。你们俩都存在这样的问题。注意了，提问还有个要领：上来不要提闭合性的问题，要提开放性的问题。

我去做采访时，提的第一个问题是：这个事情过去这么多年了，对今天我们国家的知识产权保护，对屠呦呦这次获诺贝尔奖都有直接或间接的重要意义，那么，请您具体介绍一下您当年代理这个案件的具体经过。

事先我已经跟他有沟通，在采访前已经感觉两个人像特别熟的朋友了，所以等到真正采访的时候，他就很自然地开讲了。

好，我就点一下怎么开头的问题。在整个采访过程中，你们应和采访对象一直保持互动，就像说相声一样，有一个逗哏，有一个捧哏！

我采访琚存旭律师的录音，可以让大家体会到采访交流的艰难和奥妙。采访前我准备了 25 个问题。在现场，我根据情况和情景随机应变，引导采访向我所希望的方向进行。这里要告诉大家，进入采访提问环节，要及时根据采访具体情况，根据采访需要，随机应变，调整、补充提问内容，不要拘泥于手里的采访提纲。

同学们，采访准备和列采访提纲的问题，后面的教学会进行讨论，这里从略。

## 本章核心知识放送

**【采访对象】**

采访对象，是记者在采访过程中为了解真实准确的情况所接触的访问调查对象。采访对象是记者追踪的对象，或者是主动向记者提供新闻信息，并且与记者的采访行为发生联系的人。

**【采访对象积极配合采访的心理与行为】**

其一，希望自己的工作和所取得的成绩得到社会承认，从而积极配合采访。

其二，想发展壮大自己的事业。

其三，出于正义，如实向记者提供信息。

其四，为了申冤或者洗刷恶名，向媒体求救，以正视听。

其五，想有一个说话、申辩的机会，从而积极配合采访。

其六，想与记者搞好关系，从而热情接待记者，积极配合采访。

**【如何拉近与采访对象的距离】**

其一，寻找地理上的接近点。

其二，寻找心理上的接近点。

其三，寻找环境上的接近点，即寻找最合适的采访地点。

其四，寻找时间上的接近点。

其五，寻找性别、年龄上的接近点。

其六，寻找认识、知识上的接近点。

其七，寻找兴趣、爱好上的接近点。

其八，寻找经历上的接近点。

其九，寻找专业和工作上的接近点。

# 第七章
# 知人、知面、知心：采访对象的心理与行为

11 月 2 日，星期一

**教学目的、要求、内容和设想（“剧情”安排）**

**一、教学目的和要求**

知己知彼，百战不殆。采访对象有点像物资紧缺年代给生产企业供货的客户，记者有点像生产企业的采购员。可以说记者永远是信息的短缺方，写新闻报道不是写小说，记者必须采访收集新闻素材，不能做无米之炊。采访对象是信息产品的卖方，而且往往是信息的独占方、垄断方。一般情况下，新闻采访工作是记者有求于采访对象的工作。记者既然有求于这样的客户，就要研究客户——采访对象的心理与行为，有的放矢地与采访对象接触，否则很难完成信息采集任务。这一次课程教学的目的就是让同学们通过实训和知识的学习，深入了解采访对象的心理与行为，掌握与采访对象打交道的技巧和能力。

**二、教学内容和设想（“剧情”安排）**

第一教学环节：进行新闻采访模拟训练，让同学们学习与采访对象沟通的本领。

第二教学环节：让同学们模拟采访殡葬管理处工作人员，学习采访的方法与技巧。

**【课前导入】**

**靖：**我有个观点，学生在课堂上是学不会新闻采访技能的，新闻采访是新闻工作中实践性最强、实践难度最大的一项专业性工作。

记者如果没有科学的新闻认知，就无法进行新闻采访，无法搞好新闻报道。所以记者要有科学的新闻观。记者要善于从受众角度发现新闻线索，判断新闻的价值。记者如果没有新闻敏感性，不知道写什么样的报道，做什么样的采访，就没有办法去开展新闻报道工作。

新闻采访工作最终的落点就是与采访对象打交道，从采访对象那里获得有报道价值的信息。新闻工作就是与人打交道的工作。这是一项特别艰难的工作。你采访前考虑得很全面，也有新闻敏感性，也知道读者需要什么新闻，可是你不善与人打交道，无法与人沟通，不具备采访能力，没有获取信息的能力，那将一事无成，也说明你入错了行。像我这样从

事过多年记者工作的人，也不能任何一次采访都能够顺利完成。

采访对象是一个特别复杂的群体，有的采访对象是很难接触、很难打交道的，尤其在发达地区，采访对象对记者和新闻媒体有警觉，有传播风险防范意识，这会给记者的采访增加很大的难度。

我曾经做过一个调查，什么人最好采访呢？一是没有任何媒介素养的小孩。初生牛犊不怕虎。你先跟他套近乎，消除距离感，你就可以问出你想知道的情况和信息。二是市民也相对比较好采访，他们比较单纯，不会将你采访他这件事想得太复杂。三是农民也比较好采访。我问了一些记者，他们都觉得农民比较好采访。你只要跟他搭讪上了，你只要把采访目的告诉他，他会和你敞开来谈，顾忌比较少。

难采访的，是政府官员，尤其是公检法部门的工作人员。一是他们中有一些人认为自己有执法权，对人就比较生冷、威严、苛刻，很难接触。二是他们是媒体关注的对象，经常接触媒体，经常接受媒体采访，有较强的防范意识。三是他们经常接受采访，有厌倦心理，不愿接受记者采访。至于官员是否都难采访要具体分析，我当记者时感觉，层次越高的官员反而越好采访。比如省委书记、省长、厅长、局长，比较好采访。当然记者采访接触的主要是机关部门科长、处长。我觉得，他们经常接触媒体和记者，有很多顾虑和担心，他们害怕记者随意报道、错位报道，或者别有用心地报道，给个人和单位带来麻烦，所以他们就比较谨慎。

大学生好不好采访？好采访。

有关采访对象的问题，我们会多花一点时间来学习研究。我们要真正地了解采访对象的心理与行为。

我们今天结合案例和模拟采访分析有关采访对象的问题，然后再来归纳梳理相关理论和知识。

课前我跟金星同学沟通过，我们现场要模拟的是一个真实的案例。我现在就把它变成一个模拟训练的素材。大家来看看怎样能比较顺利、比较好地完成采访任务。至于如何报道是后一步的事。

是什么情况呢？大家注意，你们现在千万不要想自己是南师大新闻与传播学院的学生，而应该想自己是媒体的实习生。不知道同学们现在出去是不是还很胆怯，没有底气，总想着“我是学生啊，我也没有证件”什么的，不要这样想。现在我们就是新闻工作者，千万不要害怕，在学习过程中，实习生是记者，是准记者。

## 第一教学环节：模拟训练，掌握与采访对象沟通的本领

**【新闻采访训练】**

采访对象：一位在河边见义勇为、下水救起落水儿童的女工。

背景交代：某报报道，这位女工不会游泳，怀有身孕，见义勇为，奋不顾身，纵身一跃，救人时眼前浮现出许多英勇救人者的形象。

**靖：**这是发生在某地的一个真实感人的故事。一天，一位怀孕的女工经过一条河，突然听见河里面有儿童呼救，她毫不犹豫地下河把落水的儿童救了上来。

金星同学就扮演那位见义勇为的女工，化名就叫张同志吧，然后让大家模拟采访。有请金星同学。

真实采访当然是在厂里进行的，模拟采访我们就把采访地点放在教室。你们就作为记者来采访这位女工。你们确定自己的采访角度。大家先写好采访的想法，包括对采访对象的分析和认识，打算如何采访，如何提问，提什么问题。你们写好后听我指令，将所写内容发到我们的微信群里。

（同学们按照指令将采访设想发到微信群里，以下按微信群里收到信息的先后顺序列出同学们的采访设想。）

**林鑫：**

1. 您见义勇为是本能反应还是深思熟虑后作出的选择？
2. 您当时知道自己怀孕吗？
3. 如果知道自己怀孕，又不会游泳，考虑过后果吗？
4. 既然很危险，为什么还是选择救人呢？
5. 家里人对您的行为有什么看法？
6. 救人之后心理感受如何，后怕吗？
7. 现在身体怎么样？胎儿受到影响了吗？
8. 被救儿童的家人和您有联系吗？

分析：采访对象是一名朴实的女工，采访时要平等对话，给对象足够的尊重，不要给对象居高临下的俯视感，要随和平易，切忌言辞过于犀利刻薄，要有人情味，体现出对采访对象的关心。

**钱澄：**

采访对象分析：采访对象是一个见义勇为的普通女工，她很勇敢，这可能和她平时的性格和为人有关。在采访中，我会肯定女工的见义勇为精神，但会提出疑问：为什么自己怀着孕并且不会游泳但还是选择跳水救人？

采访问题：

1. 您见义勇为的举动让我们每个人震惊，可以描述一下当时的情景吗？
2. 在看到落水儿童的时候您的心理活动是怎样的？

3. 有没有想过在救人过程中自己也有危险？

4. 回过头去想会不会有一些后怕甚至后悔？你怎样评价自己的行为？

5. 救人的时候想到了哪些英雄人物的故事？

6. 这些英雄对你的性格塑造起到很大的作用吗？你平时是什么样的性格？

7. 从小父母会引导你做一些正义的事吗？

8. 今后再遇到类似的情形，会不会作出更理智的选择，比如向有能力的人求救？

**徐铭慧：**

采访对象只是一位平凡的普通女工，并且不会游泳，还怀有身孕，但是在危急情况下，还是选择救起落水儿童，这是平凡人的伟大之处。

1. 您在纵身跳入水中之前，内心有没有一番纠结？当时想了些什么？

2. 您怀孕多长时间了？救人有没有给您身体带来影响？

3. 您的家人知道这件事后是怎么看的？

4. 现在回想当时的情况，您有没有一丝后怕？如果您或您的胎儿因此受到了伤害，您是否会后悔？

5. 被救孩子的家人有联系您吗？他们是怎么想的？

**贡晨霜：**

因为该事件已经报道过了，而且都是一些舍己为人的角度，所以我想应该有一些不一样的角度来引起人们的思考。这位女工有过被采访经验，所以我想再次受访她应该会更从容一些，而且也更有应对经验。我想从怀孕这一点来深挖。

我想问的问题就是：你知不知道自己怀孕？我觉得这个问题很重要，因为如果女工知道自己怀孕，还不会游泳，却仍下水救人，其实是不顾自己和胎儿的安全。我想引起人们关于该不该为救一条生命而置另一条生命甚至多条生命于危险当中的讨论。

具体问题为：

1. 您知不知道自己怀孕？

2. 您知道自己怀孕的话，那下水时有没有想过您会让胎儿处于危险中呢？

3. 当时周围只有您一个人吗？

4. （如果有旁人）既然有，那您当时为什么不喊别人来救呢？因为您不会游泳，很可能也会淹死的。

5. 人救上来后您有什么想法？

6. 很多人称赞您的英勇行为，您自己是怎么看的？

**张睿：**

分析：女工在救人之前应该没有想太多，我觉得如果她考虑到了胎儿的安全，应该不会在自己不会游泳的情况下奋不顾身地救人。

我会选择一个舒适的环境进行采访。

提问：

1. 宝宝怀了几个月了？现在状态怎么样？

2. 救人没有影响到胎儿吧？

3. 我一直很奇怪您在救人的时候怎么会这么勇敢，您当时知道自己有孕在身吗？

4. 您是在什么情况下看到这个孩子掉入水中的？您当时是不是想到了自己的孩子，所以……

5. 您是怎么把女童救起来的？您不会游泳啊！

6. 这件事被媒体报道后给您的生活带来了怎样的影响？

7. 很多时候媒体的过度报道确实会影响到个人的生活，您有什么需要我转达的吗？我可以通过我们的媒体把您的话转达给广大记者。谢谢您接受我们的采访，祝您身体健康。

**邢怡：**

采访对象是一名善良淳朴的女工，但可能由于被报道过从而对媒体有些恐惧。在采访的时候要注意不要问一些之前就被问烂的问题。我认为如果一上来就表明记者身份会给采访带来麻烦，可以事先联系被救落水儿童的家长，和他们一起前去拜访这位女工。

问题：

1. 当时你看见落水儿童时周围有其他人吗？

2. 你在跳下去救小孩的时候知道自己怀孕了吗？

3. 当时你怀孕多久了？事后你回想当时的情景有没有感到害怕？家人得知这件事后的想法是什么？

4. 媒体大肆报道你见义勇为的事迹有没有给你造成困扰？

5. 你觉得有些什么困扰？如果再遇到这样的情况你还会选择救人吗？

**龚荃宇：**

采访想法：救落水儿童应该说是相对比较多的事件，但这位女工既怀有身孕又不会游泳，贸然下水救人实际上是非常危险的行为，这是这件事的特殊性，本次采访应当把这个作为落脚点，同时传播这位女工身上的正能量。

如何采访：由于此前各路媒体采访报道频繁，本次采访应当尽量表现得友善，在肯定的同时对她行为背后的争论进行客观采访。

采访问题：

1. 张同志，我们对你的行为非常敬佩。但我们也了解到你当时怀有身孕并且不会游泳，你当时考虑到这些因素了吗？事后的感想是怎样的？

2. 有观点认为你的行为是对胎儿的不负责任，你如何看待这些观点？如果再给你一次选择机会你还会选择救人吗？

3. 事后你家人了解到这件事是怎样一个态度？

4. 这件事对你的生活产生怎样的影响？

5. 这位落水儿童及家长事后与你联系过吗？

6. 你认为现在的社会舆论对你有没有误解？主要是哪些方面的误解？

**靖：**好，模拟采访开始。

**【钱澄的模拟采访】**

**钱澄：**您好。很高兴今天您能接受我们的采访。您介意描述一下当时救人的情景吗？

**金星：**这个事情在之前的记者采访中我已经说过很多次了。

**钱澄：**可以再说一下吗？

**金星：**当时是那个小孩掉到水里了，我是沿着河边，下水把他救上来，就是这样。

**钱澄：**请问一下，在救人的时候，您的心理活动是怎样的？

**金星：**看到有人落水，大家的心理活动都是差不多的吧，就是想救他。

**钱澄：**是第一时间就下去救的是吗？没有进行思想斗争吗？

**金星：**那种情况下，想不到那么多的。

**钱澄：**那当时有没有想到自己怀着孕，有危险什么的？

**金星：**我当然知道自己怀孕了。

**钱澄：**但是没有多想，看到有人落水就去救了，是吗？

**金星：**对啊，看到有人在河里面呼救，如果是一个正常人看到的话，会去救他的。

**钱澄：**那么你有没有想过，下水救人会给你肚子里的孩子带来危险？

**金星：**我当然会注意到自己的身体状况，在我自己不能救人的情况下，我肯定会用其他方法，当然不会很莽撞地去救人。

**钱澄：**所以说，你是理性施救？

**金星：**也谈不上理性吧，反正当时没有多想。

**靖：**好，钱记者的采访结束了，其他记者上来采访。男记者采访这个是不是准备得会充分一点？采访要进入到情境中，你就是记者。你不要老想着靖老师站在这里。

【邢怡的模拟采访】

**邢怡：**你当时在救落水儿童的时候周围有其他人吗？

**金星：**这个问题不太想回答，……你们记者总是提这样的问题。真的好烦啊。

**邢怡：**记者报道你见义勇为的事迹对你造成了哪些困扰？

**金星：**困扰很大。

**邢怡：**比如说呢？

**金星：**比如说我一个……我觉得你们这些记者很蠢，我一个孕妇我会纵身一跃吗？你们难道只会写这些很蠢的报道吗？好吧，你们还有什么很蠢的问题？

**邢怡：**你有纵身一跃吗？

**金星：**你觉得我一个孕妇会纵身一跃吗？

**邢怡：**那你需要媒体帮你澄清事实真相吗？

**金星：**领导安排我接受你们记者的采访，但是我真的不想再回答任何问题了。你们这些记者写出来的东西对我造成很大的伤害，带来很大困扰。

**邢怡：**我们重新写一篇实事求是的报道，你觉得如何呢？

**金星：**下面该怎么办啊？老师，我觉得邢怡已经问到点上了。

**靖：**你们有没有什么要采访的？徐铭慧试试。

【徐铭慧的模拟采访】

**徐铭慧：**张同志，您看了之前媒体的报道了吗？

**金星：**我当然会看到。

**徐铭慧：**那您厂里的反响怎么样？

**靖：**厂里的反响你问厂里，你问她干什么？她一句话就会把你堵回去。总之，采访对象很烦，不愿意接受采访。那么，同学们怎么办？实际上真实的情况就是记者采访都是失败的，这个女工拒绝接受采访，不想见记者，见了就烦。虽然是领导通知她来接受记者采访的，但是她见到记者也不回答问题。那么这种情况，记者就要考虑了：我们是来为她做宣传的，表扬她的，把这种见义勇为的精神发扬光大，是好事情。我们来采访，却碰了一鼻子灰。这是怎么回事呢？你们分析是怎么回事呢？刚才邢怡她实际上讲到了。我向金星幕后交代了的：你就是不接受任何采访，事情过去了，你什么也不想讲，你见记者就烦。记者又打电话又跑家里，很烦很烦。记者确实对她的生活有很大的干扰。那么你们就要想了，问题在哪儿呢？怎么样去让采访对象能够理解记者，能够支持记者的工作，心甘情愿地接受记者的采访呢？你们接下来就考虑这个问题。问题在哪儿呢？没想到正面报道，采访好人好事，还把大家搞得十分不愉快。该怎么解决啊？有的记者都打道回府了，心想我又不是没事干了，你不接受采访就拉倒。但是后来当地党报的记者发现了问题的症结所在，调整了采访思路和方法，出色地完成了报道。该报发表了一篇比较真实、客观、有人情味儿的报道，起到很好的宣传效果，更重要的是消除了人们对她的误解，使报道对象得到了安慰和解脱。

那你们现在就来分析，是什么原因导致这个采访对象不接受采访。我们要研究采访对象啊。知己知彼，方能百战不殆。你自己当然知道自己了，可是你并不知道对方。所以，关键还是要了解对方，然后才能有的放矢。那么是什么原因导致她不接受采访？因为前面媒体的报道使这个女工在厂里面很难堪。大家在背后风言风语："哎哟，她还不会游泳呢！"这里补充一个背景资料，实际上这位女工曾是市体工大队游泳教练，会游泳。她那天路过苏州河，看到一个人在河里呼救，就顺着河边慢慢下去，蹚着水把那个人救上岸，并没有"纵身一跃"。写报道的记者充满想象力，还说她在救人的一瞬间眼前浮现许多见义勇为者的英雄形象。实际上她并没有想到这些，她就是出于一种本能，再加上她曾经是游泳运动员和教练。游泳教练救人有啥难的？对她来说太容易了。所以这篇报道使她在厂里面饱受嘲笑讥讽，工人们都在背后议论她，说她夸大事实，为了宣传，为了名声，为了利益，不惜造假，胡说八道。实际上，不是她的问题，是媒体记者瞎报道、想象报道所致。这样的报道登在报纸上会对当事人产生什么影响？你们现在了解到了吧？是媒体的报道给她带来了困扰和不安。所以她见到记者就很反感，躲之还来不及，又怎么会接受采访呢？那现在怎么解决这个问题呢？原因找到了，自然就有对策，就好采访了。所以，我们去采访，如被拒绝要找到原因所在。

**【课堂点评】**

**靖：**采访之前主要是要打消她（张女士）的疑虑，并给她以精神上的安慰和修复形象方面的帮助。要让她知道我们的报道能把情况如实反映出来，消除单位干部工人和社会对她的误解，还她以真实的形象，消除她的疑虑和痛苦。一旦她的心理障碍和思想疙瘩消除了，她就会很好地配合记者采访。我们可以对她说：你把你在新闻报道后遇到的困扰麻烦如实说出来，我们会通过实事求是的报道，消除夸大报道给你带来的影响，反映不实报道给你带来的困扰。这样，采访的问题就不是问题了。接下来可以具体实施采访了。采访的主要难点是如何打消采访对象的疑虑，解开采访对象的心结。

## 第二教学环节：模拟采访，增强化解采访困境的能力

**靖：**接下来我们通过一个案例的现场采访模拟训练，了解采访对象的心理与行为。这是我自己亲历的一次采访。我现在作为某市民政局殡葬管理处宣传科曹科长（出于隐私保护，并非真姓——笔者注）接受各位准记者的采访。假设事情就发生在不久前。

事情背景是这样的：

殡仪馆一名工作人员工作粗心，在火化一有吸毒史无人认领尸体的时候，错把一位曾参加过抗美援朝的老兵的尸体火化了。事情就是这样。家属去进行遗体告别的时候，发现亲人的遗体不见了，其子当场后仰昏倒。后来殡仪馆给他其父骨灰，他拒不收取，认为不能证明骨灰是他父亲的。双方取骨灰到南宁和广州两地有关部门检测，结果真有差异。老兵的后人认为他们不能领一盒身份不能确定的骨灰永久供奉祭拜，所以官司打到当地中级人民法院。当年我得到了消息前往采访，我就面对了曹科长。

好了，现在角色互换，我作为曹科长，你们作为记者前来采访。你们要考虑到此次采访一定不会是 帆风顺的，因为你要揭他们的短。你们现在要考虑殡葬管理处如何处理这件事，要做这么一个采访报道，面临的采访困难如何克服。你们思考一下怎么采访，并写出来，10 分钟后，听我指令，统一发到微信群里。

**【新闻采访训练】**

掌握采访对象心理，破解拒访困局，如何采访怕被曝光的殡葬管理处官员。

我作为殡葬管理处专门负责宣传工作的曹科长，林鑫作为记者。

**林鑫：**曹科长，您好！我是报社的记者。最近，我们都知道，贵单位发生了一起比较棘手的事情。最近您一定也很焦头烂额吧。事情既然发生了，我想，你们需要一个机会去补救。亡羊补牢为时不晚。所以，我想采访一下你们。

**靖：**哦，不巧，我们处长今天不在。

**林鑫：**没关系，我们今天就聊聊嘛。我会实事求是进行报道的。

**靖：**处长不在，这件事只能等他回来采访他。

**林鑫：**那就你了解的情况，我们聊聊。

**靖：**这我不好说，你得等我们处长回来。你明天再来吧。

**林鑫：**我觉得您现在得先给个态度，对吧？

**靖：**处里有要求，我不能回答你的提问。

**林鑫：**我觉得你们也是想挽回一些影响，也很想给公众一个说法，对不对？如果说你现在对我这种态度的话，可能我就会理解为你们在逃避，说不定明天的新闻就会是……

**靖：**你威胁我呀，你这个小同志。处长不在，你说我怎么接受你采访呢？你挺蛮不讲理的，我叫你明天再来。

**林鑫：**话不能这么讲，您是搞宣传的，也是有义务接受记者采访的，为什么不接受采访呢？

**靖：**现在法庭也没有判决，我们也不好说话。

**林鑫：**我想问的是，你们现在没有明确的态度吗？你们对受害者没有什么表示吗？没有去采取一些补救的措施吗？

**靖：**现在在走司法程序，过几天开庭，你可以到法院那边了解情况。

**林鑫：**那你们打算“破罐破摔”了吗？

**靖：**这？我不接受你的采访就是“破罐破摔”吗？你能这样说话吗？

**林鑫：**没有，我知道你们也有难处，你们肯定会担心，如果接受了我的采访，我的报道如果不符合事实，会对你们造成更多困扰，但是请你们放心，我保证，绝对不会出现这样的问题。如果给我一个机会，我写完的稿件一定会给你们过目的，请放心。

**靖：**上面对这件事已经有交代了，要求我们不接受任何媒体的采访。我们处里也有应对媒体的规定。处长不在，我作为一个具体办事员，我不知道殡仪馆那边的具体情况。

**林鑫：**那你们是打算等司法结果出来再接受采访吗？一切结果都等法庭判决？

**靖：**那肯定是这样。

**林鑫：**不打算向被火化的老兵的家属说些什么吗？

**靖：**这不存在说什么的问题，我们私下已经交流过。他要求我们赔偿好几万元，我们觉得不合情理，所以最后还是由法院判决吧。

**林鑫：**那您觉得这件事，你们单位有过错吗？

**靖：**我们肯定有过错啊。是我们殡葬工作人员疏忽造成的差错，这是事实啊。

**林鑫：**那你们有向家属道歉吗？

**靖：**你今天来的目的是什么呢？你是想曝光我们吗？

**林鑫：**不是的，我的目的是打算帮你们挽回一点影响。因为现在大部分的报道都是在渲染老兵家属的情绪，声音有些一边倒了，这对你们单位的形象很不好。我想做的是，从你们单位的角度出发，让公众明白这么一个单位运行不易，难免出现疏漏和差错。我想从你们单位的角度去报道，让公众更全面了解情况。

**靖：**那你还是要曝光我们啊？

**林鑫：**不是，主要是后续的补救吧。你们出了这件事，现在有应急措施吗？

**靖：**我跟你讲了，我们处长不在，他明天回来。你明天来不行吗？如果我接受了记者的采访，他回来我没法向他交代。你也要理解我的难处。

**林鑫：**我理解。那现在有关于这件事的处置措施吗？

**靖：**有，出了这么一件事情，我们也有讨论，但是我现在怎么可以回答你呢？你刚才说要为我们挽回一些影响之类的啊，积极正面的宣传啊，当然我们也欢迎，但是我现在没办法向你说些什么。

**林鑫：**就是不能透露是吧？是机密是吧？

**靖：**也不是机密。我作为机关工作人员肯定得听从领导的安排。也不是你一个记者来采访，所有记者我们都婉言谢绝了。还是那句话，等审判结果出来之后再说。如果你们要报道这件事，就只能这样了。我们的应诉状在法院也有一份，你们也可以找法官、律师了解情况。

**林鑫：**但是你们不觉得直接采访你们，可能对你们更为有利吗？如果我去采访第三方，去了解这个事件，报道可能对你们更不利。

**靖：**那是你的事，如果你的报道导致新闻失实的话，我们有权追究你的法律责任。

**林鑫：**不是这个问题，我不会片面报道，只是我如实报道了，新闻就是对你们不利的，因为你们毕竟是过错方。

**靖：**那这样吧，我去联系一下领导吧，看看他什么意见。

**林鑫：**行吧，那就这样吧。谢谢您了。

**【课堂点评】**

**靖：**总的来说，林鑫的采访还是比较积极主动的，没有畏难情绪，但是有些表达不太准确和老道，提问存在一些问题，包括经验上的问题。

那么，当时我是怎么采访“错烧尸体”这件事的呢？那天我在报社市民热线值班，某市一位姓李的当事人打来电话，说他父亲的遗体被火葬场错烧了，过两天法院开庭审理，希望报社派记者来调查报道，并且说他也跟《羊城晚报》说了，该报记者也要过来采访报道。

我得到了这个消息，第一时间跟报社领导汇报，领导一听，眼睛都大了，天哪，怎么会出现这么蹊跷离奇的事情？尸体还能错烧？太荒唐了！

这条线索是我值班获得的，采访任务自然落到我头上，当时我也想好了整套采访方案。次日我前往某市殡仪馆采访还有个小插曲。我带上微型录音机，快到殡仪馆的时候，很奇怪，感觉很蹊跷，录音机失灵了，头天晚上试用过，很正常，此时怎么摆弄都压不下录音键。遇到这种情况，没办法，我只好硬着头皮进去采访。一进殡仪馆大门，只见左侧门旁挂着“生产科”牌子，我就纳闷，殡仪馆居然也有生产科，生产什么呢？实际上它就是一个负责火化尸体的业务部门。接下来，我犯了个错，因怕别人误解我是来办事情的家属，我在生产科门外直接问：我是 × 报记者，请问殡葬管理处陈处长在吗？

生产科一位工作人员很热情地告诉我说我走错地方了，陈处长在市中心民政局殡葬管理处，他不在这里办公。

糟了，可能暴露身份了！我忘了这一茬了：殡葬管理处是民政局下面的一个管理部门，处长不会在这里办公。为啥一头闯到这里？而且我这一说，他们如果报告到陈处长那里，陈处长就会产生防备心理，或者回避拒绝采访。我本是想来一个“突然袭击”，让对方没有准备的时间或躲避采访的机会，却想不到弄巧成拙。

殡仪馆在城乡接合部，地方很偏僻，没有什么出租车司机愿意路过这里停车载客。我等了好久也没有见到一辆出租车经过，又过了几分钟，终于来了一辆载客的三轮摩的，载我去了市里民政局殡葬管理处。

殡葬管理处很安静，只有一人，是宣传科曹科长。他非常客气，端茶倒水，热情接待，但是对于我所有的提问，他都以陈处长出差不在市里为由拒绝回答。

实际上，事前我已经采访了法院相关人员、律师和打电话反映情况的被火化老兵之子。我对案情已经了如指掌，准备非常充分。我主要想证实一下实际情况和我当时所了解到的情况是否有出入，当时错烧尸体问题到底是什么原因造成的。我还想了解殡仪馆和殡葬管理处针对这起事件是否有亡羊补牢的措施，殡葬管理处如何从这次事件中吸取教训，加强内部管理，加强对工作人员的教育与管理。

可是无论我怎么套近乎和迂回采访，他都警觉地回避我的问题。时间慢慢流逝，接近中午时分，我没有打退堂鼓，一直跟他耗着，他也不好下逐客令。看我一直赖着没有收兵的意思，他好像有了什么主意，拨通电话跟一个人说话。他以为我说一口普通话听不懂粤语，所以通话的时候说了当地口音很重的粤语。我听粤语确实吃力，但我基本听懂了，他在向殡葬管理处陈处长报告我来处里采访的事情，请示怎么办。但我也听不清电话里头陈处长说了什么。明明处长在市里，他却瞒我说处长不在市里。我抓住他不说实话的理亏心理，严肃地对他说：你刚才跟陈处长说的我都听到了，陈处长一直在市里，你为什么要瞒我？我今天就是来了解具体情况的，想知道到底是怎么回事，你们从事件中吸取了什么教训。我这么一激，理亏心虚的他马上态度就变了。实际上，他们害怕我写“错烧尸体”曝光报道。这就是采访对象和采访单位的顾虑。

他支吾了一会，突然问我：“你这次来采访是不是打算写报道曝光我们，批评我们？”我先是一愣，接着脑筋急转弯，作出了正确的回答。

这个时候的正确回答就很重要。卖个关子，请问各位，我作出了怎样的回答？邢怡，邢记者，你遇到这样的反问，怎么回答呢？

**邢怡：**回答：不是。如果你们配合我的采访的话，那我肯定会从积极正面的角度报道这件事。

**靖：**我不是这样回答的。我说我来这里还没有考虑写什么报道，我是报社派来了解情况的，我只能把事情的来龙去脉了解清楚之后，向报社领导汇报。能不能报道，由报社领导决定。大家注意，我并没有说我是要写批评他们的报道，也没有说我会帮他们说点好话啥的。

我这样回答果然奏效，打消了他的顾虑，他悬着的心也放下了，思想戒备消除了。他说：“哦，原来是这样啊！”接下来他就满足了我的采访要求。大家看到了吧，采访就是要有的放矢地做好采访对象的思想工作，要很有耐心和技巧地和他沟通，打消他的顾虑。再一个要告诉采访对象，实际上情况我基本了解清楚了，我只是想知道你们对这件事情是怎么认识的，又有什么补救防范的措施。

于是他就跟我说：“是我们招了一个临时工，是他工作失职导致的问题，出了事后被我们开除了。他火化尸体时没有按照火化尸体的工作规范操作，没有认真核对，拉错了尸体冷藏柜。这给了我们一个很深刻的教训。针对这次事故，我们制定了一系列的管理规章制度，以免今后再出现类似的问题。我们还开过好几次会议，还对大家进行了教育和培训。

总的来说这次意外事故是我们执行管理制度不严、工作人员操作不规范造成的。”

我乘胜追击说：“你们亡羊补牢是好事，我看看你们新制定实施的规章制度如何保证不再发生类似问题。”这时记者要适时肯定和赞扬对方，并顺势自然地提出要求。这样他就把放在自己抽屉里的规章制度拿给我看。我记下了主要内容，又提了些即兴思考到的问题进行采访，采访的气氛也比较融洽。大家看到，记者在采访的时候不应该胁迫人家，否则会引起冲突，导致采访失败。所以主要还是做思想工作。大家看我的采访，从中能获得什么启示？

报道刊发出来之后，还有个小插曲。报社有一个专门跑民政口的记者对我说：“靖鸣啊，你为什么要写这篇报道？我昨天去民政厅，民政厅领导好生气，说偶然发生的事情你们报社又拿来做文章。”这是题外话。

这个案例对我们的启发是，我们在采访中要学会研究采访对象的受访心理，分析他的顾虑在哪里，为什么拒绝、不配合采访等，要把这些问题分析透。另外就是抓住他的心理。什么心理呢？愧疚心理。他没有说实话，瞒骗你，心里有愧疚。你点破了，他就会很难堪，自觉理亏，心理防线就会出现松动，你再提出问题或采访要求，他会有补偿心理，有分寸地接受采访。这一招很管用。

这里需要指出，我们在分析研究采访对象行为或者学习新闻采访技巧的时候，主要是针对生疏的或强势的不愿意接受采访的采访对象。这是第一。第二，主要是研究在采访中遇到困难如何去应对。如果采访一个很爽快、健谈，或有冤要申、主动找记者反映问题，你不去提问他都会主动倾诉的采访对象，不存在采访难的问题。研究采访对象主要是研究那些有采访难度的采访对象，找到和采访对象沟通、交流的方式方法和技巧，以更好地完成采访任务和新闻报道任务。

## 本章核心知识放送

**【采访对象积极配合的心理与行为】**

采访对象配合采访的心理与行为有以下几种表现：

希望自己的工作或成绩得到社会承认，从而积极配合采访。

想借助媒体发展壮大自己的事业。

出于正义，如实向记者提供信息。

遭受冤屈，向媒体求助。

想有一个说话、申辩的机会，从而积极配合采访。

想与记者搞好关系，热情接待，积极配合。

**【记者对采访对象心理的影响】**

记者观察、了解、考察采访对象，采访对象也在观察、了解、考察记者；记者挑选采访对象，而采访对象也不是完全被动地被挑选，有的采访对象也会挑选记者。采访对象希望知道记者的采访目的和动机。记者报道目的不明，采访对象也不会轻易开口。

当记者出于肯定、表扬采访对象的工作或行为的目的采访时，采访对象对待采访的态度大多是积极主动的，他们往往会热情接待，有问必答，主动提供各种材料，还会对采访给予各种帮助和支持。当采访对象认为记者是怀着批评的动机采访时，会有很强的戒备和防范心理，常常会表现出冷淡和生硬的态度，回避或抵制采访。

而当记者采访的事实或问题与采访对象没有直接联系，也没有利害关系时，记者与采访对象之间就形成了一种中性关系。如何把握这类采访对象的心理很大程度上取决于记者自身的能力和水平。

采访时你即便不告诉采访对象采访的来意和目的，他也会猜想你到底是来干什么的；你告诉他，他又会指向性地去想，采访对自己和单位是否有利，我应不应该接受采访，应该说到什么程度。如果你是有名气的记者，或者是形象特别好的记者，采访对象会乐意接受采访。记者不讲理、不守时，提问题没有章法、不够专业，采访对象就不会配合采访。

**【官员对待采访的心理和行为】**

官员在对待媒体采访时，对主流媒体和友好的媒体，会热情应对，表现出较高的素养和交际水平，而对于非主流媒体或不友好的媒体，则表现出不冷不热，或直接拒访，即使接受采访，也是持应付的态度。

有胆识、责任感和事业心，能充分认识到媒体社会功能的官员，都能认真面对媒体，积极配合采访。

**【采访对象的职业对其受访行为的影响】**

采访对象受职业影响，所思所想所言所行一般带有职业特征。比如机关党政干部和公务员通常有严谨的工作作风，办事中规中矩，讲程序，考虑问题比较周全，能从政治大局的高度来认知识和分析问题。

从事经常与人打交道的职业的人，如党政工作者、企业家、教师，一般比较健谈，善于分析问题，通常愿意与记者合作。文化体育界人士一般愿意配合采访，他们希望媒体能反映他们的生活。

# 第八章
# 采访对象受访心理和行为分析及拒访行为应对

9 月 7 日，星期一

**教学目的、要求、内容和设想（“剧情”安排）**

**一、教学目的和要求**

通过新闻采访的案例和实训教学，使同学们更系统地了解采访对象的心理和行为，掌握采访的方法和技巧。

**二、教学内容和设想（“剧情”安排）**

第一教学环节：请上周进行采访的钱澄和龚荃宇同学分享他们的采访经历以及对采访对象的认识和分析。

第二教学环节：分析大学教授兼艺术家这类采访对象的采访心理与行为。

第三教学环节：通过案例和实训使同学们了解采访对象的受访心理。

第四教学环节：采访对象拒访行为与应对。

## 第一教学环节：交流与采访对象接触过程中的体会

**【钱澄采访小结】**

**钱澄：**我是周四去江苏海事职业技术学院进行采访的，主要采访了电气学院的院长。采访持续了一个半小时。采访前我和《江苏教育报》梁早记者进行了微信联系，但是他没有给我提供任何信息和资料，所以我也很迷茫，不知道该做什么准备。我只知道这是关于创新创业的一个采访，于是我就在网上搜索这方面的信息。

我周四一大早就过去了，因为不了解情况，只能在采访过程中收集信息。这个学院让我们去的目的是希望我们宣传它。到该学院之后，我们发现是有东西可写的，比如该学院在挑战杯里有一个作品获得一等奖，在发明杯里有两个作品得到一等奖。采访电气学院的院长时，我一个人面对五个人，院长、主任、行政部的老师和两个学生，所以我是有些紧张的，但我还是装作很淡定的样子。整个过程我觉得还是顺利的，最起码没有冷场，该问的地方都问到了，他们还是很平易近人的，热情地给我提供资料。我需要什么资料，他们都会立刻出去打印或设法提供。

**靖：**采访对象大多是组织传播思维。我们是代表读者的，要思考读者是否会感兴趣。所以适当的时候我们需要引导采访对象，把谈话引到我们设定的话题上来。这是一个技巧。同学们现在关键是要积累经验。钱澄同学的采访心态是很好的，至少没有冷场。

**【龚荃宇采访小结】**

**龚荃宇：**我们最初接到任务是去采访南京市小红花小学，但是我们采访前在网上搜索了一下发现，小红花小学的资料很少，只有小红花艺术团的相关资料，我们很疑惑。我们11点出发，乘坐一个半小时的地铁，大概12点半来到小红花小学校长办公室。胡校长正有事，让我们等等。直到1个小时后他才抽身接受采访。胡校长非常擅长与媒体打交道，采访刚开始他就讲明他的诉求，并询问该如何配合我们的报道。出乎意料的是，他告诉我们他并不需要报道，联系我们是希望找到几个文笔好的同学为他们学校撰写文案，参与“十三五”学校规划。他来到学校也才两个月的时间，许多改革措施还未实施，都在规划阶段，他认为并没有什么好报道的。我们想，这个学校一定是有它的特色的，我们要发掘学校里面可以报道的新闻。后来我们就把话题转向了学校有哪些亮点，校长说学校的课程表是一个亮点，学校在课堂之外还增加了很多“附加题”：早晨，学生迎着小红花欢迎曲的旋律走进学校，随后在班级齐唱童谣，诵读经典；中午，孩子们在中外名曲中就餐，接下来参加集体班会；下午放学前，学校组织合唱团等多姿多彩的文娱活动供孩子们参与；等等。我们就抓住了这个亮点。在采访过程中胡校长经常把话题扯远，比如问我们的学习情况、家庭情况。我们以后要注意采访不能被采访对象带跑。

周五，胡校长邀请了许多专家召开座谈会，为学校未来发展把脉。我们坐在旁边听专家们讨论。虽然我们只是旁听，但是也抓住了一些亮点，比如说学校很注重对学生的气质教育。会议结束后，我们咨询了一同前去的记者，他让我们针对专家建议或者教育理念进行报道。我们最后决定从课程表切入，围绕教育理念问题进行报道。

**靖：**你们要和校长经常联系，认识一个人是不容易的。名人名校出新闻。你们努力进行采访，当事与愿违的时候，你们没有放弃。记者在采访时要随机应变，善于思考，发现新的线索，走进一个单位采访就不要轻易离开。能遇到一个愿意与你沟通的单位领导也是很不容易的。更可贵的是你们找到了一个切入点完成了报道。

## 第二教学环节：采访实训与点评

本教学环节同学们分析大学教授兼艺术家这类采访对象的采访心理与行为。

**靖：**好，接下来进入第八次课程教学。现在，请同学们将各自对张传斌老师的认知编成微信发到群里。

**【同学们发到教学微信群的采访张传斌老师的准备工作内容】**

**钱澄：**

人物背景：

海洋鱼画家，1963年生，毕业于南京艺术学院，现为南师大新闻与传播学院教授、硕士研究生导师，中国美术家协会会员，以“海底世界中国画”创始人享誉画坛，2015年年初完成海洋版十二生肖。艺术风格为绚丽丰满跃动滋润。

人物判断：

知识分子，艺术家，热爱游泳和潜水，喜欢探索，喜欢新鲜事物，喜欢闲适安静的生活，有点离经叛道。

采访策略：

张传斌的性格和为人一定有特别之处，本次采访打算着重探究其儿时的兴趣爱好对他之后艺术道路和性格的影响。

**靖：**对人物情况了解不充分，所确定的报道角度也没有新闻价值。

**邢怡：**

首先，张老师是南师大新闻与传播学院的老师，采访起来应该不会很困难。其次，张老师毕业于南京艺术学院美术系，现在教授美术基础，和一般的大学老师不同的是他还是一个艺术家。

同时张老师也是一个不走寻常路的艺术家。中国画主要分为人物、花鸟和山水三类。很少有艺术家来画海洋深处的鱼类。从这一点可以看出他是一个很有个性和创新意识的画家，同时多年以来对海洋鱼的了解让他成为一个海洋生物学家。所以我觉得如果事先对海洋生物有些了解，对绘画基础有些认识，就有利于这一次的采访，和张老师在一起就有话可说，这就需要我们进行前期的准备。

**靖：**你考虑到与采访对象顺利交流要进行知识方面的准备，但没有进一步思考采访角度问题。另外，“对海洋鱼的了解让他成为一个海洋生物学家”，这个判断有些武断，没有多少依据。

**贡晨霜：**

首先，张传斌老师是我们自己学院的老师，作为学生，我们去做采访，张老师应该不会拒绝，而且对我们会比较包容。

其次，采访前应当对张传斌老师所擅长的海洋鱼画进行充分了解，不求达到专业水准，至少不能一无所知。我们对专业知识了解得越多，越能拉近我们与被采访者的距离。

最后，我们应当尽可能了解被采访者是一个什么样的性格。投其所好地去采访他，使之为我们提供更多的报道素材。一个严谨的人肯定不喜欢和一个轻浮浅薄的人交谈；一个清高的人也不会与一个势利的人相谈甚欢。要懂礼貌，知进退，有修养，我觉得与学识丰富的人交流不能急躁。

**靖：**贡晨霜对张传斌老师性格的分析比较细致，存在的问题是没有进一步确定报道的角度和选题。

**林鑫：**

1.“东海渔翁”这一艺名的灵感源于何处？

2. 您为何会对浩瀚的海洋世界情有独钟？

3. 对您影响深远的一位画家是谁？

4. 您在今年 2 月份的时候，创作了 8.18 米《十二生肖海洋鱼》长卷——清明海洋鱼图，您如何定义鱼中的十二生肖呢？灵感又取自何处？

**靖：**林鑫的采访准备是列了采访的问题，但这些问题没有逻辑和连贯性，从中看不出作者的报道意图，另外，对采访对象的了解没有什么准备。

**张睿：**

张传斌老师作为我们院的教授，采访起来会相对容易些。同时他也是一位艺术家，虽然我们在采访前会对他和他的画有一定的了解，但是作为非专业人士，如果从专业方面进行采访可能无法深入交流。张传斌老师擅长画海洋鱼，他的创作肯定有很大一部分来源于生活，不妨请他说一说他在搜集灵感的过程中发生的一些趣事，这样也更容易引发读者阅读兴趣。采访时要注意谦虚，不懂的地方要善于提问。

**靖：**张睿从张传斌老师的创作灵感角度寻找采访的切入点，这是可取的。

**靖：**总而言之，同学们的访前准备不够充分、不够深入细致。大家对采访对象的基本情况没有进行系统全面了解。你们没有对张传斌老师的艺术创作成就尤其是海洋鱼方面的创作成就进行了解。另外，你们没有进一步思考报道的选题问题，没有准备采访时需提问的问题。林鑫同学倒是有了问题的准备，但是，她没有明确报道目的和选题。希望同学们对采访准备工作高度重视。

## 第三教学环节：通过案例和实训把握采访对象心理

采访对象的行为分为个人行为、社会行为和群体行为。个人行为分为智力行为和情感行为；社会行为有积极主动的也有被动的；群体行为分为内群体行为和外群体行为。

我们学习新闻采访，应该对采访对象的需求有一定的研究，正所谓知己知彼方能百战不殆。我们用美国著名心理学家马斯洛的社会需求理论来分析采访对象的需求。

一是生理需求。生理需求是指人们生存所需要的基本条件，如衣食住行等。在一切需求中，生理需求是最优先的需求。

二是安全需求。人都是趋利避害的，在任何环境里首先要考虑安全，安全是基础。记者在和采访对象接触时，要让采访对象有安全感。

三是爱与隶属的需求。这包括两层含义：一是一个人希望与他人进行社会交往，建立友谊；二是一个人希望隶属于某个群体，成为其中的一员并得到群体的关怀和照顾。

四是尊重的需求。人是有被尊重的需要的。大家在采访时一定要注意尊重采访对象，这是最基本的常识。采访对象希望记者认真地听讲，并做好记录。采访一定要有目光的交流，要倾听和记录。如果采访对象觉得记者认真专注，就会积极配合采访。曾经有一位记者去采访一位农民，采访过程中农民哭了，而记者却捂着嘴笑，这位农民就很生气。

对采访对象的尊重表现在很多方面，比如接触时的亲切称呼和诚挚问候。这里有一个案例。有一位小有名气的演员，特别难采访。有一天有位记者敲开他的门，问他，您现在方便吗？有几个问题想叨扰您。这个演员一看对方是一个 50 多岁的老记者，还称呼自己为“您”，马上就放下了自己的架子，接受了老记者的采访。老记者用了一个“您”字，就改变了局面。对采访对象的尊重也表现在对其民族习俗的尊重。

五是求知的需要、求美的需要和自我实现的需要。比如刚刚上任的县长，他就有强烈的实现理想抱负和得到社会认可的需要，抓住他的这一心理需求采访起来就很容易。

**【关怀与理解：对失足女中学生的模拟实训采访】**

**靖：**接下来的这一教学环节安排一位同学上来扮演一位失足的高中女生。林鑫同学你上来扮演这一角色（课前已经策划安排好，而其他同学并不知情）。先由金星同学扮演某报的记者采访这位女生。请二位上讲台，模拟实训采访开始。

**金星：**先请坐，我帮你倒杯水吧。你好，我是《江苏教育报》的记者，你叫林鑫是吗？

**林鑫：**（沉默）

**金星：**家里人都这么叫你吗？

**林鑫：**（沉默）

**金星：**事情发生之后家里人是怎么安慰你的？

**林鑫：**我不想说……

（接下来是贡晨霜同学的模拟采访）

**贡晨霜：**林同学，你好，我是《江苏青年报》的记者。你愿意接受我们的采访吗？（多余的问话——靖）

**林鑫：**不要再采访我了，我不想说。

**贡晨霜：**林同学，我们就当朋友之间的聊天，不要把它当成一个严肃的采访，可以吗？

**林鑫：**你要聊什么？

**贡晨霜：**林同学，我对你的遭遇非常同情，毕竟我们都身为女性，我也很能理解你现在的感受，你有什么不开心或委屈可以和我谈一谈。说出来会好一点。

**林鑫：**我挺开心，没有什么不开心的。

**贡晨霜：**林同学，作为一个年纪比你大的记者，我觉得你应该把你的遭遇说出来，让更多的人知道你的遭遇，不让更多的人受害。说出来，你自己也会好过一些。你说是不是？

**林鑫：**我不想回答任何问题。

（接下来，徐铭慧同学进行了模拟采访）

**徐铭慧：**林同学，你现在每天还在上学，还是……

**林鑫：**我还在上学。

**徐铭慧：**还在学校是吗，那事情发生之后，你觉得你的生活有没有改变？

**林鑫：**你们不要再来找我了，我觉得你们记者很烦。

**徐铭慧：**你为什么觉得我们烦，你怕我们的采访会影响你吗？

**林鑫：**我不想让人家知道我的事情。所以不想让你们采访。

**徐铭慧：**你放心，因为你是未成年人，我们肯定不会在报道中透露你的姓名和学校，我们做这个报道只是想让更多的像你一样的未成年人，不要再受这样的伤害。所以，你可以和我聊一聊吗？我也不是来揭你的伤疤的。

**林鑫：**我不想做反面教材。为什么学校和你们都要逼我呢？

（最后，张睿同学进行了模拟采访）

**张睿：**林同学，下午好。听说前几次，有记者过来采访，你都拒绝了他们的采访。今天，你愿意和我谈谈以前的事吗？

**林鑫：**太痛苦了，我不想说。

**张睿：**你看，我们老过来这样打扰你也不太好。其实我们就是想对你的事情有一些了解。我们希望通过这个报道，避免未来有更多的年轻人重蹈你的覆辙。能跟我说一下当时发生这件事的情况吗？

**林鑫：** 别管我，请你们不要再问我了。

**靖：** 好，我们回到课堂上来。当时有位记者去某学校采访这位失足女学生，采访了四次才成功。第一次，记者带着好奇的眼光而去，使对方觉得很不好受，自尊心受到伤害，因而什么也不谈。第二次，记者在提问时不注意，说：“你小小年纪，怎么走上这条路？”同学们想想，采访对象本来就很痛苦自责，一时失足一定是有一些客观原因的。所以对方一听，自尊心再次受到伤害，照样什么也不说。第三次，记者叫上管理老师，女学生一看，当即产生反感，当然更不想说什么了。同学们注意了，这种情况下带外人去采访，会增加采访对象的反感。第四次，记者冒着大雨前去采访，并送给女学生《人的一生应当怎样度过》和《青年修养十二讲》两本书，还诚恳地对自己前几次的采访作了检讨，从而感动了这位女学生。这次，记者顺利地完成了采访任务。

所以一定要研究采访对象的心理。采访不能急于求成，不要一见面马上就刨根问底。

事实上，采访失足女生，我们可以这样开导她：这件事有很多客观原因，不能全怪你，我很同情你。但是事情已经发生了，我今天来看你，是想我们能不能吸取教训，把你的遭遇告诉给其他女生，让她们在社会交往方面加以注意。我今天来不是来曝光你，让你难堪。我是想通过这件事情让更多的女生吸取教训。这件事如果能在社会上产生教育意义和影响，这也是我们对社会的贡献。当然我们不会公开你的名字，暴露你的隐私。这是我想到的方式，供你们参考。

## 第四教学环节：采访对象拒访行为与应对策略

记者只要向采访对象讲清楚采访目的，按照采访的基本要求进行采访，大多数采访对象还是愿意接受采访的。新闻采访的难点是采访对象不接受采访。这一环节主要让同学们了解采访对象拒访行为的类型、原因和应对策略。

**【笔者案例：随机应变，寻找“中间人”】**

**靖：** 笔者采访广西艺术学院几位人体模特儿时，多次遭到拒绝。笔者直接到女人体模特儿的宿舍，想接近她们，无人理会。笔者站在门外，将名片送进去，20 分钟也无人搭理。后来一位模特儿出来了，说她是来这里玩的，可见她们连自己的身份都怕暴露，更别说接受记者采访了。怎么办？笔者后来找到一位熟悉的艺术学院教授来做“中间人”。这位教授也不太乐意充当“中间人”。他对笔者说，模特儿工作很简单，没什么可写。我说，模特儿的工作对于你们搞艺术的人来说没什么，再平常不过了，但读者对他们并不了解，甚至有误解和偏见。让社会了解他们的生活、工作和内心世界，可以使他们得到社会的理解和正确对待。我这么一说，这位教授觉得也有道理，于是帮我与多位模特儿联络，让我与他们面对面交流。有位女模特儿本来答应和我们见面的，到见面的那天又变卦了。采访要寻找便捷有效的切入点，我是先从男模特儿这里寻找突破口的，通过多次接触，与他们建立了信任的关系。有位模特儿甚至拿出自己的多幅照片供笔者报道时选用。采访遭到困难，寻找一个双方都能说上话的“中间人”，是一条有效的途径。

今天的课程就到这里。下节课是实践课，大家根据《江苏教育报》布置的任务和报道的需要，确定好报道线索、选题，走出校园采访，写出新闻报道。

## 本章核心知识放送

**【拒访行为类型】**

不照面型拒访。这类采访对象讨厌、害怕与记者见面，不管是记者电话预约，还是单位领导安排，他都拒记者于千里之外。

问题型拒答。采访对象对某个问题不愿回答。新闻发言人也会有这种情况出现。

可转化型拒访。这类拒访行为主要是采访对象有误解，有顾虑或一时有难言之隐造成的，记者通过做工作，可以使其拒访行为发生转化。

对抗型拒访。采访对象与记者发生对抗，抵制、制止记者采访。有些性急的采访对象也会对记者动粗。具体表现一是哄拒。采访对象明确表示不欢迎采访，并对记者下逐客令。记者“赖”着不走时，会被采访对象哄赶。二是暴拒，即暴力拒访。记者在进行批评揭露性报道时，采访对象会竭力掩盖真相，阻止记者了解真相，拒绝采访，如果婉拒、冷拒、哄拒都无济于事，他们就会采取行动，对记者施以暴力，将记者打出去。

非对抗型拒访。有的采访对象虽然不接受采访，但表现出的是友好的婉谢的方式。采访对象婉言谢绝采访，客气相待，不想弄僵关系，并能令人信服地讲清拒绝的具体理由。有时采访对象也会态度冷淡生硬，不愿多言，表现出不耐烦和反感之意。

完全型拒访。此类拒访也称为不可转化型拒访。采访对象已经抱定主意，无论记者如何做“工作”，他都坚决不接受采访，包括对某个问题拒不回答。

**【采访对象拒访的原因】**

一些有成就的人士、领导干部，出于谦虚或不想张扬，面对记者造访，会表示不想被报道。如果记者事前对其心理有所了解，能有针对性地解决他们的思想问题，解除其顾虑，大多能使其拒访行为发生转化。这类拒绝行为是善意性拒访，形成的冲突具有可调和性。

有的采访对象不相信媒体能准确、客观、公正地进行报道，所以当记者采访他时，会表现出拒绝行为。

一些媒体为了谋利，在采访活动中向采访对象拉广告、拉赞助、讨要好处，令采访对象生厌并表现出拒访行为。

有的采访对象对记者的采访动机不了解，不知记者用意之善恶，不知道记者的到来对自己是祸是福，怕招惹麻烦，因此会本能地回避记者，拒绝采访。

个别采访对象对采访的事件有错误的认识。比如他干的是一件好事，但是他却担心别人有看法，怕说出来会给自己带来不利影响，从而拒绝采访。

有的采访对象对自己与被采访事实的关系有误解。一种情况是，这件事本来与采访对象没什么关系，但采访对象听到别人的议论，生怕自己被牵连，因而拒访。第二种情况是，采访对象在事件中的问题只是一般性的问题，甚至算不上什么错误，但是他高估了自己的问题与责任，因而拒绝。第三种情况是，采访对象认为记者的采访会暴露自己的问题，影响自己的安全、地位、经济利益、名誉等，因而拒绝接受采访。

还有一些采访对象出于对报社、记者的偏见或成见而拒绝接受采访。

**【拒访的应对策略】**

**一、既要知其然，又要知其所以然**

记者遇到采访对象拒绝采访的情况时，要认真分析拒访的原因。原因分析清楚了，再想办法去做工作，打开被动局面。

**二、理解与尊重**

记者应理解采访对象的心情或处境，并尊重采访对象。我们课堂上模拟的案例就很有启发。某地一位记者采访一位失足女生，前三次采访失败，第四次，冒雨采访，送了两本书给她，并对她表示了充分的理解和尊重，从而感动了女生，让女生打开了话匣子。

**三、让采访对象意识到接受采访的必要性**

遭遇拒访时，让采访对象意识到接受采访的必要性，这是新闻心理学在采访中的有效运用。要在把握采访对象心理的前提下，将记者的“我要采访”变为采访对象的“我要接受记者的采访”“我愿向记者提供信息”，由此化被动为主动。记者要调动采访对象的受访欲望，从而化解采访的阻力，使采访由“不能”转变为“可能”。当存在对采访对象不利的社会舆论时，如谣言、污蔑、指责、误解等，记者可通过直接交谈或间接传递的方式，暗示采访对象如果不借助媒体加以澄清、解释，后果将会如何，以达到激发采访对象接受采访的目的。

**四、增强采访对象的责任感、义务感，使其充分认识到接受采访的重要性**

有些采访对象，在不了解报道的社会意义和重要性时，接受采访时存在应付的心理和行为，一旦记者将报道的重要性明晰地表达出来，且令其完全领会之后，往往会得到他积极、热情而又认真的配合。采访对象在大是大非面前一般会选择主持正义和公道，支持媒体报道，我们将媒体报道的重要性让采访对象知晓，往往能达到采访目的。

### 五、利用社会舆论的威慑力

如果记者从受众的角度向采访对象提出问题，采访对象就会产生心理压力——如果不回答问题，就是对抗社会舆论，从而向记者提供相关情况。

记者代表内行、权威与上级责问采访对象，会使其产生一种心理压力，甚至是恐惧感，从而改变受访态度，接受采访。这是社会心理学中的“恐惧唤醒”在新闻采访中的运用。社会心理学认为，在运用“恐惧唤醒”的方式时，给要唤醒的对象以明确的指示——指给其行动的目标和方向，比没有“指示性”的恐惧更能改变对象的态度。

第 四 板 块

# 新闻采访方式与方法

# 第九章
# 在实训模拟中掌握采访方式方法

11 月 16 日，星期一

**教学目的、要求、内容和设想（“剧情”安排）**

**一、教学目的和要求**

这一板块主要是学习掌握采访、调查的方法和技能。比如如何进行采访前的准备，如何设计采访方案，如何列采访提纲。再比如进入采访环节，应该掌握哪些提问技巧，怎么录音，怎么做采访记录，如何进行现场采访，等等。

**二、教学内容和设想（“剧情”安排）**

第一教学环节：同学们交流采访情况和存在的问题；通过课堂分析讨论，使同学们真正掌握采访的方式方法。

第二教学环节：课堂实训，同学们就本校教育改革问题，设计如何采访分管校领导；通过经典案例和采访方式方法的理论知识的学习，使同学们掌握新闻采访方式和方法。

## 第一教学环节：交流分析采访经验与问题

**靖：**同学们，我们今天进入教学的第四大板块：“新闻采访方式与方法”的教学。同学们需要学习掌握具体的新闻采访方式方法。如果我们与采访对象比较熟悉或与采访对象已经建立了比较好的关系，能开诚布公、像朋友那样推心置腹地交流，那是不需要多少方式方法的。如上所述，面对首次接触的、重要的、不太熟悉的采访对象，要注意采访方法的运用。另外，对于新闻院系的大学生和初入行的新闻工作者来说，了解掌握新闻采访的基础知识和技能很有必要。对于有着丰富采访经验的记者而言，教科书上的简单入门知识和方法，已经没有学习的必要。

同学们学习新闻采访学，平时要注意培养自己的新闻敏感性。比如前段时间，南京某小学出去秋游时发生踩踏事件，有关部门随后作出取消小学生秋游的决定，然后一个三年级小学生就写了一封信，这个小学生的语言接近现实，折射出好多好多问题，当时我就提醒同学们这是条有新闻价值的线索，要去这所小学采访。结果《扬子晚报》第二天的头版头条就是它，我们同学没有任何反应。新闻敏感性有 6 个方面，其中有一个方面就是看到一个信息，要迅速把它和受众兴趣、需要和关切联系起来。新闻敏感性实际上是新闻价值 6 要素的灵活应用。我们进入第四板块后，前面板块的内容仍然需要反复强化。试想一下，没有科学的新闻意识，没有受众意识，没有写作意识，对采访对象没有研究和了解，如何运用采访方法进行采访？许多记者都有过由于新闻敏感性的不足而造成漏报、错报新闻的情况。包括我自己也有过这样的情况，我们要努力避免。

上一次课是实践课，大家根据布置的任务去落实了。接下来先请林鑫同学来谈一谈人物采访的情况和感受。你为什么要采访这个人？你的主题是什么？做了什么样的采访？用了什么方法？稿子打算投到哪里？有没有价值？同学们采访写作时要抱着能发表的心态去写。

**【林鑫的采访过程】**

**林鑫：**我采访了江苏大学的一个创业学长，是通过一个同学认识的。现在很流行“创客”这个词，创客指的是有自己想法、喜欢科技的人。这个学长就是一个创客，研究的是 3D 虚拟技术与物联网的应用，就是通过手机远程控制自己家里的设备，实现生活的智能化。他才毕业一年就开了一家软件公司，盈利达到 3 000 万元。

我在联系他之前搜集了关于他的报道，大概了解之后便联系了他，对他进行了电话采访。因为和他年龄差距不大，所以他特别好采访，回答问题很积极也很细致。但我发现我问的问题比较空泛，没什么用，他回答得也比较保守。后来我写了一个稿子发给了他，他回复我的第一句是：“你怎么把我写成了这样？”他说真实的事情你写出来就变假了，说现在很多记者写的东西都不敢直视。

可能因为对他了解不多，也不是面对面采访，所以我写不出特别的东西。后来他就烦了，让我随便写。

**靖：**你们给林鑫支个招，采访遇到这样的情况怎么补救？这个采访过程是愉快顺利的，但是报道写不出来，你们看看存在什么问题？

**钱澄：**不了解人物，无法客观立体地展现人物形象及精神风貌。

**金星：**事情过去很久应该找一个由头来写。

**靖：**只是一个方面，不是关键。

**张睿：**和采访对象不熟。

**靖：**我们和采访对象基本上都是不熟的。这个不是主要问题。

**徐铭慧：**没有启发他谈出自己独特的故事。

**靖：**写人物通讯要展现他的思想和经验，这是最主要的，而不仅仅是展现他的成就。

报道人物要处理好三对矛盾（冲突）：人的自我矛盾，人和社会环境的矛盾，人和自然环境的矛盾。把这几对矛盾处理好就行了，在矛盾中体现他的思想。这个报道是给学生及其父母们看的，所以要有现实针对性和指导意义。

这里需要特别指出的是：我们的课程开头首先让大家对消息写作有所了解，尽快进入学习角色，是为了使学习更有针对性和目标。同学们采访后是写消息还是通讯，这要根据情况来定。大家对通讯写作也要注意学习。通常情况，我们难以分清是为消息写作而采访还是为通讯写作而采访，也无须这样去划分。采访时，如果时间允许，我们应该采访得细致周到些。如果决定写通讯或深度的调查性报道，采访就需要深入细致些。

接下来金星同学谈谈关于张传斌老师的报道，你自己认为还存在什么问题?

**【金星对张传斌教授的采访思考】**

**金星：**我和张老师约好在他周四上课的时候去采访他。周四，我从教室后门进去听了一会儿课，后来在教师休息室和他聊了一会儿，没尽兴。然后张老师就带我到教职工食堂吃饭。张老师讲了很多，但以前的报道都写过。张老师说他最近创办了一个研究所。我问了丁总编辑，他说可以从创业和文化产业大发展的角度来写。

**靖：**金星，我们选择了一个采访对象，如果发现他很有成就但报道太多了，那就要找到新角度进行采访报道。宣传他的研究所新闻价值不大，除非像丁总说的那样报道。你要想想受众会对他的什么信息感兴趣。应该找一个有新闻价值的新角度来写。你要是从文化方面来写，相关的报道也不少，把这些报道找出来比较一下就知道是否可以找到新角度。如果张老师有新的作品问世，这也是值得写的，他本身也希望你去报道。通讯一定要体现人物的思想和精神风貌，要用个性化的语言来表现。写完之后也要把稿子给采访对象过目修改，让他确认。如果经过采访对象确认的稿子存在问题，该问题就和你无关，他会承担责任。

**【金星的报道见报】**

**“鱼痴”教授画鱼带领学生创业**

**南师大国际海洋文化艺术传播研究所成立**

南京师范大学教授张传斌独创的海洋鱼生肖画，经由媒体报道互联网传播，已声名远播。为充分挖掘这一创新举措背后的市场价值，南京师范大学成立了国际海洋文化艺术传播研究所，张教授任所长。研究所位于南师大随园校区，主要研究海洋文化。画作及手工创意文化产品将面向市场，实现学生们在校园内的“轻创业”。

智慧的鼠鱼、勤奋的牛鱼、勇猛的虎鱼、谨慎的海兔、刚猛的叶海龙鱼、柔韧的海蛇、

勇往直前的海马、和顺的羊鱼、会打鸣的鸡鱼、灵活的猴面鱼、忠诚的狗头鱼、随和的猪鱼，这是张传斌对海洋鱼十二生肖的定义。52 岁的张传斌毕业于南京艺术学院，自青少年起就喜欢养殖热带鱼，被同学称为“鱼痴”。他创作的 8.18 米《十二生肖海洋鱼》长卷（被称为“清明海洋鱼图”）是国内唯一的巨幅海洋鱼画卷。

今年夏天，张传斌结识宜兴紫砂壶高级工艺师陆顺大，两个人计划联袂制作一套十二生肖海洋鱼紫砂壶。下个月，张教授将带领研究所的学生们前往宜兴，将自己创作的《十二生肖海洋鱼》绘制在紫砂壶上。张教授说，他会把技艺传授给有创意、有想法的学生，放手让大家做更多的创意文化产品和中国画海洋鱼衍生品，如明信片、笔记本、手机壳、T 恤衫等，帮助学生们在校园内触摸创业的脉搏。

靖晓蕾是南师大中北学院广告专业的大四学生。读大三时，她向学校申请了大学生创业项目，在得到张教授授权之后，将张教授的《生命》《家园》《精灵》等系列画作制作成了精美的明信片、信纸等文化产品，这样别出心裁的创意深得老师同学们的赞赏和喜爱。

通讯员 金星

扬子晚报记者 董婉愉

（《扬子晚报》2015 年 11 月 25 日 A28 版）

## 第二教学环节：通过实训掌握新闻采访的方式和方法

**靖：**好，接下来进行本次课程教学第二教学环节的教学和学习。如果安排你们采访南师大分管教学的副校长，报道南师大在大学教育改革方面的新举措。请问：在这样的采访报道任务中你们打算采用哪些采访方式进行采访?

**徐铭慧：**先到网上找到校长办公室的电话，然后联系到校长办公室负责人或者秘书，看能不能约定采访时间，如果不能的话直接去校长办公室找负责人。

**靖：**你谈的是采访的联络工作，不是具体的采访环节。我理解你还是想面对面采访，这是一种采访方式。仅此一种吗?

**徐铭慧：**也可以电话采访，发邮件采访。

**靖：**电话采访是一种采访方式。实际上微信、邮件、微博等我都当作书面采访，把自己需要采访的问题列一个清单传过去，等待采访对象的回复，最后还要讲“谢谢接受采访”等客气话。你一定要让采访对象感到这不是你的个人行为，而是读者特别感兴趣，报道的社会意义特别大，目的是让采访对象感到自己被重视，认识到接受采访的重要性和必要性。除了面对面采访，还有什么采访方式呢？

**徐铭慧：**还可以集体采访，找一些媒体一起过去采访副校长。

**靖：**如果其他媒体对此不感兴趣，你怎么去拉他们进行集体采访呢？所以啊，你这个采访方式未必实用。当然集体采访是一种采访方式。

目前国家正在制定“十三五”规划，我们学院也在制定规划，采访这个问题还有什么采访方式方法用得上呢？

**金星：**学校会召开关于教育改革的各种会议，可以通过会议报道的形式反映学校教育改革的成就。

**靖：**好了，大家都提到一些采访方式和方法。所谓采访方式是指记者接触新闻事实和收集新闻素材的形式，采访方法是记者搜集新闻信息的手段和方法。

**靖：**今天讲了这么多内容，大家了解了一些知识，如果不能将知识有效运用到实际的新闻采访中，那还是空谈。这些都是简单的基础知识，关键是同学们在实践中要学会运用这些知识。下一次课我们就进行采访实践。过去同学们的采访可能是盲目的，遇到过很多困难，但也积累了不少经验教训。我们的教学理念，就是让同学们通过自己的亲身经历认识到什么是正确的采访方法，什么是错误的采访方法，让同学们不仅仅知道应该做什么，还知道什么不能做和什么不能不做。经过多次采访实践，你们就会慢慢领悟到什么是新闻采访，新闻采访需要掌握哪些技能。现在大家应该明白，我们去采访，最关键的要把握自己的采访意图，然后再采用各种方式方法搜集相关信息，做好访前的各项准备，包括采访方案方面的准备，最终完成报道任务。

大家充分利用下节课或课余时间，根据报道选题去街道、学校、机关等地采访，进一步检验、强化我们的学习效果。

## 本章核心知识放送

**【新闻采访的几种方式】**

**一、直面采访**

直面采访也就是面对面采访，直面采访有以下几种情况：一是记者对某个采访对象进行面对面的个别采访，二是众多记者面对采访对象进行集体采访（包括开座谈会），三是记者面对多个采访对象进行采访。

**二、现场观察（目击采访）**

现场观察采访也叫目击采访。鉴于本书有现场观察的专章学习，这里从略。

### 三、查阅资料

记者可以通过查阅资料搜集有新闻价值的信息。《北京青年报》曾经想到个报道角度，泰坦尼克号上有没有中国游客，结果记者一查发现有 6 位中国游客在海难中遇难了。据此，记者写出一篇独家报道。这也叫背景新闻。

### 四、书面采访

书面采访指以书面形式提出问题，请采访对象回答，如通过微信、电子邮件等方式向采访对象提问，请采访对象回答有关问题。

## 【新闻采访的几种方法】

### 一、上下结合

这种采访方法实际上就是把对领导机关的采访同对基层、群众的采访结合起来的一种新闻采访方法。一般是记者先到领导机关获得政策精神和新闻线索，然后，再到基层和群众中去采访具有新闻价值的事物。当然也可以反过来，先到基层和群众中去了解情况，回过头来再到领导机关了解情况，对采访的情况加以印证，让领导机关审核稿件。我们在采访中应注重先“下”后“上”，多深入群众，深入实际，了解情况，发现线索。

### 二、点面结合

点面结合采访和上下结合采访一样，是记者在采访中经常运用的了解情况的方法。比如说采访南京市中小学课程改革方面的问题，我们来到南京市教育局，相关处室给我们介绍这方面的详细情况，但要让报道更具体生动，要找到一些点，要去中小学实地了解相关案例。

### 三、两面挖掘

这种采访方法是指在采访中了解到一种意见时，也要了解这种意见的反面意见，目的是为了使报道更加客观真实。这种采访方法要求：记者要对多个采访对象进行采访，听取不同的意见；记者在采访过程中，既要了解成绩，又要了解缺点和不足，注意两面挖掘，避免报道的片面性。

### 四、外围采访

外围采访也叫勾推式采访、迂回包抄式采访，它是指先从报道对象的周围和侧面了解其人其事，然后再找报道对象正面了解情况。反之同样可以视为外围采访。

这种采访方法有若干好处。一是“外围”可以提供给记者许多新的材料、新的细节，使记者采访报道对象时可以做到胸有成竹。二是对于被报道者说错了的时间、地点，记不清的事物，外围的人和材料可以作出订正和增补。三是记者对有争议的人物进行采访时，倾听不同人的意见很有必要，这样会使记者的报道更公正、更客观些。

下面两种情况，适合用外围采访的方法进行采访：一是采访对象特别繁忙，一时抽不出时间接受记者的采访，可是报道任务又不能拖延；二是采访对象拒绝了采访。

运用外围采访方法进行采访时，值得注意的问题有：一是围绕报道对象，要开辟多种途径，从多方入手了解情况；二是从外围了解到的情况，一定要多方核实，尽可能地找到当事人进行核实，这是保证新闻真实、准确的一个重要环节。

**五、隐性采访**

隐性采访是指记者进行的不公开身份的采访。

为了掌握到真实情况，或者为了避免采访对象产生紧张心理，可以采取隐性采访的方法进行采访。隐性采访得到的材料往往真实、有说服力。

揭露性、批评性报道，可以运用隐性采访的方法进行采访。为了防止采访对象隐瞒真情，把问题搞个水落石出，必要时也可以隐性采访。隐性采访的方法不一定只用于舆论监督、负面报道，也可以用于正面报道。比如要了解某个老师上课到底如何，是不是符合有关教学规范，通过隐形采访就能比较好地了解到。

记者深入敌军，或打入犯罪团伙内部，面临生命安全，不能或无法公开采访时，也可以运用隐性采访的方法进行采访。美国记者比较擅长这方面的采访。以前美国有位女记者，为了采访报道打入一个特别大的贩毒集团内部，后来甚至成为该贩毒集团的二把手。此时就产生许多伦理问题，这位女记者是否涉嫌犯罪呢？类似的事情我国也出现过。某地人民广播电台有记者打入自行车盗窃团伙内部，后来该团伙在法庭接受审判时，法官提出这位记者涉嫌偷盗、销赃。

隐性采访要特别注意安全问题。安全问题包括：生命安全、身体安全、隐私安全、性安全、财产安全、名誉安全等。每方面的安全记者都要加以注意。

**六、电话采访**

电话采访不是采访新闻的最好方法，但具有迅速实用的特点，是一种快捷直接有效的方法。当记者必须做一次关键性的采访才能完成报道任务，但与采访对象相距较远，无法在截稿前前去面对面采访，以及为提高效率抢发新闻时，电话采访就显示出其特殊的作用。

电话采访的优势主要表现在对事件性新闻的采访上，它可以节约记者的采访时间。电话采访对于非事件性报道来说，也是一种行之有效的方法。非事件性报道，需要收集很多背景材料，有时只为了解一个数据，有时只为核实一个细节。如果每了解一个素材都登门造访，就会耗费许多精力和时间，也影响报道的时效。

电话采访应注意以下事项：

其一，记者要有查电话号码的本领。

其二，要做好电话采访前的准备工作，拟定要提问的问题。问题要简明扼要，以便对方理解，易于答复。

其三，电话接通后，记者要自报家门，要有礼貌，讲明采访意图，争取对方和自己合作。如果对方拒绝采访，也应该有应对方法。

其四，电话采访虽然不像面对面采访那样能看见对方，但还是具有双向交流性。因此在交谈时，记者不但要完整地记下对方的谈话，还要尽可能记下对方谈话的语气乃至感情色彩。记者在采访过程中要随时组织问题，不断思考，随机应变，提出对报道更重要、更有价值的问题，中间不能有太多的停顿，不然采访对象可能停止接受采访。电话采访要多提闭合式问题，要接二连三不停顿地提问，所以记者反应要特别快，问、听、记的能力要特别强。电话采访可以启用录音功能，用于事后核对采访的问题。

其五，要核实信息。采访结束后不要轻易说结束，可以利用这个空当向采访对象核对比较模糊的信息。人名、地名、专有名词要核实清楚。如果时间允许，可将整理好的材料，再通过电话念给对方听，这样，一可以征求意见，二可以起到核实的作用。

微信语音采访是运用手机语音功能的电话采访。微信语音采访除了注意以上问题外，还要注意语音采访的环境和效果。

# 第十章
# 采访准备（上）

11 月 30 日，星期一

**教学目的、要求、内容和设想（“剧情”安排）**

**一、教学目的和要求**

通过实训，使同学们理解访前准备的重要意义，知道如何根据具体的报道任务和要求进行访前准备。访前准备是新闻采访工作中十分重要的一项工作，新闻报道事前准备工作没有做或没有做好导致新闻报道失败的案例比比皆是。

**二、教学内容和设想（“剧情”安排）**

第一教学环节：交流分析上一周同学们采访准备的得与失。先请同学们说一说上周采访经历以及采访准备中思考了哪些问题，了解同学们对采访准备工作的认识，再进行小结分析。

第二教学环节：分析同学们所列的屠呦呦青蒿素诉讼案件采访提纲存在的问题，使同学们初步了解采访准备的主要内容和基本要求。

第三教学环节：通过笔者的采访案例分析，巩固同学们在新闻采访准备方面的基本知识和技能。

## 第一教学环节：交流分析同学们采访准备的得与失

**靖：**第一教学环节通常也是我们的交流点评互动环节。先请同学们有选择地交流上一周或者更早些时候的采访经历、过程和得失。侧重交流采访中有什么经验体会，然后再交流在采访中做了什么准备。如果采访是失败的，你从采访准备的角度来反思，失败是不是因为你准备不充分，甚至是没准备就匆忙上阵。

采访准备有日常准备、临时性准备、瞬间准备三种准备。我首先问大家，你们都去采访了吗？学习新闻采访学要勇于去采访。我在广西大学新闻系讲新闻采访课时，发现有的同学一个学期下来写了 40 多篇新闻。他们积极走上街头，走进社区，走进单位。我们讲了很多务虚的东西，像新闻意识、新闻理念，但最终还是要落实到脚上，跑出去。我也给你们提示了，到那些没人愿意去，没人敢去，别人去不了的三个地方去。我在通讯社当记者的时候，跑了很多宾馆饭店车站码头，那儿拉着很多横幅，上面写着全国什么什么会议。我找到会议举办方，介绍自己是哪儿的，说你们这个会我很感兴趣，跟海内外的读者有关系，能不能给介绍一下。通常对方都会热情接受采访。

**靖：**好，贡晨霜你先说，上周采访的情况如何，然后多从采访准备的方面总结反思。

**贡晨霜：**我写的是一篇人物通讯。采访对象是一个店铺的老板。我是从我同学那里知道这个人的。他是从东南大学毕业的，毕业之后进了一家外企，6 年之后出来自己创业，开了一个店铺。我之前也去过那个店，后来就想去采访他。我通过我的同学跟那位老板联系上了，他因为有宣传需要，也挺乐意接受我的采访。约定时间之后我就去他店里对他进行了采访。我觉得人物通讯要通过矛盾冲突来表现人物。

**靖：**一个是矛盾冲突，一个是精神境界，要写感人的、值得学习的、有价值的东西。

**贡晨霜：**我觉得外企工作和出来创业这个事情是我想重点采访的，所以我也列了一些问题。另外他的梦想是从大学就开始有的，工作 6 年之后他仍然没放弃梦想，他坚持梦想的精神也是我想要写出来的，所以我重点采访这两点。他很配合我采访，放下工作就和我聊了。因为店里比较忙，我们就在店外面的长椅上聊。他特别配合我，我一个问题问出来，他自己会延伸出去很多，所以采访的过程特别顺利。之后我又去采访了他老婆和店里的一些客人来丰富我的材料。

**靖：**你采访很顺利可能是因为他特别善于交流，或者是因为他有宣传的需要。但是成不成功在于你的采访是否有意义和价值。这就关系到你采访前的准备和思考。比如你要考虑到这个人的精神以及他的故事所体现的思想价值，报道的新闻价值在哪里。你打算在什么媒体上报道他，宣传他什么东西，你必须特别清楚。我教给你们一个土办法：找到可以对标学习的经典报道作品，找出作品的新闻要素、环节一个个去对标。初学者需要学习了解别人报道的素材安排、结构、措辞等。

**贡晨霜：**因为现在大学生创业是个热点，我就想通过采访报道这个人来给大学生们一些启示和帮助。

**靖：**你的报道思想还是明确的，也是有价值的。因为大学生创业很艰难，所以这个报道主题有针对性和指导性。那你就要了解目前这方面的报道都写到了什么程度。我们写文章一定要有现实针对性。现在大学生就业究竟难在哪里？他们心里的矛盾纠结是什么？我们的经济发展面临哪些困难和问题？你要把这些问题列出来，让你的采访对象回答，看他的做法经验对大学生创业有无借鉴意义。你报道出来，如果对大学生创业就业有启迪帮助，大家觉得可以学习借鉴，这样新闻价值就大了。如果有很生动的故事在里面就更好。采访报道的时候首先要明确要报道什么，这涉及新闻价值判断。其次要做好采访准备。请问你做了哪些准备呢？

**贡晨霜：**我先前是通过他的店员了解了一些情况。再根据这些情况做好准备。

**靖：**你想过没有，你的报道目的是什么？你的报道主题是什么？你发现了几个报道角度？你要确定一个角度来报道。网上的文章你都搜出来看了吗？

**贡晨霜：**没有。

**靖：**这就是问题。这位采访对象的情况，他的故事，如果你采访了解到了，写出来就能感动人。大学生如何摆脱就业困境呢？当然还是要激发个人的激情，发挥个人的创造性，不能怪环境、怪政府。政策性的东西一时半会儿是改变不了的。这不是我们报道的内容。我们就要从人的主观能动性上考虑、解决问题。所以，你现在的稿子能投吗？上次课我说过，我们写人物通讯，要注意分析三对矛盾（或冲突）。哪三对矛盾呢？一是采访对象的自我内心矛盾。二是采访对象与社会环境的矛盾，主要是采访对象与他人之间的矛盾冲突。这些矛盾冲突采访对象是怎么解决的？三是采访对象与自然环境之间的矛盾冲突。当然不是每个采访对象都会面对三种矛盾冲突，有一种就写一种，矛盾冲突具有故事性，可以展现人的思想和精神。这些，我们在采访前要有思考和准备，采访中要注意了解。你的采访准备是你没说出来呢，还是你真的准备不是太多呢？

好，我们也讲过，新闻采访和写作不可分开。我曾经采访过与雷锋有过交往的一位采访对象。采访前我就想到写作问题，在图书馆看了大量有关资料，把所有有关雷锋的报道和有关雷锋精神的书籍找来阅读，对几十年来我国通讯报道精品进行阅读研究。我当时去采访他，花了不少时间进行访前准备。我写出来的这个人必须是和他人不重复的，有他的个性特征和独特的经历、故事。回到你的采访上来，你要写出采访对象的个性，一个是通过我刚才说的冲突、故事来表现，再一个是通过个性化的语言来表现。你要真正深入采访，获得真实生动的新闻素材。你的采访交流就到这里。

**靖：**林鑫同学，上次你说过的一篇报道，后来补充采访情况如何？

**林鑫：**后来采访还行。

**靖：**写小人物通讯，不要超过 800 字，媒体不会拿出太多版面去报道。文字一定要精练简洁。一般就是用两三个小故事来反映人物精神风貌，报纸小通讯一般都不超过 800 字。补充采访你是如何进行采访准备的？

**林鑫：**第一稿是写他性格方面的，有关他创业方面的内容很少。补充采访前，我就去网上搜索他其他方面的资料。他在学校也是很有名的，他大学的时候参加过团委组织的大学生创业项目。然后我就去联系他。我对他说，我觉得我这篇新闻稿件里有关你创业的内容太少了，我想重点写你创业的事，不写你的个人私事。在采访他时，我问他，创业的时候是怎么解决资金和场地问题的？为什么决定选择现在这个创业项目？是根据自己的优势呢，还是考虑到该项目以后有前景？他一一回答了我的问题。

**靖**：你还是要写他的精神，写他的思想，写对大学生创业就业有帮助的东西，写他创业有什么困难，他是怎么思考的，有什么纠结和矛盾冲突，又是如何克服的。你写了克服困难方面，说明还是有准备的。我倒是建议你再看一些资料，再确定写某一个侧面。别人写过的那些事，你再去采访，也没有多少新闻性了，除非你能了解到背后的新东西。

**林鑫**：而且我觉得我写得太长了，七八百字就够了，我写了一千多字。有关性格方面的内容，只是为了凑字数加进去的，其实可以删掉。

**靖**：好。龚荃宇你交流一下上周去采访的情况。

**龚荃宇**：有位同学告诉我说他有位同学最近去北京参加一个公益项目，我感觉这样的事也算是比较有新闻价值吧。然后我就决定采访参加公益项目的这位同学。后来是通过QQ 联系到他的。我通过 QQ 对他进行了采访。采访准备上，我先向他要了他那个项目的计划书，了解了项目情况。另外，自己去搜索了一些背景资料。然后，我通过 QQ 问了他10 多个问题。采访比较顺利。

**靖**：也算顺利，但不算成功。他有什么值得报道的呢？你要报道他什么呢？他和他的故事的新闻价值在哪儿呢？你要告诉读者什么？

**龚荃宇**：他作为一名学生，做了这个事情，我感觉挺不错的。

**靖**：什么事？

**龚荃宇**：他从今年年中参加了乡村经济与教育计划，每年联系一些慈善基金，每年对贵州的一些贫困乡村进行一些帮助。

**靖**：这倒蛮有意思，是有报道价值的。写他们做这些事的思想动机和具体想法，达到的效果，以及其他人对他的做法的评价，弄好了给我看看。现在这个人在干什么？工作几年了？

**龚荃宇**：还在学校读书。

**靖**：那更有意思了。你把具体情况弄清楚，通过报道讲好这个故事。我觉得你的采访准备不够细致和全面，一直没有考虑好从什么角度报道。

**龚荃宇**：由于是书面采访，没有面对面采访这样直接。

**靖**：这是另外一回事。书面采访同样可以很好地完成采访任务，写出出色的报道。

**靖**：好，其他几位同学交流。

**张睿**：我和徐铭慧是一起采访的。我们想到公交车上去采访，看看公交车上有什么有趣的事情。我上网搜，看到一则消息，南京的公交车刷老人卡时，刷卡器报的是“您好”，但是以前报的都是“老人卡”。我就想，刷卡机器语言设置是出于什么考虑的呢？我那天就准备去南京公交总公司采访。但是那天天有点冷，路又远，我就准备放一放，改天再过去采访。

**靖**：这是不是个问题？改成“您好”改了有一年半的样子。已经改过来了，这就没有报道价值了。

**徐铭慧：**我有次坐地铁路过珠江路站的时候，看见出站口边上有个乞丐，他画着京剧脸谱，拿着扬琴在那里敲，敲得特别专业。路边围着很多人在那里看他。他面前放着一张旧报纸，上面有关于他的报道。我当时对此印象特别深刻，就记住了。之后我就搜集关于他的报道。但是这些报道都是四五年前的。报道显示，他曾是安徽一个戏曲班的武生，受伤之后不能在舞台上表演了，于是就走上了街头行乞之路。当时的报道说，他已经决定要回安徽老家，不干这个了。

**靖：**另谋生路对吧？

**徐铭慧：**对。这些报道都是四五年前的报道。他为什么又出来卖艺？我就觉得这个可能有点价值。微博上有一些网友说他经常在三山街地铁站那边行乞。我们就去找他。果然在那里见到了他。我感觉他不太想接受采访。他对我们说："也有别的人写过我，但是他们写过之后就一去不回头了，再也没有消息了，跟我的生活完全无关，就是扒了我的伤口。"他一看我们俩是学生，觉得我们没有什么用。就特别拒绝，就想离开，而我们也没有办法打破采访僵局。后来我们搜了很多资料，知道南京有很多乞讨的人。在新街口就有一个老奶奶在那儿卖了十几年的栀子花，也是因为家庭的贫困。鼓楼邮局门口有一个老人卖报卖了十几年，每天深夜还在那儿卖，可是现在已经没人买报纸了，他的报纸就卖不出去。

**靖：**你们善于运用新媒体了解信息和线索，辅助采访，这很好。这是基本的采访手段和方式。我要问，你刚才描述的这些信息说明什么问题呢？通过观察你可以得出什么结论呢？想告诉读者什么呢？

**徐铭慧：**我们还是可以找到一些"新闻点"的。但是我们准备没做好，一是自己的心理准备没有做好，二是关于那个人的具体情况和采访提问方法的准备没有做好，所以，我们采访时总是碰壁。

**靖：**这是我们前面两次课提到的，采访前需要了解采访对象的心理。他对记者采访是有逆反心理的，那你就要分析他为什么会存在逆反心理。我也采访过这些社会底层的有心酸经历的人。有的时候采访不能急，要给他一些好的印象。你适当地用一些语言同情或赞美他。当然你们也做了一些准备，你搜了那个人的资料，这就是准备。那么，像这样的选题，应该写什么呢？你们可以进一步研究。你可以当社会新闻来写。写这个问题是有价值的，这是个社会问题。你刚刚说的那个老人卖报纸的情况，深夜他还在那儿卖报纸，你拍一张照片，那是很感人的。你买他的报纸，跟他攀谈，跟他聊，把他十几年来在南京谋生的感人的故事挖出来。住哪儿？有病了怎么办？都遇到过什么困难？家里还有谁啊？有儿女亲人吗？为什么在南京卖十几年报？这其中该有多少故事啊！

**张睿：**我感觉类似的报道有很多。

**靖：**那倒没关系，全世界媒体报道的新闻，其内容相当一部分都是同质化的、重复的。你的报道有无新闻价值，主要看你挖到独特的故事没有，报道的角度是否新颖，你能不能使读者同情这类无助的人。不能说这个卖报老人的故事南京媒体反复报道过就没有报道价值了。这是两回事。

**张睿：**南京顶着寒风卖东西的老人好像特别多。

**靖：**噢，那你就写一篇有人文情怀的报道，赞美他们的劳动，再加上图片说明：你们为了生活要注意防寒保暖啊。这样多温暖啊，有温情，有关爱。你说很多老人在顶着寒风卖东西，那就更奇了，你拍一组照片出来，肯定有视觉冲击力。当记者脑子要多转。你们要写这种题材的报道还要有政策准备。国家在这方面有什么样的政策？南京有没有啊？好吧，不展开了。同学们都做了一些报道，你们对新闻采访准备工作都有一定的认识了。

**靖：**邢怡你来说说。

**邢怡：**我觉得如果不做采访准备就去采访，就会问不出问题来，或者只会问一些很肤浅的问题，和采访对象交流就会出现问题。采访中间出现冷场，对自己的心理会有压力，采访很有可能会失败。我这次采访的是一位拳击手，他是一个退役运动员。我想看看从他身上能不能挖一些关于退役运动员的故事。我之前看了一些报道说运动员退役之后街头卖艺什么的。我就问他这种情况是不是很多，他跟我说国家是有政策的，比如说全国性的比赛，前三名退役之后可以进事业单位。这个政策我没有看到，就是因为准备不太充分。

**靖：**这个反思很到位。就对这位退役运动员的采访来说，一个是对有关政策的熟悉，一个是对他个人背景情况、性格等的了解，还有一个就是对拳击运动知识的了解。

**邢怡：**我问他为什么要练拳击，他说他是被学校选拔的。我还碰到一个女拳手，只有18岁。我就问她为什么要选拳击运动，她说是被选拔的。

**靖：**邢怡你刚才也讲了，因为你没有充分的采访准备，所以在采访过程中就不知道随机应变、提出好的问题。实际上采访准备更重要的是明确报道的主题、角度和价值，在此基础上，注意采访时临场发挥、随机应变。我们去采访一般都要准备两三套方案。比如采访某某老师，他不愿意说怎么办？他说的与我们需要的关系不大或毫无关系怎么办？找不到他怎么办？都要有备选预案。要把困难和问题考虑充分，从应对问题的角度去考虑采访策略和采访方式方法的准备。记者为什么累呢？就是脑子一直在转。记者不知道采访对象会是怎样的表现，说不定哪句话弄得他不高兴了他转头就走。所以要有一些准备，包括设备的准备、条件的准备。那你通过采访能写成报道吗？

**邢怡：**我写了。

**靖：**能发表吗？

**邢怡：**我不知道。我觉得选题的新闻价值不太大，因为他已经不在国家队了，我又没有挖到退役运动员的辛酸或有意义的故事。

**靖：**或者是再创业的故事。他退役后还能重新创业，这给人们一个启示，这个就有价值。我倒是对那个女拳击手的选题感兴趣，有故事吗？

**邢怡：**有，但是好像被报道过了，她是靖江第一个打出成绩来的女拳击手。

**靖：**这个无所谓，那是在靖江。要从南京、江苏或全国性报纸的读者角度考虑采访。女拳击手的故事确实很少，读者还是有一种猎奇的心理的。你要把女拳击手生活、训练，以及不为人知而有意义的故事写出来。

## 第二教学环节：分析采访提纲存在的问题

**靖：**接下来我们交流分析同学们模拟采访屠呦呦青蒿素诉讼案律师的采访准备方面的情况和问题。现在可以说如果没有青蒿素诉讼案，今天屠呦呦是否会获得诺贝尔奖还是一个问号。这起案件给了外界一个明确的信息：在青蒿素的发现和使用上，中国医药研究院中药研究所屠呦呦团队做了主要的工作。当然了，还有其他团队的贡献。所以这个案件是至关重要的。通过这个案件，能看到当时知识产权意识在我国的缺失。几位同学还是很认真，善于开动脑筋思考问题。林鑫同学列了 20 个问题，也有同学列了十几个问题。接下来我们分析大家的问题是不是有遗漏，大家的采访准备是不是一个好的采访准备。我们在前面的教学中分析过有关采访准备的问题，这里专门学习交流列采访提纲的问题。

**【林鑫的采访提纲及课堂点评】**

1. 您好，1994 年您代理了青蒿素纠纷案，您认为是什么因素造成了这起纠纷？

2. 当初您接手此案，是出于何种原因？

3. 当时我国关于知识产权方面的法律制度有很大不足，存在很多立法空白，您是如何巧妙克服难点，打赢官司的呢？

4. 听说您当初为了到黔江市立案，翻山越水，长途跋涉。雨季山路泥泞，路况恶劣，甚至吓哭了司机。您当时怎么想？不害怕吗？

5. 当年的纠纷案最令您印象深刻的一处细节是什么？

6. 代理那次案件的时候，有没有遇到困难呢？有想过放弃吗？

7. 青蒿素侵权案并非一起单纯的知识产权案，其中有何复杂之处呢？您可以具体说说吗？

8. 当初被告提出上诉，称其行为属于“非民事侵权行为”，关于此案是“行政案件”还是“民事案件”存在争议，您是如何找到突破点，维持原判的？

9. 如果当初的案件按照“行政案件”判决，那结果将有何不同？

10. 青蒿素纠纷案，中药所获得胜诉，这件事情在当时有何反响？业内又是如何看待的呢？

11. 当年案件的胜诉，对于我国知识产权立法是否产生了影响？

12. 当年的案件对您个人的职业发展有何影响？

13. 关于青蒿素的争议长达几十年，关于青蒿素的纠纷案也不断。此番屠呦呦获得诺贝尔奖，又引起了争议，对此您怎么看呢？

14. 虽然屠呦呦获得诺奖，但青蒿素专利并不属于我国，您如何看待青蒿素专利之憾？

15. 青蒿素专利旁落无疑给中医药知识产权敲响警钟。我国中医药产权亟待保护，对此您有何建议呢？

16. 国民缺少专利意识，您作为一位资深知识产权律师，您如何看待这个问题？

17. 我国现行的知识产权相关法律还存在哪些问题呢？

18. 关于知识产权，我们都知道打官司“治标不治本”，如何才能避免产权纠纷，保护自己的知识产权呢？您能给我们一些建议吗？

19. 非常感谢，最后想问您两个私人问题。您为什么会选择律师这个行业呢？

20. 您在接下来的人生阶段里，还有什么职业目标和理想呢？

**靖鸣：**林鑫同学的第 1 个问题是“1994 年您代理了青蒿素纠纷案，您认为是什么因素造成了这起纠纷？”她问的是原因方面的问题。第 2 个问题是为何打这个官司。你要注意，你到底要写什么样的报道？是写律师的艰辛呢？还是要告诉读者其他什么信息？第 3 个问题是案件的难点在哪里。第 4 个问题：“听说您当初为了到黔江市立案，翻山越水，长途跋涉。雨季山路泥泞，路况恶劣，甚至吓哭了司机。您当时怎么想？不害怕吗？”林鑫问这个问题，是想反映律师团队奔波的艰辛。第 5 个问题，林鑫问了纠纷案的细节，这个案子细节很多，可以问关键点。第 6 个问题和第 4 个问题有一些接近。你所提的问题是有必要的。第 7 个问题，如果你能查到相关资料，这个问题就不用问了。第 8 个问题是比较好的。第 9 个问题不太合适，大家在问问题的时候要考虑到底要写什么样的报道。是不是要详细描述一审、二审的过程？是不是要描述一个老旧的司法案例？第 10 个问题可以问，当时社会反响很大，国内外媒体都广为关注。第 11 个问题和上一个问题有重复，可以合在一起提问。第 12 个问题问律师的职业发展，我觉得我们不是写要一个律师的故事，所以不用问这个问题。采访前要确立一个明确的方向。第 14 个问题可以问。第 15 个问题也可以问。青蒿素专利最后西方国家申请了。我们现在已经有了一些应对措施。第 16 个问题，这个是国民专利意识教育的问题。我主要想知道你（林鑫）报道的主题是什么，你马上给我讲一讲。第 17 个问题也可以问。第 18、第 19 和第 20 个问题主要取决于你的报道方向。你现在打算写什么样的报道？

**林鑫：**我打算写知识产权方向的报道。这个案件是一个比较典型的知识产权法律纠纷案，我想通过这个案件写一写中国知识产权立法现状，增强人们的知识产权意识。

**靖：**新闻和宣传都是因需要而生。受众需求即新闻。我们写新闻要根据新闻背景和读者的需求和期待来写。那你要将稿件投到哪类报纸上呢？我觉得应该是法律类的报纸。你写报道的时候要考虑更广泛的受众面。其他同学有什么意见？龚荃宇，你觉得林鑫所列的采访提纲符合你所想象的报道意图和主题吗？

**龚荃宇：**有一点区别。

**靖：**大家觉得林鑫的准备存在问题吗？林鑫你自己可以来说一说。这20个问题够不够写一篇稿子呢？

**林鑫：**我觉得我这20个问题有局限性，有些问题是重复的，角度比较单一，不是很全面。

**靖：**你告诉我们，你想写什么主题的报道？

**林鑫：**有关知识产权法的报道。

**靖：**我为什么这样问你呢？就是想告诉你，采访之前要做好准备，要确定合适的选题和角度，这样所准备的提纲、问题就有针对性，就比较全面，如果能得到采访对象的回答，就可以顺利写稿子。

**【另一个同学的采访提纲及课堂点评】**

**靖：**以下是另一位同学列的采访提纲，大家看看它是否存在问题。同学们自己思考过后获得的认识才是属于自己的。

1. 是中药研究所委托您来代理这场官司，还是您主动提出来代理这场官司的？

2. 我国的知识产权侵权问题一直十分严重，您接手青蒿素一案时有没有考虑过打赢这场官司的困难程度？

**靖：**那么我反问一下大家，这些是不是需要提出的问题？你在采访之前了解到的背景资料，你的报道角度、方向跟这些问题是否配套？

3. 您代理本案时有没有借鉴此前律师对类似案件的处理经验？

**靖：**同学们，这3个问题问下来，我大概能揣测到这位同学想写什么，至于她想写的有没有新闻价值，我们再议。

4. 您接手本案后肯定遇到过很多困难，比如您在去四川黔江立案的路上可谓是冒着生命危险，后悔过吗？有没有想过放弃呢？

5. 在打官司的过程中您印象最深刻的事是什么？

**靖：**律师在3年的时间里确实遇到了很多的困难，但是你提这个问题他该怎么回答呢？同学们要想想，对方对你们所提出的问题的回答是不是你们所需要的，是不是报道的主题所需要的内容。

6. 这起案件结束后，是否有很多类似案件的当事人邀请您当律师?

7. 业内给予本案很高的评价，您认为本案给我国相关立法带来了怎样的影响?

**靖：**这个问题提得比较好。通过给你们的材料，你们了解到这是我国知识产权纠纷第一案，对我国相关立法有推动作用。

8. 您认为应如何进一步完善中国知识产权相关法律?

**靖：**这个问题就是纯法律问题了。这一问题确实可以问，但是要考虑与报道主题有没有关系。

9. 您对如何保护知识产权有什么好的建议吗?

10. 不久前屠呦呦获得诺贝尔奖，我还想问您几个关于屠呦呦的问题。您还记得青蒿素遭到非法生产后屠呦呦的反应吗?

11. 这场官司结束后您和屠呦呦一直保持联系吗?

**靖：**这个问题属于闭合性问题，只能回答“有”或者“没有”，得到的回答又有多大的意义呢?

12. 如今屠呦呦获得了诺贝尔奖，您有什么话想对她说吗?

**靖：**这是不言而喻的问题。他当然表示祝贺，这是能想象出来的。我们来看这 12 个问题，看看存在什么问题，如何来完善它们。

龚荃宇，你觉得这个提纲怎么样? 能不能看出问题所在?

**龚荃宇：**问题比较散乱。单个问题的设计不够好。

**靖：**了解的情况不能满足一篇报道所需的内容，是吧?

**龚荃宇：**是的。还有就是问题对案件本身涉及比较少。暂时就想到这些。

**靖：**其他同学的意见呢?

**邢怡：**老师你之前说过，最开始提的问题最好是开放式的，而这个提纲中的第一个问题比较具体，没有起到引导的作用。另外，问题之间的联系不是很紧密。

**钱澄：**采访主题不明确，提纲中列了一些多余、没有价值的问题。我觉得我自己也存在这方面的问题。

**靖：**同学们分析得有道理。

## 第三教学环节：通过案例教学增强访前准备的技能

**靖：**下面是我采访琚存旭律师的提纲，供同学们参考。

**【笔者对青蒿素诉讼案代理律师琚存旭的采访提纲】**

1. 请您谈谈代理屠呦呦青蒿素诉讼案的起因与详细经过。

2. 在一审已经判定侵权的情况下，被告又突然提出该案不属于人民法院受理和管辖范围，对新药应当以行政手段加以保护。明明一审已判定被告侵权，被告又提出新问题，被告认为本案属于行政诉讼，您是怎么处理的呢？

3. 知识产权的案情涉及 30 年前的历史问题，时间跨度非常之大，您是怎么处理这个问题的？

4. 这件案子涉及我国的立法空白，您是怎么应对的呢？

5. 一审判决后被告又突然提出该案不属于人民法院管辖范围，其行为属于行政违法行为不是民事侵权行为，在这一过程中您又遇到了哪些困难呢？

6. 这场官司虽然维护了知识产权，防止了青蒿素的滥用造成的危害，但是也有人说，这起官司对于科技创新和尊重科学没有任何益处，因为被告昆明制药厂和武陵山制药厂的背后是从 1967 年开始参加新中国抗疟药项目的科学家群体。对此，您怎么看？

7. 在您看来，青蒿素官司的胜诉，最大的意义在哪里？

8. 您知道，现在屠呦呦因青蒿素荣获诺贝尔奖，但是青蒿素的专利权却不在我国，这会给我们带来哪些不利的影响呢？

9. 您对于青蒿素专利权问题有什么相关建议吗？

10. 我国的知识产权制度还不成熟，有许多知识成果都被窃取了，您对于这样的现状有什么看法？

11. 您认为我国这方面的相关法律有什么缺陷？

12. 这些缺陷会给知识产权保护带来怎样的影响呢？

13. 业内给予本案很高的评价，您认为本案件给当时中国的相关立法带来了怎样的影响？

14. 您认为推动中国知识产权保护法的进一步完善还需要做哪些努力？

15. 您对如何保护知识产权有什么好的提议吗？

16. 您之前是在香港学习法律知识，当时也已经小有成就，为何后来选择回内地创业呢？

17. 您如何看待屠呦呦获得诺贝尔奖这件事？

18. 您 1993 年底才创立了律师事务所，1994 年 6 月开始代理案件，是什么原因让中药研究所选择您作为代理律师呢？

19. 云南、四川的制药厂 1987 年就开始未经许可大量生产青蒿素，中药研究所为什么到 1994 年才起诉？为什么只是针对四川黔江地区制药厂起诉？

20. 您说过每个案件都有其案外的价值，这起案件的价值在哪里呢？

21. 当年屠呦呦发现青蒿素，但是中药研究所并没有在第一时间对外宣布青蒿素提炼技术的发明者是屠呦呦。您是如何从知识产权的角度看待这个问题的？

22. 您以自己的专业能力和敬业精神打赢了这场官司。人家都说您的敬业精神是一种置个人生命安危于度外的精神，您个人是怎么看待外界的这种评价的呢？

23. 关于青蒿素的争议长达几十年，关于青蒿素的纠纷案也不断。此番屠呦呦获得诺贝尔奖，又引起了争议，您对此怎么看呢？

24. 虽然屠呦呦获得诺奖，但青蒿素专利并不属于我国，您如何看待青蒿素专利之憾？

25. 青蒿素专利旁落无疑给中医药知识产权保护敲响警钟。我国中医药知识产权亟待保护，对此您有何建议呢？

**【笔者《揭秘屠呦呦发现青蒿素过程及相关知识产权纠纷案》采写思考】**

**靖：**我报道时选的是上面这个题目。我们在确定选题的时候一定要选择读者感兴趣的、有新闻价值的主题和角度。老百姓对屠呦呦肯定是感兴趣的，因为她是名人——诺贝尔奖获得者。标题和行文要与屠呦呦有联系，这样可以激发读者阅读的兴趣。我的报道《揭秘屠呦呦发现青蒿素过程及相关知识产权纠纷案》（见附录五），开头这段能看出作者要揭示律师和屠呦呦在打官司过程中付出的鲜为人知的艰辛：“屠呦呦这个名字 2015 年 10 月 5 日之前专业领域之外的人比较陌生。随着诺贝尔评委会官员这一天宣布将本年度诺贝尔生理学或医学奖的一半授予中国药学家屠呦呦，这个名字顿时进入全世界公众的视野。人们都知道她获奖背后有‘全国疟疾防治研究领导小组办公室’（‘5.23 办公室’）项目组成员的贡献，也与北京大学生命科学学院院长饶毅的力荐密不可分，但人们并不完全了解她斩获诺贝尔奖背后的艰辛付出，更不知道成功获奖与至关重要的青蒿素新药知识产权纠纷案胜诉有着直接的关系。”

我搜集了一些资料，有几份是网上的报道，有的是中药所的材料，有的是律师自己写的如何打官司的材料，有的是屠呦呦本人写的材料，还有法院的判决书。我通过研读这些材料，理出线索，在报道中交代事件背景。这是报道的第一部分内容。

第二部分讲屠呦呦指导地方研究机构开展青蒿素相关研究。这是鲜为人知的新闻素材，是我通过采访得到的。

第三部分写屠呦呦团队对青蒿素新药发现的巨大贡献与艰辛付出，进一步阐述他们的贡献。

第四部分写各种莫名的“争议”令屠呦呦烦恼，把涉及青蒿素的几大“争议”都呈现出来。

第五部分写屠呦呦决定将青蒿素知识产权纠纷问题诉诸法律。针对国内青蒿素市场出现的混乱状况以及知识产权的保护问题，屠呦呦和中药所决定通过法律途径维护自己的权益。这里不需要写得太详细，只要几行字概括，表达清楚就可以了。我们的报道不是写律师团队如何如何艰辛，这不是重点，所以需要淡化处理。要突出该案的意义和作用：该案从法律上最终明确了青蒿素新药技术发明人是屠呦呦，判决结果客观上促成了世界范围内对青蒿素知识产权的保护，也为屠呦呦最终获得诺贝尔生理学或医学奖起了重要作用。报道要具体揭示屠呦呦如何想的，而不是讲律师怎么打官司。琚存旭在接受采访的时候详细地讲了整个过程。当时在全国侵犯知识产权的事件特别多。屠呦呦打这个官司是基于 4 个方面的考虑。第一，国内青蒿素市场太混乱。第二，国内厂家生产的是初级原料，这些初级原料被提供给法国等国家，中国基本不赚钱。第三，有的宣传说青蒿素对疟疾有预防作用，实际上青蒿素没有预防作用，只有治疗作用。所以不可以滥用，否则会对疟疾患者的治疗产生负面影响。第四，中药所缺钱，自己辛苦研究的药物却被别的厂商用来赚钱。研究青蒿素的科研人员有的得了肝炎，很是艰辛，所以屠呦呦就下决心打这场官司。

第六部分写青蒿素知识产权案胜诉为屠呦呦获得诺贝尔奖奠定坚实基础。屠呦呦说当时打官司非常艰难，涉及很多人。琚存旭律师通过调查，确认屠呦呦团队是真正发明青蒿素提炼技术的团队。

第七部分是讲屠呦呦的办事作风和效率。

第八部分是青蒿素新药技术知识产权纠纷案胜诉的多重意义，琚存旭律师从 6 个方面很详细地阐明了该案胜诉的意义。

**靖：**对这一题材进行报道，在采访前寻找采访的切入点、突破口和角度很重要。我考虑的是，屠呦呦获当年度诺贝尔奖是一个大新闻，但这是中央媒体追逐报道的内容，我身在南京，不必去抢这个新闻。我考虑最好能写与屠呦呦获奖直接相关的、媒体又没有报道的角度和内容。于是想到了对帮助屠呦呦获奖的青蒿素诉讼案件进行报道。我前面也说过，没有这起案件胜诉打下基础，很难有屠呦呦获诺贝尔奖这件事。美国有关机构也来调查过。我的报道主要是写这是起什么样的诉讼，诉讼胜诉的意义在哪里，关键点在哪里。由于这篇报道客观上会对琚存旭律师职业发展产生积极的意义，他积极配合我的采访，所以采访特别顺利。

我紧盯着社会发展、新闻事件来思考问题。大家能从我的这篇报道中看到我采访准备的方向和重点吗？邢怡你来说说自己的意见。

**邢怡：**你的报道写得比较全面。抓住了好几个点。每一个点都很完整透彻。如果是我可能只会写其中一个点。从案件本身到它的社会影响你都考虑到了。影响有小的方面和大的方面。

**靖：**我问你的是，你对我的采访准备有什么看法。我的报道意图和主题比较明确。我们要考虑哪个角度、哪个选题更有新闻价值和社会意义，有更多的受众关注。

**靖**：列采访提纲的基本要求上一课已经说过，我这里再强调如下：

其一，新闻采访的目的要明确，认识要端正。我是写一位法律工作者在法律问题上的探索，在法律建设上的贡献呢？还是写这起纠纷案在屠呦呦获诺贝尔奖中的重要作用以及对我国知识产权立法司法的贡献呢？采访的目的不同，所列的采访提纲也是不同的。

其二，可以先提开放式问题，后提闭合式问题；也可以先提闭合式问题，后提开放式问题；也可以二者交替进行。

其三，要根据采访对象的特点来设计问题。对于表达能力强的政府官员，可以多提一些开放性的问题，让他们可以放开来谈。你就可以从中生发出许多新的问题，及时补充提问。注意不要轻易打断采访对象的思路。对于文化水平比较低的采访对象，就不要问他们对事件的认识之类的问题。

## 本章核心知识放送

**【新闻采访的临时性准备】**

新闻采访临时性准备有三种情况：

第一种情况是记者在确定了采访任务以后进行的采访前准备，它的特点是目标和目的性比较明确，针对性强。

第二种情况是记者只知道要去采访某一活动或某一事件，不知道活动或事件的具体情况。在这种情况下，记者要想进行充分、周密的采访前准备是不可能的，只能做方向性的准备。记者采访时要随机应变，根据采访掌握到的新情况，不断提出新的问题。

第三种情况是记者到某一地区或某一单位、部门进行采访（多为正面报道），但没有具体的采访计划。有人称这种采访为广泛采访。记者在进行广泛采访前，最好能确定采访的重点及采访时间安排，还要注意做好物质上的准备。由于广泛采访事先没有具体的新闻线索，在新闻背景材料的准备上应尽可能宽泛一些。比如你打算去采访某个县，就应对这个县的历史、地理、经济情况等有所了解，要看相关资料，然后根据读者的兴趣和报社的报道方针、原则，制定初步的报道方案。

**【新闻采访临时性准备的具体内容】**

其一，采访目的准备。这是就临时性采访的第一种情况而言的。在采访前，记者和通讯员应从思想上明确这样一些问题：为什么要进行这次采访？这次采访要解决什么问题？达到什么要求？有什么意义？这次采访是不是当前所需要的？

其二，对有关情况的准备。这包括以下两个方面：

一方面是对宏观情况的准备。这里所指的宏观情况，是指有关采访对象的全面情况。记者了解到宏观情况，写出的稿子就会有一定的深度。

另一方面是对微观情况的准备。这里所指的微观情况，是指与将要采访的单位或个人直接有关的情况，包括它（他）的历史和现状。

记者在采访前了解宏观情况和微观情况，既可翻阅报刊资料，又可到有关单位去了解或找有关人士去了解。

其三，对有关政策的准备。记者除了要熟悉党和政府的基本政策之外，还要熟悉与自己的采访报道领域有关的政策。对政策的准备应该做到："第一，要弄清总政策和具体政策的关系；第二，要弄清现行政策和过去政策的关系，即现行政策是怎样从过去的政策演变来的；第三，要弄清各项政策之间的相互关系；第四，要弄清哪些政策可以公开宣传，哪些政策只付诸实施，而不公开宣传；第五，要从宣传角度研究一下哪些政策宣传了，哪些政策还没有宣传，哪些政策宣传得比较好，哪些政策宣传得不透，从而考虑我们在宣传时应该注意一些什么问题，怎样来掌握宣传分寸。"[1]

其四，对必要知识的准备。比如我们要采访一个化肥厂，在采访前，就应该对化肥生产方面的知识进行准备。

其五，对采访问题的准备。要把采访的任务和内容落实到具体的采访问题上。在采访前要根据报道的目的，准备好要提问的问题。

**【访前准备应注意的问题】**

要把问题准备得多些，问题的涉及面尽可能宽些，以免了解到的情况有遗漏。

要把问题准备得准些，既要从实际出发，又要抓住关键，抓住问题的实质。

要把问题准备得深些，力求透过现象抓住事物的本质，以免了解到的情况肤浅、表面。

要把问题准备得灵活些，不宜把问题定得太死，可多作一些设想，甚至是相反的设想，以适应采访中可能出现的新变化。

要从已掌握的材料（包括通过外围采访获得的材料）中，找出疑问点（包括不清楚的、互相矛盾的、需要验证和核实的），再从疑问点中去思考问题。

要根据采访的任务和要求去思考问题。

**【采访准备到什么程度才合适】**

关于做临时性的采访前准备应该准备到什么程度，美国新闻学家约翰·布雷迪在《采访技巧》一书中作了说明。他说："富有经验的记者都能同意：采访中每一分钟的内容，至少要用十分钟来准备。认真准备之后（而不是在此之前）进行的采访，差不多总是很有

---

[1] 蓝鸿文．新闻采访学 [M].2 版．北京：中国人民大学出版社，2000 :294–295．

收获的。”所以可以这样说，记者的采访前准备，宁可准备得过了头，也不要准备不足。

采访准备是富有魔力的敲门砖，凡是对某一问题有长期研究、熟知其重要性并对该领域各流派及其代表人物有所了解的记者，是很少有人会拒绝他采访的。采访前准备的问题当然越多越好，但应该有个大致的要求。有位记者曾制定了自己的“八条报道规则”，其中有一条就是：“在不知道答案的百分之六十的情况下，不要去采访任何人。你只有做好采访准备，才能保证你的采访对象随时能如你所愿。”

那么采访前的准备究竟应该准备到什么程度?

其一，要看截稿时间。如果你的稿子计划下周五见报，你准备得可以从容些，采访问题可以准备得全面细致些。如果你的稿子明天见报，那只能就主要的方面进行采访前准备。

其二，看报道题材新闻价值的大小。采访一个明星的采访前准备和采访一个不知名的演员的采访前准备应该有所不同。当然，如果时间允许，采访不知名演员的采访前准备也应像采访明星那样充分。

其三，要看采访对象可能接受采访的时间。采访对象可能有几小时时间接受访问，也可能只有几分钟时间接受采访，也可能只跟你说几句话，也可能拒绝采访。采访对象允许采访的时间越长，采访前准备就要越充分。

一般而论，采访准备要尽可能充分，做到有备无患，应对自如。

**【深度报道】**

深度报道的理念对提升新闻报道的质量和深度、对受众更客观地了解新闻事件起着非常重要的作用。新闻工作者应该将深度报道的理念融入新闻采访报道工作中。深度报道的选题往往集中在对公众利益有重要影响的领域。

深度报道需要深度采访。深度采访是深度报道的重要环节，其表现形式多种多样，但是本质和内涵是不变的。记者要完成深度报道，就要做好深度采访。记者要从多个角度、多个层面考虑问题，深入了解情况，通过深度采访完成深度报道。

# 第十一章
# 采访准备（下）

11 月 30 日，星期一

**教学目的、要求、内容和设想（“剧情”安排）**

**一、教学目的和要求**

通过新闻采访实训发现同学们在采访准备中存在的问题，使同学们掌握设计采访方案与列采访提纲的技巧。

**二、教学内容和设想（“剧情”安排）**

第一教学环节：分析关于自杀的访前准备问题。

第二教学环节：通过实训，使同学们认识访前瞬间准备的内容与要领。

## 第一教学环节：关于自杀问题的访前准备

**靖：**这次教学是上一次的延续，我们继续讨论新闻采访的准备问题。通过新闻采访准备实训，使同学们掌握采访方案的设计与列采访提纲的技巧。丁总今天参加我们的教学活动。

**【采访准备情况交流分析及师生互动】**

**靖：**上次课后让同学们做关于自杀报道的访前准备。这里选择两位同学就采访准备情况进行交流。

**龚荃宇：**

资料搜集：

了解省内、国内、全球近几年自杀数据，如自杀数量变化、增长率变化等。了解某医院在自杀者治疗与干预方面的情况。了解自杀的主要原因以及社会各界在自杀倾向者心理干预方面的工作。

查阅以往关于自杀的新闻报道，吸取采访和写作的经验。

采访提纲：

1. 贵院在过去几年接收过多少自杀者？整体趋势是怎样的？

2. 贵院接收的自杀者死亡率有多高？反复自杀者多吗？

3. 你们调查过自杀的主要原因有哪些吗？

4. 你们有没有比较有代表性的案例？可不可以介绍下？

5. 你了解国外目前的自杀事件吗？国外与国内有没有差别？

6. 这几年社会上自杀事件的发生整体上呈现什么趋势？是什么原因导致这种趋势？

7. 对自杀要防患于未然，贵院在这方面的工作是怎样的？

8. 来进行心理咨询的自杀倾向者多吗？自杀预防工作的主要困难是什么？

9. 国外的自杀预防工作有没有值得借鉴的地方？

10. 据你所知，国内社会各界在预防自杀方面的工作有没有不足？社会各界该如何更好地去防范自杀？

**靖：**龚荃宇所提的第 2 个问题不好，没有什么价值和必要。医院收治自杀未遂患者，患者送医及时就不会有太大问题。反复自杀情况医院未必掌握，患者及其家属朋友不说，外人也不可能知道。反复自杀问题也不是新闻点。第 3 个问题，医院一般不会调查统计自杀原因，这也是患者的隐私。第 4 个问题，可以直接请对方介绍典型病案，而不是问“可不可以”。第 5、第 6、第 9、第 10 个问题是记者自己的访前功课，如果这样问，对方会认为我们不敬业、不认真。除医院之外，殡仪馆和公安机关等也可能有自杀相关资料。

**丁：**一般来说，公安机关在这方面的数据最全面，有正常死亡的数据，也有非正常死亡的数据。非正常死亡的数据又分为刑事、自杀、他杀等。

我去年指导过一个高中生写过一篇报道，研究近几年在南京长江大桥上跳江自杀的人的心理状况。这位同学最后还把它拍成了微电影。有自杀死亡的，也有被救下来的。在长江大桥上巡逻的人，如果发现有人有自杀倾向的话，就会及时上前劝阻。

**靖：**南京长江大桥是一个标志性建筑。龚荃宇，你这个采访准备可能太宽泛了。你得找准一个角度。

**龚荃宇：**我的确搜集了不少国内外关于自杀的报道，但是还没有想到一个好的角度。

**靖：**大家要想明白自己为什么要做这样一个报道。是为了反映南京市这几年的自杀率变化情况，还是想比较南京与其他城市的自杀情况？龚荃宇，你的采访准备缺乏针对性，可能不具有操作性。

接下来分析贡晨霜的采访准备情况。

**贡晨霜：**以下是我的访前准备与思考。

自身的准备：衣着得体，言语得当，尽量获得被采访人的理解。

采访对象的选择：院方负责人，相关医护人员，邻床或同房的病患者，亲属、同事和邻居，目击者，到现场的警察，自杀未遂当事人。

采访内容：自杀的原因，自杀率，救活率，院方的应急措施，各方的看法。

**靖：**你对采访对象考虑得比较细致。需要注意的是，采访要得到医院和当事人及其家属的允许。

## 第二教学环节：访前瞬间准备的内容与要领

**【模拟实训：校门口车祸采访的瞬间准备】**

**靖：**现在我们进行这样一个应急采访、瞬间准备的实训。

什么是“瞬间准备”？它是指记者在毫不知情、毫无精神准备的情况下遇到突发性事件或突然获悉预发性新闻事件时所进行的采访前准备。

假设就在我们学校大门外发生了一起车祸，假设是 97 路公交车和一辆私家车发生了碰撞，有人员伤亡。好了，现在大家就走出课堂赶到现场去采访。

**某同学：**啊？真去啊？

**靖：**对，就是学校南门口，大家进行瞬间采访的准备，15 分钟后回到教室，把想法发到微信群里。

（15 分钟之后，同学们陆续回到教室）

**【模拟实训与点评：突发事件瞬间准备要考虑的问题】**

同学们将各自的想法同一时间传到教学微信群。

**金星：**

1. 看车祸中是否有人员伤亡。
2. 如果有人员伤亡，就报道，没人员伤亡，就考虑写一则短讯。

**【课堂点评】**

**靖：**我们的实训一开始就预设有人员伤亡的。你的第 1 个问题没有必要。有的交通事故虽然没有造成人员伤亡，但暴露了需要引起各个方面注意的交通和车辆管理问题，那就值得深入报道了。

**邢怡：**

1. 了解车祸发生的原因，这可以采访路人或者保安。

2. 了解车祸的严重程度、人员伤情况，这可以采访当事人。

3. 去公交车运营公司了解公交车发生交通事故的频率。

**【课堂点评】**

**靖：**第 1 个问题指出，要了解车祸发生的原因，但往往一个事件发生了，我们很难在第一时间弄清楚原因。一般情况下我们在第一时间内要做的工作就是先了解车祸现场的情况，然后等交警对车祸原因进行调查之后，我们再从交警那边获取信息。

第 2 个问题指出，可以采访当事人。那谁是当事人呢？如果车祸当事人伤得很重，或者当场死亡，或者逃逸了呢？你去采访谁呀？倒是可以采访现场的目击者。

第 3 个问题说去公交公司了解公交车交通事故发生的频率，这个是另一个选题了。

**张睿：**

1. 调查两辆车的行驶方向及当时的红绿灯情况，确定责任在谁。

2. 询问路边行人（目击者）当时的情况。

**【课堂点评】**

**靖：**张睿主要是要了解事故的责任在谁。交通事故采访的重点和关键是什么？还不知道事故具体情况，就忙着追究事故责任，这不合适。另外只有经过交警部门认定，才能确定事故的责任。

**徐铭慧：**

1. 南京 97 路公交车：从灵山北路总站至南京站南广场东。

2. 两车相撞地点：南师大南门，亚东新城公交站台旁。

3. 了解该路段车祸发生概率、路口交通繁忙情况等。

**【课堂点评】**

**靖：**突发事件，瞬间准备，当务之急是了解有无人员伤亡的情况，车祸是否造成其他损失和影响交通。至于发生车祸概率问题，如果概率高，有规律，也可以了解。

**贡晨霜：**我第一反应就是打开拍摄设备，对事故现场进行拍照或录像，然后了解人员伤亡情况和事故的严重性。如情况不严重，则报道价值不太大。如情况严重，就采访当事人了解事故的真相。最后提醒驾驶人员经过校门时口要小心驾驶。

【课堂点评】

**靖：** 作为电视记者，你的考虑和准备是可取的。当然媒介融合时代，文字记者也应该考虑图片报道和视频报道问题。记者应该是多面手。

**林鑫：**

1. 先确定有没有伤员，伤员的伤势如何。如果当事人受伤不严重，等其情绪恢复平静后，在不影响交通的地点对其进行简单采访。
2. 拍好事发现场的照片。
3. 第一时间联系警察，疏散交通，设置好警示牌，避免引起二次事故。
4. 采访交警询问这一事发地点的车祸情况，是否有安全隐患。
5. 如有安全隐患，联系有关部门解决，提醒广大市民注意。

【课堂点评】

**靖：** 林鑫考虑得很细致，她抓住了可能形成新闻的信息要点。她的瞬间准备准备得基本到位。

**钱澄：**

1. 核实车祸当事人身份、伤势。
2. 寻找目击者，了解事情经过，确定责任方。
3. 确定人员伤亡情况。
4. 打听受伤者被送往哪所医院，前往了解情况。

【课堂点评】

**靖：** 你采访准备的层次有点乱。首先应该是了解人员伤亡情况。

**龚荃宇：**

1. 立即查看人员受伤情况，拨打 110、120，拍摄现场照片。
2. 询问目击者、公交车乘客，了解事故发生情况。
3. 向警方了解车祸发生原因、伤亡情况。
4. 了解受伤教师身份，联系公交车司机，尝试进行采访。

【课堂点评】

**靖：** 龚荃宇的准备也比较好。总之，大家的瞬间准备还是不错的。我们遇到突发事件，就应该这样进行准备，思考需要采访的主要问题。

**靖：**这些瞬间准备的想法，大家是在现场写的，还是在路上写的？

（大家回答是在路上写的。）

**林鑫：**我们是一路小跑过去的。

**靖：**嗯，至少工作态度和精神状态是不错的，工作方法也是对的，但是问题也不少。那么，好的瞬间采访准备是怎样的呢？下面请丁总给我们做课堂点评。

**丁：**这个对我来说也是现场考试啊！采访突发性新闻事件，现场永远是第一要素。当你接到这个线索——校门口发生车祸，那么，你第一时间就是赶到现场，越早越好，早一分钟永远比迟一分钟重要得多。当然，在到校门口之前这么短暂的时间内，你要快速作出判断，这条新闻的价值有多大。有人员伤亡，说明这个事故还是挺严重的。假如这个事故不严重，这个车祸发生的地点也值得注意，这是发生在校门口，它的背后可能存在着一些隐患和管理不到位的地方。

还要考虑，你到现场之后，你的采访对象是谁？第一是事故当事人，无论是肇事者还是受害者。第二，采访现场相关人员，比如说公交车乘客，或是学校门口保安，或是学校门口路过的学生。确定好采访对象，到了现场之后，你要不停地调整采访对象和采访思路。因为现场情况可能非常复杂，假如当事人受伤严重，那你第一时间就无法对他进行采访，你就要重新选择你的采访对象。另外，你还有可能需要追到医院去采访。再者，如果肇事者逃逸了，那你怎么办？那你就得迅速找到现场的目击证人进行采访。

如果这是一个小事故，但是对今后的影响较大，那你就得考虑采访学校相关负责人，要不要在校门口设置警示牌，或者在校门口管理上有所改进。这个是后话。

总之，我觉得当大家得到这个线索，第一，最最重要的是，第一时间赶到现场。一旦现场没有了，你再过去，这个新闻的价值就大打折扣。第二，时间再短，都要有新闻采访的准备。第三，到了现场之后，要根据现场情况不断调整你的采访策略。

**【西方记者获知发生车祸时的瞬间准备清单】**

**靖：**当记者得知附近发生一起车祸，在赶往现场的过程中应该考虑哪些问题呢？以下是某个西方记者的采访准备内容：

第一，车祸的具体情况。是两车相撞，还是车撞行人，还是汽车自行颠覆？伤亡情况如何？伤亡者的姓名、年龄、性别、单位及伤亡的程度、数量。

第二，事故发生的具体地点、时间。是否在闹市区、交通干道？是否在上下班车流高峰时间？

第三，汽车行驶的方向、车型、车号、司机情况、汽车的损坏情况。

第四，事故发生的原因。

第五，如果事故是人为的，就要进一步了解肇事者的目的和意图，如果是司机造成的，就要了解是酒后驾驶，还是疲劳驾驶，或者是其他什么原因（对现实不满，家庭不和睦）。

这些问题，实际上就是构成一篇车祸新闻的几个基本要素。在突发性事件的采访中，如果记者一时无法了解到事件发生的原因，也可根据其他有新闻价值的要素完成报道。

现在可以通过智能手机在很短时间内上网搜索到背景资料以及相关的新闻，这有助于记者进行采访的瞬间准备。

对于突发事件的瞬间采访准备，往往就是具体问题的准备。打个比方，当我们经过南京某饭店，突然见到饭店门口悬挂着“祝全国档案防蛀防霉工作会议圆满成功”的横幅时，应该考虑到哪些问题？需要立即做哪些访前的问题准备？

我们应该想到和提出的问题大致如下：

第一，这一新闻事件、活动能告诉读者什么？读者是否感兴趣？

第二，这个活动要解决的问题的紧迫性和重要性如何？

第三，这项活动开展的具体情况如何？客观效果如何？是否形成了结论性的东西？如果形成了结论，这个结论对读者、对社会有什么影响？

我们有了以上这些问题准备，在采访中就能够做到有的放矢，从而顺利完成采访任务。

**【笔者采访案例】**

**靖：**一天我经过广西南宁西园饭店一幢楼前，突然发现楼前悬挂着“祝全国档案防蛀防霉工作会议圆满成功”的横幅，好奇心驱使我瞬间考虑了以上问题。我进去一问，会议已经结束，会务组正在收拾材料准备离店。我作了自我介绍，提出采访要求后，会务人员带我找到准备离店的国家档案局副局长。一采访才知道这个会议是不到 20 人的特别专业的微型会议，会议内容不能对外报道。由于我有采访准备，采访过程非常顺利。我通过国家档案局副局长了解到全国档案管理系统的情况。会议虽然不能报道，但我不能放过采访国家档案局副局长这个重要的采访对象的机会。我的记者信条是：遇到有一定职级的官员或社会知名人士是采访的机遇。

**【《南京晨报》丁总谈采访准备中新闻角度的选择】**

**丁：**有段时间没和大家见面了，在正式开始之前我想先谈一个这两天大家都很关心的热门话题——院士增选。江苏有 7 个院士，分布在 7 所高校。我老家泰州市姜堰区又增加了两个院士，至此姜堰区一共有 6 个院士。最大的新闻点是一门三院士。姓李的一家本来兄弟两个当选院士，现在又增加了一个。这让我想到了 1996 年中国新闻奖一等奖作品——院士三兄弟。该新闻讲的是黎氏家族兄弟三人有一个是 1994 年的院士，两个是 1996 年的院士，兄弟三人全是院士。在我老家姜堰区也出现了院士三兄弟，大家对这件事都感到很自豪。我最关心的并不是这点，我关心的是我的母校到目前为止没有一个院士。假如是一般的学校没有院士很正常，问题是我的母校姜堰中学每年都出高考状元，今年全省理科前

5 名姜堰中学就有 3 名。我关心的是，为什么一个高考成绩在江苏省遥遥领先的中学到现在为止培养不出 1 个院士。有人说中国的院士评选黑幕重重；也有人说姜堰中学教育的真正起步是在 20 世纪 80 年代，姜堰中学此后培养的人还没有到参评院士的阶段，院士迟早会出在这批人中；还有人说姜堰中学培养出的学生是考试型的选手，高考可以，但是到了高校以后后劲不足，这是姜堰中学的教学模式所决定的。同一件事，不同的人采访，采访的角度、采访写出来的文章一定是不一样的。

**靖：**记者面对同一条新闻线索，选取的角度不同，采写出来的报道也是不同的。

**【《南京晨报》丁总对南京虐童事件报道的思考】**

**丁：**靖老师给我布置的题目是新闻采访，我今天想给大家讲讲前段时间发生的南京虐童事件的来龙去脉，看看我们该怎么一步步采访。

这件事最早被人公布在新浪微博上：一个男童的背上全是血痕，是被其养母打的。这件事被称为“虐童案”。发帖人是一位不知名的网友，粉丝也很少。这无疑是一个大新闻。怎么采访？线索从哪来？正常情况下，记者首先想到的是联系发帖人，询问这事发生在什么地方，但是发帖人没有任何回应。

后来记者多方调查，并从公安部门了解了相关信息，最终报道出了网上热传的“虐童案”。

这个案件中的养母不符合收养条件，她对男童的收养是不合法的。她收养的是她妹妹的儿子，她妹妹因为家庭困难无法抚养孩子。被虐待的儿童在这件事发生后主动提出继续被收养。

在 2015 年 4 月 16 日检察院就此案举行的审查逮捕听证会上，有人说不能处理这个养母，处理她的话，小孩回到老家前途更渺茫。

此案判决前还发生了两件事。第一件事，男童养母起诉发帖人侵犯名誉权，要求最早的发帖者赔偿她的精神损失，恢复她的名誉，但是法院没有支持。第二件事，在一审审判时，男童养母大闹法庭，严重干扰法庭秩序。在此案处理过程中小孩没有回老家，还休学了。如果不报道这件事，小孩只是受皮肉之苦，报道之后虽然表面上看来是保护了小孩，但是他的心理被伤害了。他无学可上，还要接受心理辅导。2015 年 11 月 20 号，法院作出判决，判处男童养母有期徒刑 6 个月。

此案有许多值得思考的地方。男童养母大闹法庭又该受到怎样的处罚？从此案中可以吸取什么样的经验和教训？收养法有没有不完善的地方？一个没有收养资格的人怎么会轻而易举地收养他人？怎么保护此案中男童受教育的权利？有很多的疑问至今都没有结论。采访这么一个事件对采访者要求非常高，一个人很难完成，很多时候采访是合力的结果。我建议大家好好研究媒体在不同阶段对此案的报道。

**靖：**今天的课就上到这里。非常感谢丁总今天的课堂指导和经验分享。

# 本章核心知识放送

**【设计采访方案应注意的问题】**

做任何事情都要有计划，有具体的方案，新闻采访也不例外。比如要写一篇反映某城市发展成就的报道，就要考虑如何选择突破口，考虑从哪个侧面报道最能说明问题，还要考虑采访哪些部门、哪些单位、哪些人物。在采访中发现采访对象选得不准怎么办？采访对象不接受采访怎么办？所有这些问题，都是我们在设计采访方案时应该考虑到的。设计好采访方案，我们进行采访就会胸有成竹，成功的把握也会大得多。

设计采访方案应注意的问题是，采访方案要具体实在，有的放矢，并且要切实可行。

**【列采访提纲应注意的问题】**

第一，明确目的，端正认识。我们应该明白，采写新闻是厚积而薄发的工作，新闻采访搜集的材料越多越好，但新闻报道的容量是有限的，采访来的东西不能全部进入新闻。我们不能因为报道所需材料有限，就进行肤浅的、不全面的采访，忽视采访前准备工作。我说过，新闻采访也是一种调查研究工作，既然是调查研究，我们不进行深入、全面、细致的调查（搜集材料），如何去研究呢？如何最终形成报道呢？我们从事记者工作，要有调查研究的正确态度和基本功，在采访前要做好充分的准备，要对所采访的问题进行深入思考，把采访提纲列好。

第二，要注意把提纲列得细一些。如果光有大纲，提的问题较大、较笼统，采访对象就很难回答得好。所以，必须将问题具体化。如果需要了解事件的过程、细节，那么提纲就要列得更细一些。当然，列采访提纲要根据具体情况而定，有时不需要把提纲列得过于细碎。

第三，要注意采访提纲的逻辑性。提纲中列的问题，相互之间应该有一定的逻辑联系，这样才能保证提问的逻辑性。提纲可以是“由点到面”倒漏斗式的，也可以是“由面到点”漏斗式的。

第四，列采访提纲时，要考虑采访对象的具体情况，要从采访对象的知识结构、性别、年龄等方面加以考虑。采访对象知识结构、性别、年龄不同，其思维方式也是不同的。我们准备的问题必须是采访对象能回答、肯回答，有特色和有新闻价值的问题。

第五，采访提纲中列的问题要按新闻价值的大小、重要程度从大到小，从重到轻进行排列。

第六，拟订采访提纲时，要有读者意识，要养成站在读者角度，设身处地为读者考虑问题的习惯。

第七，采访时不要拘泥于已列好的采访提纲。记者在采访中一旦发现所列提纲不合适，应随机应变，及时对提纲进行调整。

第十二章

# 提问的方法与技巧

11 月 23 日，星期一

**教学目的、要求、内容和设想（“剧情”安排）**

**一、教学目的和要求**

通过本次模拟实训，使同学们认识新闻采访前设计采访方案和列采访提纲的重要性和必要性，了解设计采访方案和列采访提纲的具体的技术要求，在此基础上，掌握现场提问的方法和技巧。

**二、教学内容和设想（“剧情”安排）**

第一教学环节：通过模拟实训，使同学们掌握新闻采访的提问方法和技巧。

第二教学环节：通过现场提问实训，进一步锻炼和增强同学们现场提问的能力。

## 第一教学环节：学习新闻采访的提问方法和技巧

新闻采访工作最后还是要落实到对采访对象的提问上。我们通过实训学习提问的方法和技巧。

**【案例：安岗如何打开日本中学生的话匣子】**

**靖：**有一年，中国新闻代表团访问日本，在东京大田区石台中学采访时，有位记者向参加座谈的 5 位中学生问：“你们对中国有什么了解？”学生们面面相觑，无从回答。这是一个宏大的问题，中学生很难回答。代表团团长安岗立刻把话接过去问了几个问题。这几个问题问完，几个中学生的话匣子就打开了。那么他问的是什么问题呢？

我直接告诉大家。第 1 个问题：“你们知道中国有一条长江吗？”5 位学生一齐举手。第 2 个问题：“你们知道中国有一个孔子吗？”5 位学生全部举手。第 3 个问题：“你们知道鲁迅吗？”有学生说：“听说过这个名字。”第 4 个问题：“你们知道毛泽东吗？”学生回答：“知道。”第 5 个问题：“胡耀邦呢？”学生回答：“听说过。”

他就问了5个问题，而这5个问题日本中学生能回答出来就足以说明他们对中国是有所了解的。这一案例给我们什么启示呢？就是我们要善于把问题具象化，用符合采访对象认知能力和心理特征的具体问题来提问，把抽象问题转化为采访对象好回答、乐于回答的具体问题。

安岗换了一种提问方式，把大而化之的抽象提问，改为具体提问，打开了学生的话匣子。采访就很顺利。

这一经典案例告诉我们，采访中的提问是有学问的，问什么，不问什么，如何问，都会影响到采访的效果。

## 第二教学环节：访前准备和现场采访提问实训

**靖：**接下来我们再进行一次采访实训。我的《新闻评论进行时》一书即将出版，准记者们准备采访吧，采访后就靖鸣这本书即将出版，成为南师大学生课堂中的一本有一定创新意义的教材写一篇报道。我自己认为，这是一本有一定创意的新闻评论学教材，一定程度上创新了新闻评论教学的模式，摒弃了过去一味灌输知识的教学模式。这本教材包含了我从2005年到现在10年新闻评论教学研究的成果。它是用第二人称来写的。书中贯穿着大量广西大学、南京师范大学新闻专业学生的实践案例。全书28万字，由中国社会科学文献出版社出版。

背景情况就是这样。请大家用5分钟时间列一个简要的采访提纲，5分钟后统一发到我们的微信群。实训的主要目的是检验你们如何准备问题、如何提问。

**【同学们的采访提纲与点评】**

**金星：**

1. 首先恭喜您出版了新书。新书的名字叫《新闻评论进行时》，您怎么解释这个“进行时”呢？

2. 这本书跟以往的新闻评论学教材有什么不同之处？具体表现在哪几个方面？

3. 能谈谈这本书的具体内容吗？

4. 为什么要写这样一本书？您写这本书的出发点是什么？是什么触动您去做这样一件事的？

5. 您说道，这本书既有广西大学的教学案例，又有我们南师大的教学案例，这跟您的从教经历是否有关？可以具体说说吗？

6. 您笔耕不辍，您的下一本书计划什么时候出呢？

【课堂点评】

**靖：**提问总体不错，抓住了这本新书的特点和核心问题。最后一个问题没有价值和必要。

**钱澄：**

1. 这本书的主要内容是什么？

2. 当初是什么原因促使您去写这本书？

3. 这本书和其他同类图书相比，独特之处在哪里？

4. 全书28万字可以算上鸿篇巨制了，你前后花了多久时间去写？

5. 作为南师大新传院成立20周年推出的系列丛书中的一部，《新闻评论进行时》是作为专业教材还是具有普遍的教育意义？

6. 您对本书的销量、影响等有什么样的期待？

【课堂点评】

**靖：**前3个问题是有价值的。其他问题就没有什么价值。

**龚荃宇：**

1. 靖老师，您可以介绍一下本书的具体内容吗？

2. 您为什么会想到出版一本谈论新闻评论的书？为什么取名为《新闻评论进行时》？

3. 作为您10多年新闻评论教学的精华，这本书的主要特点是什么？

4. 现在市面上关于新闻评论的图书很多，您这本书与其他新闻评论图书的区别在哪些地方？

5. 您在这本书的写作与出版过程中遇到过什么困难吗？如何克服的？

6. 现在大家都很期待这本书的正式出版，那么这本书多久能和普通读者见面？您有什么话想对这本书的读者说？

【课堂点评】

**靖：**提问总体不错，抓住了这本新书的特点和核心问题。

**贡晨霜：**

1. 靖老师您好，请问您这是什么活动？

2. 这本书您从准备到出版用了多长时间呢？

3. 我知道您作为知名记者平常应该是很忙的，那您是怎样做到繁忙中还能写出这样一本28万字的书呢？

4. 这本书的主要内容是什么？

5. 您是出于什么样的一个目的来写这本书的呢？

6. 您希望这本书的出版给教育界或者新闻界带来什么呢？

**【课堂点评】**

**靖：**贡晨霜的第 4 和第 5 个问题有价值，其他问题价值不大。

**邢怡：**

1. 您写这本书的初衷是什么？

2. 这本书记录了您 10 年的教学成果，那么您是从什么时候着手准备写作的呢？这本书从准备到出版用了多长时间？

3. 在您漫长的教育生涯中，有哪些印象深刻的事情？您觉得这本书中最精彩的案例是什么呢？

4. 您的下一本书将会是什么内容，什么时候出版呢？

**【课堂点评】**

**靖：**所提问题除了第 1 个有点价值，总体而言没有抓住重点和核心问题。这样的提问所得到的回答无法形成一篇报道。

**徐铭慧：**

1. 与传统的新闻评论教材相比，您的《新闻评论进行时》有哪些创新之处？

2. 从 2005 年到 2015 年，您创作这本教材的 10 年间，传媒领域发生了巨变，您的新闻评论课堂有哪些变化？您的教材编写是如何应对这些改变的？

3. 现在各媒体优秀的评论员都非常稀缺，您认为是什么原因造成了这种情况？您的教材是如何帮助当代的大学生成为合格的评论员的？

**【课堂点评】**

**靖：**第 1 个问题和第 2 个问题有价值，但是你忽视了一些基本问题的提问。

**张睿：**

1. 请您谈谈《新闻评论进行时》这本书的创作初衷与写作的过程。

2. 这本书跟以往的新闻评论教材有什么不一样的地方？您可以给我们简单介绍一下书里的内容吗？

3. 您在写这本书的过程中遇到过什么困难吗？您用了多久时间写成了这本 28 万字的书？

4. 您是如何看待当前大学里新闻评论这门课程的教学的?

5. 在南师大新传院成立 20 周年之际，您对学院新闻评论这门课程的教学有什么好的建议吗？对学生今后的学习有什么要求吗?

**【课堂点评】**

**靖：**第 1、第 2、第 4 个问题有价值，其他问题没有多少价值。

**林鑫：**

1. 作为新传院 20 周年纪念丛书中的一本，它的前瞻性和独创性在哪里?
2. 您通过这本书想传达什么理念?
3. 您对当前大学生的新闻评论学习有何指导意见?
4. 本书 28 万字，您的灵感来自何处？您是如何构建这本书的?

**【课堂点评】**

**靖：**前 3 个问题有价值，第 4 个问题价值不大，另外有些基本的核心的问题没有问到。

**【龚荃宇同学就新书出版的现场采访与点评】**

**靖：**现在我们就请《南京晨报》的实习记者龚荃宇根据自己列的采访提纲对我进行采访。

**龚荃宇：**靖老师，您好！我是《南京晨报》的实习记者龚荃宇，之前跟您预约好了，今天下午来对您的新书出版一事进行采访。

**靖：**好的，请坐。

**龚荃宇：**我知道您最近很忙，感谢您百忙之中抽出空来接受我的采访。

**靖：**百忙谈不上，只是年底事儿多一点。

**龚荃宇：**我听说您最近出版了一本新书，叫《新闻评论进行时》，我觉得这本书书名就很有意思，我大概了解了一下书的内容，觉得您的书是非常有特点的，希望采访一下您，也让更多的读者了解这本书。

**靖：**好的。

**龚荃宇：**首先请您大概介绍一下这本书的内容。

**靖：**按照今天的采访情况而言，你应该手里已经有了这本书，也对这本书比较了解，所以才来采访我的，因此，你就不应该再问我这本书的大概内容。那你想想，你下面该问什么问题呢?

**龚荃宇：**我知道，这本书是您 10 多年来新闻评论教学的精华。那么您这本书主要有哪些特点呢?

**靖：**特点主要有两点：一是实践性较强，二是时代性较强。书名就可以体现出本书特点，我希望学生与新闻评论、意见市场保持零距离。

**龚荃宇：**有关新闻评论的教材非常多，那您觉得您的书与其他教材有何区别？它有何特殊意义？

**靖：**区别在于：其他新闻评论教材侧重于介绍相关的知识，给读者一个系统的知识体系。而我的这本教材强调实践，紧扣实践，处处都体现了实践的精神。这也是我教学的一个探索。

**龚荃宇：**这本书一共有 28 万字，您在写作过程中，有没有遇到过一些困难呢？您是如何克服的？

**靖：**写书已经习惯了，主要是自己想写。我没感觉到有什么困难。

**龚荃宇：**那您在写作过程中，有没有遇到过什么感触比较大的事情？

**靖：**你准备要写什么样的报道？报道中会写到我写这本书的历程吗？这只是一本普通的教材，这个提问是不是过于细致了？总的来说没有什么，就是一个比较正常的写作。这本教材是同学们学习过程的再现。

**龚荃宇：**那么市场对于这本书的反响如何？

**靖：**还没有发行，还没有反响。

**龚荃宇：**好的，那您作为作者，对读者有什么建议吗？

**靖：**学习新闻评论的同学，要多进行新闻评论的实践，这样学习才会有成效。如果读者将这本书当作普通的新闻评论教材来读，那么这本书对读者能力的提升不会有太大帮助。当然我希望读者多给我一些反馈，使我能更好地探索新闻评论教学和写作问题。

**龚荃宇：**好的，那今天的采访就到这里了，谢谢您接受我的采访。

**靖：**好的。同学们分析一下，他的采访有没有遗漏，是否能够支撑他的整篇稿件？这个采访还是比较顺利的，要注意一开始和采访对象的沟通。当然这也是经验的问题。真诚的采访能打动采访对象，真诚的采访一定会有收获。

采访时还需注意一些问题：采访时态度要谦虚、自然，提问时语气要自信；要熟悉自己的采访提纲，在采访过程中不要总是低头看手机上准备好的问题，应该多看采访对象，与采访对象有眼神交流。

今天的教学内容就是这些。

**【钱澄的报道及采访经历分享】**

这次课结束后第 4 天，钱澄采写的“地铁门缝掉手机”报道刊发在《南京晨报》上，我请她写采访经历和感悟与同学们分享。从她的报道分享中我们看到她的新闻敏感性、新闻精神和踏实的采访作风。

**【《南京晨报》刊发钱澄采写的新闻】**

**新街口地铁门缝每天掉 3 部手机**

你是否想象过走出地铁的一刹那，手中的手机从车厢和站台之间宽约 8 厘米的缝隙中掉下去的情景？其实那并不仅仅是想象，它每天都实实在在地发生。新街口地铁站平均每天要掉下去 3 部手机。

在南京地铁2号线 26 个站点中，手机最容易掉下去的站点是新街口站，每天掉下去 2–3 部；其次是大行宫站，每天掉下去 1–2 部。地铁上掉手机的概率是和人流量成正比的。

仙鹤门站的一名保安说："下车的时候人多，手机很容易挤掉。掉手机现象一般会发生在上下班高峰时间，也就是上午 7–9 点，下午 5–7 点。"

人流量少的南大仙林校区站的志愿者说："虽然掉手机的少，但是上上下下玩手机的人不少。"

手机掉下去后，会由工作人员打开安全门将其取回，因此失主不用担心手机丢失。但是必须避开高峰时段，由调度员调整列车运营时间，留出充足的时间取手机，以保证工作人员的安全。

从掉手机的人群来讲，年轻人居多，女士居多。金马路站的工作人员说："主要是因为现在的年轻人中'低头族'太多了。"

大行宫站的警辅许飞跃提醒广大市民："下车时要保管好随身物品，尽量不要玩手机，安全第一。如果手机掉到地铁下面去，注意两点：1. 立马下车，寻求工作人员的帮助。2. 记住车门号，玻璃门上'PSD'后面的三位数就是车门号。"（钱澄）

（《南京晨报》2015 年 12 月 20 日）

**【钱澄报道经历分享】**

### 一、报道想法的萌生

11 月底，我在大行宫站坐地铁的时候，手机一滑从约 8 厘米宽的地铁门缝掉了下去。我当时惊呆了，赶紧去找地铁工作人员。在沟通的过程中，周围聚集了几个看热闹的人，我跟他们一样都觉得这事挺奇葩的，但工作人员却一点也不吃惊，从容地问我车门号、手机型号等。这让我很奇怪。

去取手机的时候，我在控制室看到了很多手机，于是我问工作人员："这事经常发生吗？"工作人员无奈地点点头。当时我觉得这事挺有意思，也许可以多一些了解，做成一篇小新闻。

## 二、采访准备

最初的想法是跑完 2 号线的 26 个站，统计出每天或者每个月地铁门缝掉下去的手机的数量，以此反映人们对手机的痴迷程度，提醒市民注意财物安全。因此，我在采访之前做了一个提纲，列出了采访重点：询问掉下去的手机的数量，了解掉手机的人群结构等。

## 三、投入采访

12 月 13 日，我和另一位同学开始采访，我从 2 号线的第 1 站经天路站开始采访，他则从 2 号线的另一端油坊桥站开始采访，通过微信实时沟通，最终我们在新街口站会合。很快我们就遇到了问题：一是数量不精确。每个工作人员只负责一个时段，只清楚自己在班的时候掉下去的手机的数量。二是地铁线两头的站点掉下去的手机数量极少。三是工作人员不配合。因为是上班时间，他们接受采访可能要被开除。

我们想办法进控制室来获取尽可能精确的数据。我们也及时调整了采访重点，主要在新街口站调查采访，那是人流量最大的站，一定也是掉手机最多的站，适当顾及其他站点。另外，我们不再说自己是记者，而是以学生和乘客的身份去和工作人员沟通，他们排斥的程度果然小了很多。

这样采访目标就明确了，速度也加快了。我们采访到了警察、志愿者、工作人员等。

我们通过采访发现，新街口站果然是掉手机最多的站，平均每天掉下去两三部手机，其次是大行宫站。在大行宫站，一位警辅很热情主动地接受了采访，进一步丰富了我们这篇稿件的内容。

## 四、稿件写作

因为这一次采访的目标比较明确，过程比较简单，因此我在稿件写作上没有花多少时间，用了一个小时就写了出来。

## 五、报道感悟

其一，生活处处有新闻。生活中到处隐藏着不为我们所知的新闻，我们要擦亮眼睛，提高新闻敏感性，细心地去发现它们。

其二，要及时调整采访计划。我们一开始制定的调查计划并不合适，我们及时对计划进行了调整，保证了采访的顺利进行。

其三，要尊重采访对象。采访时要礼貌、真诚，让受访者感到被尊重，从而愉快地接受采访。

其四，要随机应变，善于调整身份，隐性采访。有时候记者身份会让采访对象警惕而不愿接受采访，采访对象怕说错话惹得一身麻烦，这也是人之常情。有时候以学生身份与采访对象交流沟通，可能更有助于采访。

# 本章核心知识放送

**【采访提问容易出现的问题】**

第一，提问不知从何入手。新手最容易出现这一问题，原因在于采访前准备不充分，没有明确采访的目的，不了解或没有遵循提问的规律，也可能没有采访经验，过于紧张。

第二，记者和采访对象一问一答，聊不起来，经常出现冷场。问题在于记者不了解或没有掌握提问的规律，过多地提闭合式问题，使得采访对象只能作简单的回答。记者采访时应注意提一些开放式问题。

第三，记者不知该问什么，问题不成系统，这主要是因为访前准备不充分。

第四，记者任由采访对象漫无边际地谈。记者在采访中遇到采访对象回答问题偏题、跑题，就要适时利用他谈话停顿的机会，对他的话予以评价，然后把话题引入正题上来；或者做件小事（给他倒水、点烟等）打断他的话头，巧妙地提出其他问题。随便打断对方的谈话会伤害对方的自尊心，另外也会打断对方的思路，使对方容易遗漏一些重要的细节。最好的办法是，遇到没听清或有疑问的地方，在采访本上留下空白或打上记号，等采访对象回答完提问后，再问清楚。

第五，记者提的问题太大、太空泛。不要提太大、太空泛、难答的问题。记者如果去采访水平较高的采访对象，可以提些概括性、开放性的问题。

第六，记者话太多，喧宾夺主。记者在采访中可以与采访对象交流观点和看法，但记者的任务是采访，不是推销自己的观点和看法，更不能喧宾夺主、夸夸其谈。

**【采访提问的方式方法】**

**一、开放式提问和闭合式提问**

所谓开放式提问，就是不要求对方作具体回答的笼统提问。这种提问方式比较灵活，被采访者的回答不受限制，可以放开谈，随意发挥。比如记者对参加奥运会的中国代表团团长说："请您对参加这届奥运会的中国代表团的成员的表现做一个总体评价。"这就属于开放式提问。

所谓闭合式提问，就是要求对方作出明确回答的指向性提问。被采访者所作的回答，只能是提问所指的具体内容。比如你问某省相关官员："××省轻工业发展水平在全国处于什么位置？"这即是闭合式提问，被采访者只能作具体的回答。

在采访过程中，这两种提问方式往往交替使用。当采访政府官员、知识分子等善于总结归纳的采访对象时，要多问开放式问题。当采访小孩、农民等总结归纳能力不强的采访对象时，要多问闭合式问题，适当提一些开放式问题。

**二、诱发式提问**

诱发式提问是指记者诱导对方说出记者想了解的情况的一种提问方式。《中国青年报》

一位记者，1965 年采访从巴西回来的外事人员时，同年龄最小的张宝生同志曾经有过这样一段对话。记者："我是青年报的，你是共青团员，咱俩谈谈。你多大了？"张宝生："二十五岁了。"记者："什么时候生日？"张宝生："我是孤儿，不知道自己的生日。"记者："那你上学时怎么填？"张宝生："我跟老师说，没有新中国就没有我，国庆是十月一日，我填了十月二日。"记者："你在巴西被非法扣留的时候，是不是想到了这些？"张宝生："想到了"。记者是在诱导张宝生说出一些情况，最后一问更加明显。

**三、激发式提问**

激发式提问是指记者用问题刺激对方，拨动对方的心弦，或者触到对方的痛处，使对方说出记者想了解的情况的一种提问方式。

《人民日报》两位记者到某县采访，开始，县委书记不愿谈相关情况。记者想到，不久前《人民日报》曾刊登过批评这个地方的一封来信《县委大还是法大》，于是就以此为题，激发对方：你看这篇文章怎么样？记者一提这事，县委书记话里有话地说：批评得很好，自古县官就没好人，演戏凡赃官都是县官，所以批县委不批大的，我没意见。记者说，你别发牢骚，你指出来，谁是"大的"？这时县委书记拿出省委发的文件，指出不落实政策的根子在省委某些负责人。激发式提问在这里收到了效果。

**四、激将法提问**

激将法提问是指记者针对采访对象的心理特点，用激将法的方式刺激采访对象说出记者想了解的情况的一种提问方法。

记者使用激将法要具备四个条件。一要事先了解有关情况，因为"明知"才能"故问"。二要准备好要提问的问题。三要摸清对方的心理和性格特征。要摸清对方是口若悬河的人还是沉默寡言者，是性格内向沉稳的人还是急性子易激动的人。四要把握好刺激的角度。

**五、点破法提问**

记者根据已掌握到的一点情况把问题点破，促使采访对象说出真实情况的提问方法，就叫点破法。

记者使用这种方法，要注意几个问题：第一，要掌握一些情况，这些情况记者可以从耳闻目睹中获得，亦可通过正确的推理、判断得到。第二，点破要出其不意，使采访对象来不及考虑如何"退守"。点破提问的语气不可生硬、粗鲁，以免引起对方的反感。第三，可利用对方的自相矛盾来点破问题。在采访中，记者有时会遇到这样的采访对象，他对某个问题所持的态度既错误又顽固，靠单刀直入的正面进攻是难有收获的。在这种情况下，记者可以先诱导他承认某个"公理"，然后运用这个"公理"指出他的自相矛盾之处，从而点破问题。

# 第十三章
# “记者招待会”采访实训

12 月 22 日，星期一

**教学目的、要求、内容和设想（“剧情”安排）**

**一、教学目的和要求**

组织学生现场集体采访、专访南京市教科所的所长洪超（洪劬颉）先生，锻炼学生的现场提问能力和随机应变能力，以及组织新问题进行提问的能力。

**二、教学内容和设想（“剧情”安排）**

第一教学环节：“记者招待会”集体采访训练。采访对象在“记者招待会”上接受“记者”的采访。“记者”写成的新闻报道如果达到媒体刊发的要求，就送媒体刊发。

第二教学环节：现场专访实训。安排一位学生现场对洪超先生进行采访，让大家学习如何进行现场采访，如何与采访对象打交道。

**【课前的教学策划】**

上一次课程教学的当天下午，我在微信群里提出洪超先生“记者招待会”采访教学各项要求。

**靖：**下次教学请洪超先生接受“学生记者”们的提问，类似于记者招待会的形式。我从事记者工作时，报道过不少记者招待会。1990 年我在政府机关工作时，在北京人民大会堂天津厅组织过记者招待会。2004 年我写的我国第一部关于记者招待会的专著出版，当时的国务院新闻办公室主任为该书作序。我在几所大学开展过关于记者招待会的教学活动。1989 年我邀请我国首位奥运举重金牌得主吴数德先生到我任教的学校举行“学生记者招待会”。所以我有这方面的理论知识和实践经验。“记者招待会”后，我将安排一位同学对采访对象进行专门访问。下一次的教学是真刀真枪的实战，通过采访实战，全方位锻炼同学们的采访提问能力、语言表达能力、应变能力、现场记录能力和现场观察能力。

大家记住，明天的课堂采访记录需要拍照发给我。大家要带采访记录本，像个真记者那样现场记录。现在记录的手段、方式很多，同学们也可以现场用电脑记录。明天的采访应该十分热闹，你们要不停提问，把采访对象问得无言以对。记者要脸皮厚，嘴皮活，胆子大，脑子灵，点子多，问题多，社会活动能力强，见人就攀谈，见任何人都有交流的话题，跟任何人都能谈得来。记者要努力变成社交能力强的社会活动家。

**【当天课前提示】**

**靖：**同学们大都十分认真地进行了访前准备，像个记者的样子。接下来，你们各自要考虑好报道的角度和主题。

今晚 8 点前交一篇稿件给我。学习新闻报道一定要有激情，有激情才有灵感，有灵感才可能发现有价值的报道角度和报道主题！有激情和灵感才可能写出吸引人的报道！努力，准记者们！今天下午提问时你们要自报家门，说自己是哪家媒体的实习记者。下午见！

## 第一教学环节：“记者招待会”报道实训

**靖：**今天我们有幸请来了南京市教科所所长洪超先生来接受同学们的集体采访，这也可以视作洪超先生的个人“记者招待会”。洪超老师在我国语文教育教学方面有自己独到的理念，也有很突出的研究成就，在省内外有一定的知名度。

现在有请洪超老师来接受准记者们的采访。

**【南京市教科所所长洪超自我介绍】**

**洪超：**各位记者下午好，很高兴回到我的母校来接受你们的采访。我先来介绍一下我自己，我用三个词来概括。

第一个词叫“普通”。我是一个很普通的人，从农村走出来，1993 年到 1997 年在南师大接受教育。1997 年，我成为南京第十三中学一位普通的语文老师，2010 年成为南京市教育局一位普通的工作人员。2011 年我又回到了学校，成功申报了江苏省实验课程基地。2012 年，我到了现在的工作单位，南京市教育科学研究所，做一名普通的研究人员。

第二个词叫“追求”。我们学习是想要改变平凡的人生。我们勤奋工作，就是为了过上有价值的生活。苏格拉底曾说：未经审视的人生是不值得过的。我们需要有一个价值观，让我们在平时工作学习中有不平凡的追求。我很推崇马克思的一句话：教育即解放。我们减负就是要解放学生。同时我们要解放老师，把老师从繁重的作业批改中解放出来。我在《中国教育报》上发表的《高品质的作业考量教师的智慧和热情》这篇文章，引发了全国关于作业量的大讨论。

第三个词叫“智慧”。智慧是每个人都追求的，我们要想过更有品质的生活就要有智慧。我在 1998 年首次提出智慧教育概念，后来又提出智慧课堂、智慧语文，逐步有了今天的样子。

以上就是我要说的三点。

**靖：**好，现在请“记者”们向洪超老师提问。

**钱澄：**洪超老师您好！我是《南京晨报》的实习记者钱澄。您非常崇尚智慧教育，可是我之前的一个语文老师说过一句话：知识是可以传授的，智慧却是传授不来的。您认同这句话吗？

**洪超：**首先我们要对知识和智慧有一个清晰的认识。我研究教育20年，说实话我对于智慧的内涵和外延还说不清楚。为什么我说不清楚？是因为我没有想清楚。那么知识和智慧的区别到底在哪里？知识是死的，智慧是活的。胜利固然重要，但更重要的是取得胜利的方式；高分固然重要，但更重要的是取得高分的方式。所以“知识可教，智慧不可教”在某种程度上是把知识和智慧理解得过于狭隘了。

**金星：**洪超老师您好！我想问一下，应试教育可以是一种智慧教育吗？如果不是，这两者之间怎样达到一种平衡呢？

**洪超：**很多教师和专家把应试教育和素质教育进行对比。我想素质教育成果的体现就是素质的提高。应试素质不也是素质中的一种吗？世间事往往大同小异，我们往往只关注其中的“小异”，而忽视了“大同”。我想说，离开分数谈教育是不足以服众的，智慧教育如果不能满足孩子和家长对于高分的需求也是不现实的。我绘制了班级学生的学习成长曲线图，来帮助学生找到提高成绩的突破口。

**张睿：**洪超老师您好！我是《江苏教育报》的实习记者张睿。实际上无论采取哪种教学方式，最终成果都体现在课堂上。您认为进行智慧教育后，课堂上的变化有哪些呢？

**洪超：**就语文课堂而言，有两个问题：一是灌输式教育，教师讲，学生听；二是太表面化。我们倡导合作学习、自主学习，但是效果不明显。由此我提出了智慧课堂的四个维度。第一个维度是“问题”。要激发学生的问题意识，我们的学生不会提问题。第二个维度是“活动”。教学活动做得越好，学生的学习效果就越好。第三个维度是“表达”。学生的表达要清晰、流畅、有层次，这是我对学生表达能力的要求。第四个维度是“逆向思维”。为了让学生克服思维定式。我提供了三种思维方式。第一是常规思维，即按照“是什么”“为什么”“怎么办”“列观点”“摆事实”“作分析”等常规思路思考，这是我们从小到大习惯的思维方式。第二是“超常规思维”，即遵循“集中”原则，将思维聚于一人、一事、一物、一瞬，进行“超常规”思考，这样往往很容易出新想法、新思维、新表达。第三是“反常规思维”，即对问题进行逆向思考。

**钱澄：**洪超老师好，我是《南京晨报》的实习记者钱澄，我想问您一个问题。您是否认为培养智慧的老师也很重要？如何让我们有更多智慧的老师？

**洪超：**这个问题很好，这也是我一直在做的事情。一个教师首先要对学生充满爱心，能够把学生当作一个人来看，而不是工具、机器。南京市教育局的教师志愿者联盟为我开设了一个智慧教育工作室，为市内外学生、老师提供公益的、免费的指导。我们还有 QQ 群、博客、微信公众号平台。只要有教师、家长、学生向我咨询，我都是尽全力去帮助他们。在帮助教师成长方面，我们有一个“八一路径”。“八一路径”是指教师应当每年发表一篇文章，每学期写一篇文章，每年读一本书，每年读一本学科杂志，每年找名家聊一次天，每年开一次公开课，每年举办一次创意教学活动，每年和一个特殊学生聊一次天。

**邢怡：**洪超老师您好！我是《江苏教育报》的实习记者邢怡，您觉得语文教育的本质和意义应该是什么？

**洪超：**你这个问题提得特别应时应景，因为现在高中新课标也在修订之中。如果谈语文教育的核心的话，那就是两个词：表达与传承。要让孩子智慧地表达，我觉得这是语文教育最本质的东西，要构建以表达为核心的语文教学、课堂。

**徐铭慧：**老师您好，我是《江苏教育报》实习记者徐铭慧，我看到有的文章形容您的教学风格是“时尚、有趣、智慧、得法”，请问您怎么解释这四个词？

**洪超：**第一个是“时尚”，老师要与时俱进，去了解学生所处的这个时代的事件。第二个是“有趣”，要想使学生乐于学习、有效学习，就要让课堂变得有趣味。第三个是“智慧”，不多说了。第四个是“得法”，老师要寻找好的教学方式。

**贡晨霜：**老师您好！我是《江苏教育报》的实习记者，您说智慧可以看作人的态度和具体行为选择，那么您自己的态度和行为选择是怎样的？

**洪超：**我觉得一个人要学会与他人和谐相处。学生要在人与人之间的网格中确立自己的思考方式和行为方式。

**林鑫：**洪先生您好！我想问您一个问题，高三语文老师经常对我们说写高考作文要符合规范，请问您如何理解规范？我们如何写出一篇既符合规范又有创意的作文呢？

**洪超：**这其实是对作文价值的认识问题。为什么老师主张写规范作文？因为他要让他的班级作文平均分达到 45 分左右。他按照这个得分标准要求学生写规范的作文，很多学生的创造性就这样被抹杀了。

**靖：**由于时间关系，我们第一阶段的采访就到此结束，接下来进入实习记者专访洪超老师的阶段。

## 第二教学环节：准记者的现场专访实训

**龚荃宇：**洪超老师您好！我是《江苏教育报》实习记者龚荃宇。您曾经提出教育要超越课堂、回归生活、指向生活，您可以解释下吗？

**洪超：**语文教育的本质是塑人。教师要通过高质量的课堂讲授向学生传授知识。在课堂之外，教师要设计高质量的课外活动，让学生的能力得到比较好的呈现，同时让学生在校园内养成好的习惯。

**龚荃宇：**家长最重视的是学生的考试成绩，那么在智慧教育理念下成长的孩子考试成绩如何呢？家长反馈怎么样？

**洪超：**任何改变都有成本、代价。最初家长是有意见的。经过一段时间的实践，学生的成绩提高了，家长就认同我们的教学了。

**龚荃宇：**现在智慧教育理念只是在您的课堂上实践还是已经推行到许多地方了？

**洪超：**我在南京十三中做老师时，我的理念就已经在全校推广了，特别是课程建模这一块。我还在各种杂志上发表文章，自己的理念也得到很多学校校长的认同。

**龚荃宇：**在智慧教育教学理念下成长的学生与其他学生在学习生活中有显著不同吗？

**洪超：**高分特别多，班级整体平均分高。

**龚荃宇：**您在教学过程中有没有遇到过比较大的困惑？

**洪超：**有，比如前几年 3 次被家长投诉。

**龚荃宇：**可以具体谈谈吗？

**洪超：**1999 年 4 月的一次家长会上，在我讲话之前，有位家长跑上讲台当众表示了对我的不满。原来这位家长的孩子以前每次考试都是 80 多分，而这学期一次 80 分以上都没有。但其实这个问题不是问题，是另外一回事，我很快向家长们讲清楚了。家长会结束后，那位家长跑过来向我道歉，还说洪超老师你太聪明了。我让家长们看到了我这位年轻老师的魄力。我一般不批评学生，但批评一定会批评到位。2004 年的一节语文课上，有一个男孩子在课上抄数学作业，我走上前按住他的作业本，他将作业本往后拉，结果本子被撕坏了。这个孩子来了火，走上讲台把我的语文书撕得粉碎。正常来说，我应该是不上课了，喊来班主任处理情况。但是我已经学会了不能跟孩子一般见识。如果我发火，让班主任来处理，那这个班的孩子都会看不起我。我当时想，这个孩子撕了我的书，无非就是想看我笑话。那我偏反其道而行之，我就上了一节没有语文书的语文课。我一上来，先把《阿房宫赋》全文背诵了一下，然后，带领学生研讨三个问题。不知道什么原因，那节课效果出奇地好。我本来应该生气却没生气，这个孩子也不知道我会不会生气，什么时候生气。这件事情令我意识到，跟学生“斗”，是要用“脑子”的。

**龚荃宇：**中小学教育里应试教育与智慧教育是否有冲突？

**洪超：**两者并不冲突。

**龚荃宇：**您理想中的语文教育是怎样的？学生怎样才能学好语文？

**洪超：**我想有这样三个维度。第一，学生想学语文，他想把课文好好读一读。第二，学生会学语文。第三，学生乐于运用语文，享受学习的过程。

**龚荃宇：**我了解到您很喜欢“亲其师信其道”这句话，作为一个老师，这种亲和力是天生的吗？如果不是，如何获得？

**洪超：**做一个什么样的老师呢？第一，要做一个学生喜欢的老师。第二，要让学生领略到语文的学科之美。第三，一旦学生喜欢这位老师了，那么，他就很乐意和老师共同构建有品位的语文生活。从这点来说，教师要想尽一切办法让学生喜欢上自己。

老师要让课堂充满有生趣的东西。比如学生上课回答问题时，对男孩子来说，老师可以拍拍他的肩膀，孩子就会觉得你很喜欢他。对女孩子来说，老师要注意和她进行言语上的沟通，想一句漂亮的话来表扬她，这样她就会很高兴。这都是比较浅层次的。真正的好老师要让学生愿意去配合自己。

**龚荃宇：**以前我的语文老师说过一句话，那些杰出的人才，并非能力第一，而是境界第一。那么回望过去，您觉得是什么使您在人生境界上有不断攀升的可能性？

**洪超：**一个教师对生活的态度决定了他对教育的态度。教师要热爱生活，这样才能热爱学生，热爱课堂。

**龚荃宇：**据您观察，最近几年南京市中小学教育发生了哪些积极的变化？

**洪超：**现在南京市特别注重教学品质、课程品质。我们教研所的肖所长在牵头研究一个关于课程品质的国际课题。什么是品质，“质”，是有质量；“品”，就是众人说好。

**龚荃宇：**那这个品质是如何在教学中体现的？

**洪超：**这个一句话可以说明，办人民满意的教育，办人民欢迎的教育。

**龚荃宇：**您有没有对师范大学的师范生的建议呢？

**洪超：**本科生要学好学科知识。很多本科生搞不清要学习什么知识。第一，要看学生必须看的书。第二，要学好语文学科知识。

**龚荃宇：**您曾经说过教育就是理想主义加上现实主义，在中国当下应试教育的大环境下，理想主义是否会给教师带来极大的痛苦？

**洪超：**没有理想，教师容易产生职业倦怠。如果老师的想法过于理想化，不考虑学生成绩，在现实中就会行不通。

**龚荃宇：**最后一个问题，您认为您的智慧教育理念在未来的中小学教学改革中会发挥怎样的作用？

**洪超：**如果这种探索能得到更多人的认可，我将非常高兴。

**龚荃宇：**我补充一个问题，现在教育局、各学校对于您的智慧教育是怎样一个态度？

**洪超：**南京教师志愿者联盟为我开设了工作室，教育局也给我立了省级规划课题。智慧教育一直在路上。

**龚荃宇：**今天的访谈就到这里。祝福洪超老师的智慧教育越做越好。谢谢洪超老师！

**【笔者采访洪超】**

**靖：**我来向洪超老师提几个问题，你们记下这段采访的笔记。我要看看你们是如何记笔记的。请问洪超老师，您认为江苏省语文教育目前存在的主要问题是什么？应该如何去解决？

**洪超：**我认为江苏省语文教育目前存在三个主要问题。一是唯分数论，但又不知道如何提高成绩。二是门派太多，语文课究竟怎么教，各门派各说各话没有共识。三是存在价值虚无主义的现象，学生对学什么无所谓，老师对教什么也无所谓。如何解决呢，首先要弄明白什么是好的语文课，好的语文课怎么教，如何激发学生的潜力。其次要特别注重思考的力量，它决定着语文教学的最终品质。

**【链接：《南京晨报》刊发张睿同学的报道】**

**做学生喜欢的老师 让学生领略语文之美**

“一个教师对于生活的态度决定了他对教育的态度。教师只有热爱生活，才能热爱学生、热爱课堂。”作为南京市教育科学研究所科研员、江苏省省级骨干教师、江苏《新高考》特约专栏作者，洪劬颉老师提出并践行“智慧教育”的教育理念。

洪劬颉说：“我是一个很普通的人，从农村走出来，1993 年到 1997 年在南师大接受教育。1997 年，我成为南京第十三中学一位普通的语文老师；2010 年我成为南京市教育局一位普通的工作人员；2011 年我又回到了学校，成功申报了江苏省实验课程基地；2012 年，我到了现在的工作单位，南京市教育科学研究所，做一名普通的研究人员。”

谈沁怡是南京师范大学一名大三学生，回想起高中时候上过的洪劬颉老师的课，她说：“洪老师上课形式新颖，让同学们觉得很新奇；他讲课内容贴近生活，又让人觉得身临其境。洪老师讲课还十分善于启发学生，不限定标准答案，给大家表达的空间。”从十三中毕业几年后，回想起当年听洪老师讲的《红楼梦》，小谈觉得当时的情景依旧历历在目。

洪劬颉一直很喜欢“亲其师信其道”这句话。他认为，老师要做到让学生喜欢，一旦学生喜欢老师了，那么他就很乐意和老师共同构建有品位的语文生活。

洪劬颉在南京十三中做老师时，他的理念就已经在全校得到推广了，特别是课程建模这一块。后来他在各种杂志上发表相关文章，慢慢地，智慧教育理念得到很多学校校长的认同。

在洪劬颉看来，培养智慧的老师和培养智慧的学生同样重要。“一个教师首先要对学生充满爱心，能够把学生当作一个人来看，而不是工具、机器。”洪劬颉不仅在杂志开设了众多专栏，还借助南京教师志愿者联盟为他开设的洪劬颉智慧教育工作室，为市内外学生、老师提供公益的、免费的指导。当被问及他理想中的语文教育是怎样的，洪劬颉说：“第一，学生想学语文，他想把课文好好读一读。第二，学生会学语文。第三，学生乐于运用语文，享受学习过程，能沉浸在里面。”（张睿）

（《南京晨报》2016 年 5 月 23）

## 本章核心知识放送

**【记者招待会（新闻发布会）及其类型】**

记者招待会（新闻发布会）是官方机构、社会团体等为了塑造自我形象、回答受众关心的问题而专门为新闻记者举行的会议。它分为 4 种类型：

其一，以回答记者提问为主的新闻发布会。例如全国人民代表大会、全国政协会议期间举行的新闻发布会，主要回答中外记者普遍感兴趣和关心的问题。

其二，以发布新闻为主的新闻发布会。一种是只发布新闻，不回答记者的任何提问；另一种是以发布新闻为主，留下一定的时间回答记者提问。

其三，新闻发布者约见记者。新闻的发布者邀请少数新闻媒体的记者，向他们发布新闻或就某个重大问题发表意见。

其四，非正式采访。主办者邀请一家或几家新闻媒体的记者谈一些情况，并声明所说情况仅供参考。主办者所说情况一般不予报道。

新闻发布会的变种形式包括吹风会、新闻通气会、工作午餐会、联合记者招待会等。互联网时代出现了网络新闻发布会。

**【记者招待会（新闻发布会）采访注意事项】**

其一，进行背景、政策、知识方面的准备。

其二，准备好要提问的问题。

其三，提前到场，仔细观察，随机应变。

其四，科学提问。

其五，会后不要匆忙离开会场。

其六，抢发新闻。

**【记者招待会（新闻发布会）记者提问技巧】**

其一，积极参与，抢提问题。

其二，提问要简洁明了，问题要有针对性。

其三，随机应变，及时追问与插问。

其四，运用人性化的提问技巧。

# 第十四章
# 采访记录的方法

12 月 28 日，星期一

**教学目的、要求、内容和设想（“剧情”安排）**

**一、教学目的和要求**

指出上次课程安排的“记者招待会”采访值得肯定的地方和存在的问题，提高同学们现场采访提问的能力。

**二、教学内容和设想（“剧情”安排）**

第一教学环节：回放采访录像，点评采访得失，总结经验教训。这次课邀请《南京晨报》丁总一起参与点评指导。

第二教学环节：通过现场采访记录实训，使同学们了解自己现场采访记录的问题应该掌握的基本要领。

## 第一教学环节：“记者招待会”采访录像回放与点评

**靖：**欢迎丁总来到课堂参与教学。我和丁总刚刚交流了，将上次采访的设想、要求也跟他说了。今天这次教学活动一是回放录像，还原上一次同学们的现场“记者招待会”的采访过程，分析同学们采访存在的问题。二是总结上堂课龚荃宇同学现场专访洪超老师的经验。

我们要珍惜丁总和我们一起的一个半小时的时间，他还要参加一个活动，要提前走。一个好的现场采访应该是怎样的？好，开始播放录像吧。

**【对“记者招待会”集体采访的点评】**

**【情景再现：播放采访影像】**

**钱澄：**洪超老师您好！我是《南京晨报》的实习记者钱澄。您非常崇尚智慧教育，可是我之前的一个语文老师说过一句话：知识是可以传授的，智慧却是传授不来的。您认同这句话吗？

（洪超回答见前文）

**【课堂点评】**

**丁：**提问的这个点选得非常好，对于我们进一步理解他的智慧教育理念是有意义的。这个问题提得非常好。

**靖：**钱澄提问存在的问题是声音不够大，另外，要进行自我介绍。表达一定要简洁清晰。

**【情景再现：播放采访影像】**

**金星：**洪超老师您好！我想问一下，应试教育可以是一种智慧教育吗？如果不是，这两者之间怎样达到一种平衡呢？

（洪超回答见前文）

**【课堂点评】**

**靖：**我们主要是看金星同学是如何提问的。

**丁：**她的提问就是把问题转到应试教育上去了。

第一，提问时声音要大，你比刚才那个学生做得好。第二，站起来以示对被采访者的尊重，这做得很好。这个问题，我的感觉，比前面那个又加深了一点，从知识变成了应试，针对性更强一点。

**【情景再现：播放采访影像】**

**张睿：**洪超老师您好！我是《江苏教育报》的实习记者张睿。实际上无论采取哪种教学方式，最终成果都体现在课堂上。您认为进行智慧教育后，课堂上的变化有哪些呢？

（洪超回答见前文）

**【课堂点评】**

**丁：**智慧教育推行以后在课堂上发生了怎样的变化，你是想问这个问题对吧？你推行的智慧教育和普通教育有什么区别？是不是这个意思？

洪超老师已经开始阐述他的智慧教育的四个维度。这个问题就比之前的问题更加具体化了。

**靖：**同学们注意观察一下洪超老师那天的穿着打扮，一会儿就要请大家对洪老师进行肖像描述。

**【情景再现：播放采访影像】**

**钱澄：**洪超老师好，我是《南京晨报》的实习记者钱澄，我想问您一个问题，你是否认为培养智慧的老师也很重要？如何让我们有更多智慧的老师？

（洪超回答见前文）

**【课堂点评】**

**靖：**我们提问一定要落落大方。要做到这一点，我们还要多练。有同学说话有点紧张，紧张的应该是洪超老师，他到我们这儿是来接受考试的。另外，提问前的铺垫不要太多，一定要精练。国外有个经典例子，记者招待会主持人厌烦记者冗长啰唆的提问，打断记者的提问：“请记者先生赶快爬到你的句号上去。”

**丁：**我说一个题外话啊，你叫钱澄是吧？这是你的第二次提问。大概是 2012 年，在全国两会的部长记者招待会上，两个部长都点了《南京晨报》女记者刘海琴提问。这在全国两会上非常罕见。刘海琴个子特别高，一米七四，又穿得非常显眼，声音又大。她的外在条件使她引起了部长的注意。你说话的声音太小，要是在很嘈杂的环境中，采访对象根本不知道你在说什么。

**【情景再现：播放采访影像】**

**邢怡：**洪超老师您好！我是《江苏教育报》的实习记者邢怡，您觉得语文教育的本质和意义应该是什么？

（洪超回答见前文）

**【课堂点评】**

**丁：**问题又回到语文教育的本质了，从智慧教育跳到了语文教育。他是语文教育专家。

**靖：**洪超老师回答完提问后大家要踊跃举手，不能出现冷场。机会特别难得，要抢着问。邢怡同学声音也不够大。你要大声地说：“洪超老师您好！我是《江苏教育报》的实习记者某某某，我就什么问题想请教您。”你们的提问都有点像自言自语，精气神不足，气氛不活跃。提过问题的同学还要继续提问。你提的问题能满足你的报道要求吗？不满足就继续追问。洪超老师离开教室你就跑出去问。

**【情景再现：播放采访影像】**

**徐铭慧：**老师您好，我是《江苏教育报》实习记者徐铭慧，我看到有的文章形容您的教学风格是“时尚、有趣、智慧、得法”，请问您怎么解释这四个词？

（洪超回答见前文）

**【课堂点评】**

**靖：**徐铭慧，提问要看着老师，不要看着你手中的本子读提问的问题。你事先要练好。要提什么问题，两句话，几十个字，还不记得？提问准备不充分，缺乏底气。你要看着对方提问。

**丁：**这个问题是关于他个人的教育风格的问题。他是教育研究者。

**靖：**他曾经教过学。他是个新闻人物，关于他的报道不少。他到处演讲。

**【情景再现：播放采访影像】**

**贡晨霜：**老师您好！我是《江苏教育报》的实习记者，您说智慧可以看作人的态度和具体行为选择，那么您自己的态度和行为选择是怎样的？

（洪超回答见前文）

**【课堂点评】**

**靖：**你要站起来后再提问。不要边站边提问。

**丁：**这个问题是问他本人的选择。

**【情景再现：播放采访影像】**

**林鑫：**洪先生您好！我想问您一个问题，高三语文老师经常对我们说写高考作文要符合规范，请问您如何理解规范？我们如何写出一篇既符合规范又有创意的作文呢？

（洪超回答见前文）

**【课堂点评】**

**丁：**这个更像是学生在课堂上向老师提问。

**靖：**对，不像记者的提问。

**丁：**就像上课问老师。

**靖：**也铺垫了很多背景资料。

**丁：**我那天不在现场，现在看这个“记者招待会”录像，可以感觉到现场相对来说比较沉闷。被采访者的情绪比采访者的情绪还要高。他滔滔不绝，有很多话要说。一个好的提问者应该把他调动得非常好。他是一个善于言谈的人，这是我们碰到的非常好的采访对象。提的问题还是专业了一些，也许你们是从教育报的角度去思考的。作为一个都市报的记者，作为一个大众化媒体的记者，我更感兴趣的是，家长、老百姓、老师最关心哪些问题。

**靖：**应提大众化问题，而不是提更专业的教育理念问题。

**丁：**我想还是从读者的角度来提问。你们往往被被采访者带跑，因为他是非常有经验的。你们本来是就语文教育的热门话题采访他的，结果采访完发现洪超老师又给你们上了一课，推销他的智慧教育理念。

**靖：**丁总分析总结得非常到位。丁总刚才的这段话实际上是在说新闻的价值在哪里。报纸是给读者看的，不是随心所欲出版的。同学们的提问对重点把握不太准。你们采访时的心态还是学生的心态，以这样的心态去做新闻、发现新闻，是不合适的。好，接下来看龚荃宇同学的专访录像。

**【对龚荃宇专访洪超的点评】**

**【情景再现：播放专访影像】**

**龚荃宇：**洪超老师您好！我是《江苏教育报》实习记者龚荃宇，您曾经提出教育要超越课堂、回归生活、指向生活，您可以解释下吗？

（洪超回答见前文）

**【课堂点评】**

**丁：**我觉得一开始话题可以更轻松活泼一点。不妨从他个人的生活入手。比如说，洪超老师你提倡学生过多彩生活，请问你在生活中是怎样的一个人？你要把他的思维打开。

**靖：**这是一个问题。龚荃宇一上来就问了一个特别具体、特别专业的问题，这不符合采访的规律。

**丁：**对，你很容易封闭他回答的空间。

**靖：**还好，他做好了接受采访的准备，如果他没有准备，你一上来就问这个，他一下子是反应不过来的。还是从日常生活工作中慢慢引出问题来比较好。

**【情景再现：播放专访影像】**

**龚荃宇：**嗯，好的，您认为智慧教育是一种素质教育吗？

（洪超回答见前文）

**【课堂点评】**

**丁：**又回到智慧教育了。一个好的采访，一定是一个轻松活泼的交流，而不是一个问题结束了，马上就提第二个问题。

**靖：**还有不要老是提知识性、理论性的问题。

**丁：**那就又回到他的思路上了。

**靖：**再一个问题，你现场很拘谨，你老是看手里的本子，对所提问题不熟悉。你对采访问题的准备程度，通过你的言行举止都表现出来了。

【情景再现：播放专访影像】

**龚荃宇：** 家长最重视的还是考试成绩，那么在智慧教育理念下成长的孩子考试成绩如何呢？家长反馈怎么样？

（洪超回答见前文）

【课堂点评】

**丁：** 这个问题针对性就比较强，比之前提的问题好。因为对这个问题的回答能消除家长们的疑虑。

【情景再现：播放专访影像】

**龚荃宇：** 您在教学过程中有没有遇到过比较大的困惑？可以具体谈谈吗？

（洪超回答见前文）

【课堂点评】

**靖：** 要是写人物通讯，这就是故事。

**丁：** 刚才这个问题引出了许多故事，这是一个很好的提问。你通过提问引出“家长投诉”“学生抄作业”这些故事，一下子找到了新闻点。学生家长曾当众对洪超老师表示不满，学生也曾将其书本撕得粉碎，这些信息会吸引读者的眼球。这是提问的技巧。如果提有关智慧教育的理论问题，那采访对象可能会说：“这是我半个月前发表在报纸上的文章，你可以拿回去看看。”这样就不是新闻了。

【情景再现：播放专访影像】

**龚荃宇：** 以前我的语文老师说过一句话，那些杰出的人才，并非能力第一，而是境界第一。那么回望过去，您觉得是什么使您在人生境界上有不断攀升的可能性？

（洪超回答见前文）

【课堂点评】

**丁：** 这个问题提得太晚了。如果采访对象不配合，采访定会草草结束。

**靖：** 采访对象在回答问题时，你应当紧接着准备下一个问题。

**丁：** 我们可能会事先准备十个八个问题，但随着采访的进行，你可能发现其中某个问题根本没必要提，这个问题要么幼稚，要么采访对象已经回答了，这时你需要迅速调整思路，使采访继续进行下去。现场访谈和书面访谈是不一样的，现场采访需要采访者和采访对象充分交流和良好互动。一个特别优秀的采访者，在采访过程中能使采访对象有所收获。

**靖：** 实际上就是现场要随机应变。做记者很累，要边想边记。如果是特别重要的采访对象，更要特别重视，他不可能让你采访第二次。记录的时候要选重要的记录。

**【情景再现：播放专访影像】**

**龚荃宇：**中小学教育里“应试教育”与“智慧教育”是否有冲突？

**洪超：**两者并不冲突。

**【课堂点评】**

**丁：**这个问题又回到了智慧教育上。

**靖：**我们在采访的时候和采访对象一定要有互动，而不是他在说你在闷头记。这次我去北京采访琚存旭律师，我觉得我们之间的互动特别好。

采访的时候要不断思考。这次洪超老师接受了两个小时的采访，他讲了很多有意思的事情。同学们没抓住实质性问题。他的教育教学理念中与传统教育思维格格不入的东西才是有价值的。你们还是就事论事的多。信息有没有价值要从受众的角度来考虑。记者问的问题一定要有现实针对性。写报道是为了读者。

**丁：**我看了一下，大家都很认真，采访要点都有了。但是存在一个问题，写得太简单了。比如，关于“唯分数论”，他是如何阐述的，这是读者更关心的问题，这方面写得太简单。我有一个经验，现场没能写下来的内容，回去我会立马把它补充完整。当天一定要补，不然到第二天肯定搞不清。采访最容易出彩的，往往是个性化的内容。需要记录的是无法还原的个性化的东西。过去老师强调要写重点，这个重点是指重要程度，但是我觉得，在你无法将采访内容全部记录下来的时候，要重点记录个性化的东西，比如个性化的语言、观点等。有一些重要的你回去可以补充的内容，倒不需要记录。你离开采访现场后补写不出来的内容一定要记录。

**靖：**嗯，比如他习惯说“这个事情我用两句话”“这个事情可以分为三点”“这个事情我用四个维度”，这就是他的特点。写作要表现采访对象职业特点和性格特点。

**丁：**整个来说，我觉得这是一次非常有意思的教学活动，不是传统的教学课，融合了实战。大家也体验到了采访者的角色。这是一节创新课，大家一开始有不足，很正常。如何激发被采访者的情绪、如何提问都需要积累和学习。洪超老师很健谈，无论你的问题好坏，他总能对答如流。但是大部分采访对象并不像洪超老师这样好说话和会说话。

**靖：**洪超老师这样的对象比较好采访。

**丁：**这样的采访对象太难碰到了。我们通常碰到的都是不善言辞、不配合、说话没重点的采访对象。

**靖：**是《江苏教育报》向我们推荐洪超老师来接受采访的，他已经有很充分的准备，并且配合同学们的采访提问。

**丁：**采访洪超老师这样的采访对象，是一个好的开始，我们以后工作会碰到各种各样的人。

**靖：** 有几位同学写的是通讯，我在微信群里说了，报社刊发通讯很少。关于普通记者招待会的报道，只要报道某一点就行了。1991 年在北京人民大会堂召开过广西农垦局的一个新闻发布会，最后我收集媒体刊发的报道时，发现首都 30 多家媒体没有一家提到新闻发布会在人民大会堂召开这一地点信息。为什么呢？因为地点没有实质的信息价值，向全国报道新闻发布会的活动地点没必要。如果《广西农垦报》《中国农垦》杂志和《广西日报》报道这一新闻，它们就会点明活动地点，增强新闻发布活动的新闻性。同学们采访洪超老师，要从自己所服务的媒体的角度，看他所介绍的情况能不能作为新闻进行报道。如果能够进行报道，就报道出去；如果不能，就要考虑是什么原因。如果是我们的采访不深入不充分、角度存在问题，我们可以随时跟洪超老师联系进行补充采访。洪超老师是一位喜欢与新闻媒体打交道的采访对象，不用担心他不接受采访，只要你挖到有价值的角度和问题就可以联系他进行采访。遇到一个特别善谈的采访对象，要抓住机会采访，提出有价值的问题。已经有家杂志约稿，你们将自己的稿子整理成 5 000 字左右的专访，我发给洪超老师。

**靖：** 由于时间关系，我们的采访录像回放和点评就到这里。

**丁：** 非常高兴靖老师请我来到课堂，这对我来说也是一件有意思的事情。我希望看到同学们更多更好的作品。

**【链接：另一个班级的同学发表的“记者招待会”报道】**

**靖：** 我在本学院大班新闻采访课教学中安排了一次“记者招待会”采访活动。同学们事先进行了较为认真的访前准备。现场采访全程摄像，几十位准记者面对摄像头积极提问，俨然一场真正的新闻发布会。同学们当晚即写出新闻报道。兰婷同学的报道次日刊登在《新华日报》。其报道如下：

**省网络医院开出首张医保处方**

全省网络医院首张医保处方近日在南京开出。今后，慢性病患者可通过药店视频问诊后开具处方，直接在药房买药并享受医保。

今年 4 月，在江苏盟联云卡信息科技有限公司、东南大学附属中大医院和先声再康药房的合作下，省网络医院正式落户南京。市民在药房就可以免费享受全科医生的实时视频问诊服务。患者如果病情复杂，还可以在药房通过现有系统远程预约挂号，院方会开辟绿色通道。市民在家门口就可以享受三甲医院专业医生的服务。目前这一模式刚刚在先声再康的 5 家门店小范围公测，市区和郊县都有覆盖。下一步这一模式还将继续推广，争取覆盖老人、母婴以及政企的企业卫生室。（兰婷）

（《新华日报》2016 年 6 月 14 日）

# 第二教学环节：采访记录能力实训与点评

在对洪超老师的集体采访中，我们已经提前安排同学们注意采访记录的现场实训，从实训的情况看，有的同学的记录符合要求，有的还存在一些问题。我们来看具体情况。

**【采访书面记录实训】**

**靖：**限于篇幅，这里选择三位同学当时的采访笔记进行点评。

**【邢怡的采访记录照片】**

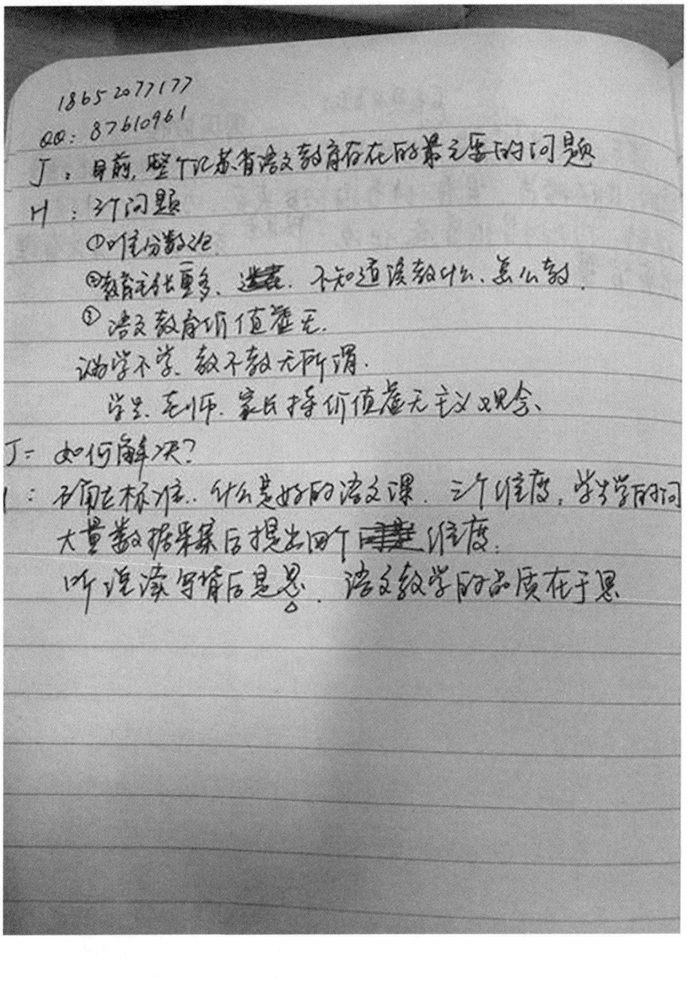


**【课堂点评】**

我们从上面邢怡的笔记照片可见，邢怡的记录基本抓住了重点和要点，记得也比较清楚。不足之处是“问题、活动、表达、建模”四个维度这一核心内容没有记录下来。

【徐铭慧的采访记录照片】

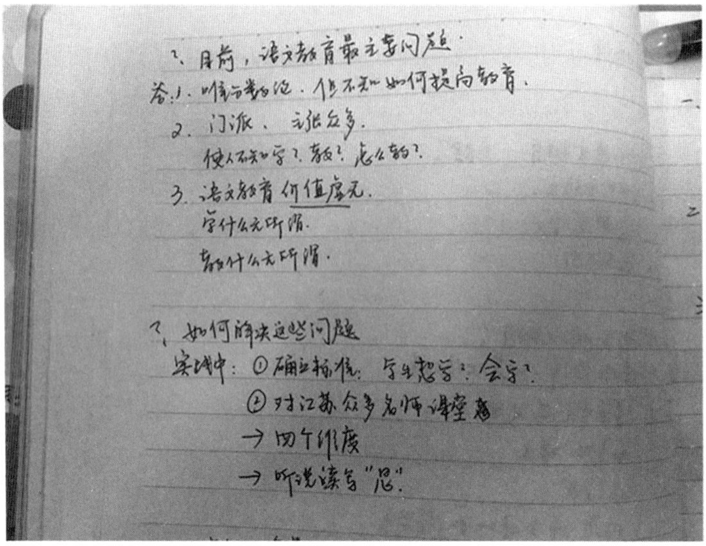


【课堂点评】

徐铭慧的记录基本抓住了重点和要点。不足之处和邢怡类似，“问题、活动、表达、建模”四个维度这一核心内容没有记录。

【张睿的采访记录照片】

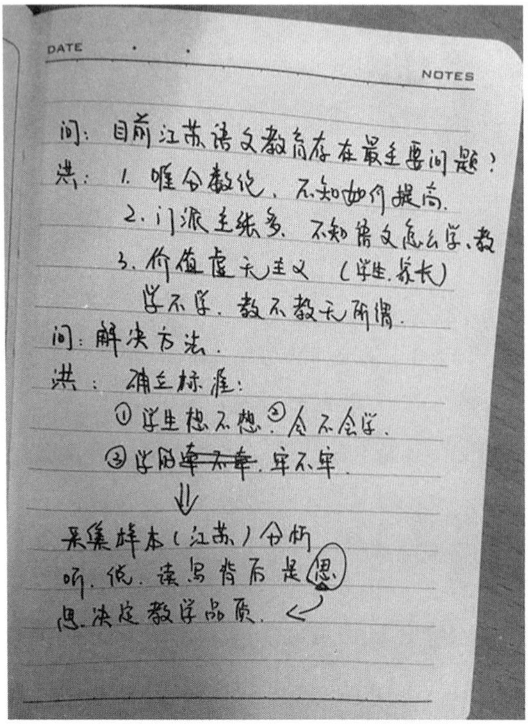

**【课堂点评】**

张睿的现场记录存在的问题是，一些重要的信息没有记录下来。比如“三个维度”“四个维度”的内容。

## 本章核心知识放送

**【如何做好现场记录】**

记者在现场认真做记录，采访对象会觉得记者尊重他，如果记者不记录，采访对象会觉得记者对他说的不感兴趣、不重视，这样他就没兴致说了。在采访过程中，记者有时会发现采访对象说得太快，自己记录不下来。

如何解决记录跟不上的问题呢？我的办法有两个。

其一，我在采访时，我会跟采访对象说：“我这人写字慢，你说的内容很重要，我记不下来，你是不是能说慢一点。”

其二，我在记录时，有时会轻声重复采访对象刚刚说过的话，让他了解我的记录进度。他一听，心里会想，“噢，你才记到这”，自然会放慢说话速度。记者尽可能在现场做好笔记。记者的现场记录能力是需要下苦功夫进行锻炼的。

记者现场采访时，采访对象讲得过快，或者有其他因素干扰，记者记录就比较潦草，这没关系，只要记者自己能看懂就行。有的记者现场做记录回去再整理，也有极少数记者不做记录，仅凭自己的记忆和印象整理采访内容。我还是主张现场做记录，因为人的记忆力和记忆的准确度有限。

除录音机、录音笔外，手机也可以录音。需要注意的是，手机录音受环境影响较大，如果记者与采访对象距离远，可能会影响录音效果。

**【记录的方式和内容】**

**一、记录的方式**

采访记录一般有以下几种方式：录像记录、录音记录、笔记、心记。笔记包括正常的文字记录和速记。从记录的时间上讲，有当场记录，有事后补记。从记录的公开性上讲，有公开记录，有秘密记录。

记者进行文字记录是应注意若干问题。采访本不要记得太密，行距要宽一点，本边要留白，不要记到边。没记录下来的内容，在采访结束前向采访对象核实，采访中不要中途打断采访对象谈话。要记下采访对象所举的例子，让内容有血有肉。有冲突性、故事性、好玩有趣的内容一定不能漏记。采访对象的主要观点要记下来。另外，记录时，重要的内容要和采访对象核实。可以在采访过程中及时核实，也可以在结束采访前核实。记录能力主要靠平时的锻炼。每个人可以形成自己的记录方法。只要能记录下采访的内容，事后自己能看清就行。

记录里面有一种心记，就是记者在现场采访时，将自己的所见所闻记在心中。以下情况最好用心记：采访普通群众时，受客观条件限制，不便用笔和纸做记录；隐性采访的时候，采访对象不愿接受采访或不允许做文字记录。心记的好处一是不会影响采访对象的情绪和表达，二是不会分散记者观察思考的注意。有些场合只能选择心记。当然也要看到，心记容易出现忘记和记忆不准确的问题。

心记能力也是一种重要的能力。我多次采访毛泽东的孙子毛新宇，多年来写了几万字的报道，出版有《毛泽东的儿孙和亲家》一书。回想起来，我基本上没有做过现场的文字记录。因为他跟我交流的内容实在太生动了，讲一遍我就牢牢记住了。回去趁着深刻的记忆，很快形成报道。现场做记录会影响双方交流的效果。

《华盛顿邮报》两位记者报道“水门事件”，考虑到现场不能进行录音，他们当时进行训练，就是听完一盘录音带，必须要能复述录音带上95%的内容。经过一段时间的训练，他们达到了这个要求。

还有一种记录方式叫作移动记录。去年我训练过一个班的同学，让他们在很短的时间内跑到学校大门口，再选择不同的路回到教室，请他们把跑动中看到的、想到的都写下来。当记者要做到走路、跑路也能记，坐车也能记，乘坐任何交通工具都可以记录见闻和所思所想（交通工具行驶比较平稳当然不成问题）。要做到随时随地可以记录，就需要经常训练，靠平时训练。

**二、记录的内容**

记者在采访时要注意记重点、易忘点、疑问点，同时注意记自己看见的有特色的事物，记采访对象的外貌特征、衣着服饰特点、神情举止特点，记录物品的形状、颜色，记录采访现场的环境、陈设特点，记录天气状况对新闻事件的影响，记录现场的地理环境条件对新闻事件的影响，记录自己思考联想到的问题。

**【文字记录的方法和技巧】**

记者在采访时一般应当详记。详记就是详细记录，也就是有言必录。为了提高记录效率，记者可以采用以下一些辅助记录方法：

第一，用简称记录。对单位的名称、地名、术语只记录简称。

第二，用缩写记录。对词语、词组、术语和句子进行缩写记录。如用“人专”代替“人民民主专政”，用“社”代替“社会主义”，用“问”代替“问题”。还有一种间隔速记法，即在记录一句话时，对句中出现的常用词或词组只记词首一个字，字后以破折号来代替词或词组的其他部分。如“苏州市旅游业今年取得令人瞩目的经济效益”，可间隔速记为“苏——旅——今——取——令——瞩——经——效——”。间隔记录时也可将破折号缩短为一短横线。

第三，用符号记录。比如用数理化符号记录相应的词语。

第四，用省略的方法记录。一是省略词语和句子中很容易联想到的字。比如，但是、可以、虽然、因为、如果、需要、按照、今天、希望、现在、凭借、使用、依靠、依仗等，只记第一个字就可以了。几个词中的相同成分，也可以省略，比如：工业、农业，可以速记成工、农业；幼年时代、少年时代、青年时代、中年时代、老年时代，可以记成幼、少、青、中、老年时代。二是省略成语、术语、熟悉的词组、句子的一部分。比如“先天下之忧而忧，……”“……，日久见人心”“……，愿者上钩”等。三是省略引文。遇到讲话者引经据典时，只要记下起止句子和起止词即可。先记下第一句话或第一个词，然后加上一个“——”，接下来直接记下最后一句话或最后一个词，留待事后补记或查证。

第五，以记词语拼音声母的方式记录。比如，“国民党”可以记为“GMD”。

第六，留下空格，事后追问补记。听不清楚的，先留下空当，然后补记。

第七，用外语辅助记录。比如，“中央电视台”可用“ CCTV”代替。

第八，摘要记录。这是只摘取对方讲话的重点、要点的记录的方法。摘要记录要求把握采访对象讲话的重点内容。摘要记录须掌握几个原则：第一要精确，不能歪曲采访对象讲话的原意；第二不能上面的话接不上下面的话；第三不能遗漏采访对象的主要观点，更不能把采访对象的讲话记得面目全非。

第九，补记。记者在采访时，遇到一时听不清楚的问题，不要打断采访对象的讲话，要在笔记本上空出一定的地方，等采访告一段落，再请采访对象重复有关内容，在笔记本上进行补记。

第十，秘密记录。有时，记者在特殊的情况下进行采访，为了不让采访对象发现，也为了采访对象能够说出真实的情况，需要进行偷记。有时，记者在口袋里准备一张卡片和一支铅笔头，在口袋里进行记录，这种记录方法只能记录简单的数据、地点、人名等。

# 第十五章

# 眼看未必为实：现场观察能力训练

1 月 4 日，星期一

**教学目的、要求、内容和设想（“剧情”安排）**

**一、教学目的和要求**

通过实训和课堂教学，使同学们认识到现场观察的重要性，了解现场观察的内容和要求，初步掌握现场观察的技能和方法。本次教学要求同学们走向社会，进行一次现场观察实训，写出采访作业。

**二、教学内容和设想（“剧情”安排）**

第一教学环节：分析同学们对洪超老师的肖像描写，指出人物的观察和描写应该注意的问题，提高同学们观察人物的技能。

第二教学环节：分析同学们现场观察的作业，发现存在的问题，使同学们掌握一定的现场观察方法，提高同学们对事物和现象的观察能力。

## 第一教学环节：对采访对象肖像的现场观察描写与点评

**靖：**今天是新闻采访学教学的最后一次课：现场观察。

记者要有新闻敏感性，也要有比较强的观察能力。同学们进校两三年，有没有观察过从这栋教学楼一楼走到六楼有多少级台阶？教室里有多少白炽灯、几台吊扇？我们每天都在看，为什么还有很多情况不知道呢？这就是“看”和“观察”的区别。“看”和“观察”都是通过眼睛来了解、认识客观事物。这是二者的相似之处。二者也有区别。“观察”不仅仅是“看”（观），而且还要“察”，要考察、思考、鉴别。

“看”由个人兴趣决定，随意性很大，没有多少明确的目的。记者的观察却有着明确的目的。记者可以通过观察了解到真实的情况，获得有价值的、具体而又生动的材料，然后进行报道。这是由记者的职业和职责所决定的。因此，记者的观察承担着责任，并且往往是重大的责任。

我们在采访洪超老师的时候，已经请同学们对洪超老师的人物形象进行观察描述，限于篇幅，这里仅选择 4 篇有代表性的观察描写习作进行点评分析。

同学们现场观察存在的普遍问题是：没有抓住采访对象的特点；描写的语言过于文学化、不简洁、书生气，新闻语言要简洁，要有特点和有意义；对一些情况描述模糊、不准确。接下来我对大家的观察描写进行具体点评。

**第一篇**

洪超老师有张圆圆的脸，皮肤偏黑，头发微卷，中等身材，穿着一件普通的棕黑色夹克，内搭一件黑白格子衬衫，长相普通，给人很和善的感觉，声音也很有亲和力。他说起话来，小小的眼睛都带着笑意，语言很有条理，富有智慧，很有一种教育家的风范，却也不失亲和力。

**【课堂点评】**

**靖：**这位同学对洪超老师的描绘不是很准确，存在不恰当的地方。比如“黑白格子衬衫”“长相普通”“小小的眼睛”等就不准确，另外啰唆重复的地方多。新闻描写以白描为主，寥寥数语，甚至一句话，就能把人物形象描绘得跃然纸上。这才是好的描写。

有位同学写洪超老师“三七分的发型，整洁利落，黝黑的肤色”，我们刚刚看了录像，其实洪超老师没有黑到这个程度。描写他肤色“黝黑”也不准确。黝黑是深黑和青黑色。有的同学写洪超老师“有一种大地般的厚重”，这也太抽象了。有的同学写“眼睛炯炯有神”，描写俗套，也没有特点，太平淡。什么叫“炯炯有神”？这也太虚了，这些都是特别一般的描写。

**第二篇**

洪超老师身高约 180 厘米，梳着黑色三七分的头发，身穿一件棕色皮夹克，内搭格纹衬衣，下身穿着一条深蓝色牛仔裤，一双轻便的健步鞋，散发出青春的活力和激情。洪超老师有一双会说话的眼睛，全程和我们眼神交流，让人觉得格外亲切与慈祥。幽默，健谈，这是洪超老师给我们的初步印象。他说话时喜欢配上手势，这让他的讲话更加生动、有趣。洪超老师有一双粗糙的手，手掌和指节都长了茧子，那是一双有故事的手。

**【课堂点评】**

**靖：**这位同学写“洪超老师身高约 180 厘米，梳着黑色三七分的头发，身穿一件棕色皮夹克”。有同学说洪超老师身高 170 厘米，有同学说他是中等身材，到底哪个准确？他是穿着皮夹克吗？好几位同学都写皮夹克，他在这里被大家采访了两个小时，好多同学都没有观察清楚。其实他穿的是没有外罩的棉袄。这里就有“看”和“观察”的区别，你看了，但是没有带着目的进行观察，看得不仔细。“洪超老师有一双粗糙的手，手掌和指节都长了茧子，那是一双有故事的手。”一位高级知识分子的手怎么会像从事体力劳动的人的手？这样写有文学想象的成分，是不切实际的夸张。

“下身穿着一条深蓝色牛仔裤，一双轻便的健步鞋，散发出青春的活力与激情。洪超老师有一双会说话的眼睛，全程和我们眼神交流。”这些特点都不鲜明，也有夸张的成分。

**第三篇**

当我来到教室时，洪超老师正在热情地与靖老师交谈。他中等身材，身高 170 厘米左右，深肤色的脸显示他人近中年。他大概 40 岁。他的脸上时不时浮现出笑容，显得十分和蔼可亲。当洪超老师接受我的采访时，他的表情随话题转变而变化，时而严肃，时而和蔼，时而深沉，让人感觉到他是个感情特别丰富的人。最后一个环节是我面对面采访他，这次近距离交流让我对他有了进一步观察。他身穿格子衬衣，深色牛仔裤，这与洪超老师的气质非常契合。他声音浑厚，语言流畅，坐得直挺挺，正是一个为人师表的理想形象。

**【课堂点评】**

**靖：**这篇现场观察比较细致准确，也抓住了洪超老师的个性特征。但有些描写不符合逻辑。“深肤色的脸显示他人近中年”，肤色不一定显示年龄，非洲人的肤色显示什么年龄？“他声音浑厚，语言流畅，坐得直挺挺，正是一个为人师表的理想形象”，这样的描写也不符合逻辑。另外，接受采访的过程中他并没有坐着，这位同学的描写有想象的成分。

**第四篇**

洪超老师不甚高大的身材往讲台上一站，不怒自威。他一站上那个位置，便双手背在身后，用温和善意的眼神，扫视着台下的人。鼻翼和眼角的纹路暴露了他的沧桑，但那更是笑容留下的痕迹。几缕斜耷在额头上的头发并没有遮住大大的额头。

**【课堂点评】**

**靖：**这篇现场观察总的来说比较准确，抓住了人物的个性特征，描写也较为简洁。但对洪超老师的身材观察比较模糊，什么叫“不甚高大”？也有同学写他“高大魁梧”，当然这也不准确。“大大的额头”描写不准确。“几缕斜耷在额头上的头发”，“斜耷”有点贬义，用词不当。

## 第二教学环节：现场观察实训作业与分析

上次课后我们布置了观察采访的实训作业，限于篇幅，这里选择两位同学的现场观察作业进行点评分析。

**【龚荃宇现场观察采访作业】**

## 农贸市场公平秤的公平性调查

如今农贸市场成为市民生活中不可或缺的部分，但农贸市场中有的商户卖东西存在缺斤短两的现象，不少市民对此表示担心。1月2日，记者来到栖霞区多家菜市场了解情况。

记者首先来到仙林农贸市场，该市场为仙林地区面积最大、设施最为齐全的农贸市场。该市场工作人员告诉记者，仙林农贸市场是文明市场，管理部门会不定期对商铺的公平秤进行检查，几乎没发现过问题。该市场门口的公示牌显示，计量管理员每周一次对市场计量器具进行检查，并运用砝码对经营用计量器具进行自校，形成检查和自校记录。

“全市场统一使用管理部门发放的同一种公平秤，也没听说哪个店铺的秤出过问题。”该市场的商贩告诉记者。

记者还采访了4位前来买菜的市民，他们纷纷表示没注意过这些商贩卖菜时是否存在缺斤短两的现象。大多数人表示比较放心。

记者随后来到仙居雅苑农贸市场了解情况。该市场工作人员称，他们同样不定期对商铺的公平秤进行抽查，并没有发现问题。该市场的商贩接受记者采访时说，管理部门大概每隔20—30天检查一次。

据以上观察与采访，仙林地区农贸市场普遍较为规范。

**【课堂点评】**

**靖：**一些菜贩子动作非常麻利，你还没有反应过来，他就已经把菜称好了。“缺斤短两”的把戏到底是怎么演的？研究一下也是挺有意思的。

龚荃宇这篇稿件存在的问题主要是：标题像是论文的标题，稿件里有观察，但是没有显示报道的问题。导语里说不少市民担心，而新闻反映的主要是“没有发现问题”，如果要反映“没问题”，那新闻就不应这样写。

**靖：**下面我们来分析钱澄同学写的观察报道。

**【钱澄的现场观察采访作业】**

## 地球生命在进化 乐学小记者在探索

——乐学小记者在“汤山小猎人”现场亲身体验考古

“我想象的化石是一颗巨蛋！”“是人头骨！”

“是恐龙头！”

……

孩子们围坐在叶博士身边，仰着小脸，兴奋地诉说着对于化石的期待。此时的他们已经算是初级的考古人员了，因为，就在几个小时前，他们学到了丰富的考古知识，并亲自动手挖到了几亿年前的化石。

**走进博物馆**

掩映在树林之中的古生物博物馆散发着厚重的气息。今天孩子们正是为了探究生命的奥秘和自然的伟大才走进这里的。在漫长的地质年代里，我们的地球母亲经历了怎样的岁月和沧桑?

了解化石从“化石小讲堂”开始。孩子们专注地听着中科院老师对化石知识的讲解，很多博学的孩子时不时会主动举手发表见解。爱思考的郭皓文往往语出惊人，他知道岩石有三大种类，亦知道“岩石是脆弱的”，需要好好保护。随着讲解的深入，越来越多的孩子高举小手，争抢发表见解。

**三叠纪的菊石 当代的“考古学家”**

古生物博物馆研究化石的叶博士说，汤山地质以页岩为主，化石多为菊石。菊石是已灭绝的海生无脊椎动物，广泛分布于世界各地的三叠纪海洋中。

叶博士说：“化石是一本书页，里面的故事等着我们去发现。我们如何去寻找？”孩子们有的说用手，有的说用榔头，有的说用知识，但叶博士还是不停地问：“还有呢？”只有胡泽宇的答案获得了叶博士的肯定：“对！用眼睛去找，真正的化石在你脚下却发现不了，那没用，要注意观察，善于发现。”

按捺不住激动心情的小小“考古学家”，背着自己的考古工具——地质锤、手套、护目镜“走马上任”了，他们是否记住了叶博士的嘱咐，很快将得到印证。他们迅速聚集在发绿的土黄色石头旁边，因为这种石头最有可能是化石。伴随着“乒乒乒”的敲击声，“考古现场”也成为一片欢声笑语的海洋。他们有的匍匐在地上，像专注的科学家；有的爬上土坡，像敬业的“蜘蛛人”。

“我找到了！”一声惊呼，大家的目光全都投向高举小手的周柯宏。“我找到菊石了！”孩子们纷纷跑去围观。真的，石头上面菊花型的线纹清晰可见。大家羡慕不已。周柯宏踉踉跄跄地跑到叶博士面前，寻求着“权威判断”。当叶博士微笑着点点头的时候，小家伙兴奋地跳了起来，赶快去老师那里，用宣纸小心翼翼地包好自己的“宝贝”，生怕它受到“伤害”。

有了周柯宏的激励，不断有孩子挖掘到新的化石，惊呼声此起彼伏。老师指导着，家长协助着，“考古学家”的工作可真是顺风顺水呢！有的孩子已经装了满满的一布袋化石，还是不愿停止探索的脚步。

小美妞王予和老师协作，发现了一块“宝藏”。她敲开石块一看，石块断面上有着各式各样的图样。大家都跑来拍照。叶博士也很惊讶，说：“这是灾难来临时，一个种群都聚集在一起才会有的现象。”家长、老师们用心地包裹着化石，像悉心护佑着孩子们珍如宝藏的好奇心和求知欲。

当大家都沉浸在探索的兴奋之中时，山头的另一角却传来了微微的抽咽声。原来，由于没找到正确的方法，小宝贝钱子恒连一块化石都没有找到。他委屈地看着爸爸，说：“没有了……”爸爸严肃地说：“老师讲话的时候你都没有认真听，要用眼睛去找，用心去找。”钱爸爸很喜欢“用眼睛去找”这句话，一直用它来激励着儿子。很快，他们也收获到了美丽的化石。

接近“考古”尾声时，郭皓文找到了一块巨大的化石，化石难以携带，但他不舍得丢掉，于是把化石塞进了爸爸的大包里。至此，孩子们个个满身黄泥，满头大汗。

**尾声**

劳累了一天的孩子们和家长们，依旧精神焕发，踏上归程。

这是一次真实鲜活的考古人员职业体验。孩子们面对的不仅是古老的化石，也是“我们从哪里来”的终极哲学命题。今天栽下一株苗，来日它就会长成参天大树，将来举世闻名的古生物学家说不定会产生于这群活泼可爱的孩子中。

**【课堂点评】**

**靖：**钱澄这篇报道的观察描写有许多值得肯定和学习之处。描写简洁生动，如：“孩子们围坐在叶博士身边，仰着小脸，兴奋地诉说着对于化石的期待。”“伴随着‘乒乒乒’的敲击声，‘考古现场’也成为一片欢声笑语的海洋。他们有的匍匐在地上，像专注的科学家；有的爬上土坡，像敬业的‘蜘蛛人’。”“周柯宏踉踉跄跄地跑到叶博士面前，寻求着‘权威判断’。当叶博士微笑着点点头的时候，小家伙兴奋地跳了起来，赶快去老师那里，用宣纸小心翼翼地包好自己的‘宝贝’，生怕它受到‘伤害’。”“敲开石块一看，石块断面上有着各式各样的图样。大家都跑来拍照。”“孩子们个个满身黄泥，满头大汗。”她观察细微、准确，值得我们学习，她的报道是一篇不错的现场观察报道。

## 本章核心知识放送

**【观察的重要性】**

第一，观察可以使文字报道锦上添花，吸引读者。第二，观察有助于记者掌握第一手材料和活生生的材料。第三，观察可以使记者发现新闻中的新闻，增强报道的新闻价值。

第四，观察是记者认识事物的基本手段。第五，观察是记者核查事实的一种好方法。

**【观察的方式】**

其一，旁观性观察。记者表明身份，直接在现场进行目击采访，从观察者的角度来审视现场情景和事件的发展情况。这是记者经常和普遍采用的方式。记者一般不参与现场的活动，只是客观地观察现场的各种情景。记者采用这种方式，要特别注意不要干扰现场人物的活动。记者怎样才能做到“不干扰”呢？记者要和现场的人物打成一片，让对方不觉得记者是外人；如果记者端一副架子，用一种“居高临下”的目光去看，那就很难进行有效的观察。

其二，参与性观察。参与性观察又叫参加性非匿名观察。这种观察，记者既亮明身份，又参与采访对象的一些活动，同时又随时随地观察现场的情景。记者能够较快地和采访对象打成一片，缩短双方的心理距离；记者置身于被观察事物之中，参与现场的活动，也容易获得真实情况。

其三，隐匿性观察。隐匿性观察又叫参加性匿名观察。记者不公开自己的身份，像微服私访那样去观察。记者作为被观察的某个群体中的普通一员，直接参与群体活动，以便观察到真实情况。

其四，秘密性观察。秘密性观察又叫非闯入性秘密观察。这种观察，记者不但不公开身份，而且往往不让采访对象察觉。记者只是暗中观察各种情况，以便取得第一手材料。记者在调查严重问题、揭露阴暗面，或者进行批评性报道时，可以适当地采用这种方式。

**【观察时的注意事项】**

其一，要明确观察目的。记者观察的目的是为了写新闻报道。一切与新闻关系不大的人或事物，记者可对其粗略观察。

其二，要把观察与思考结合起来。观察本身从某种意义上来讲也是一种思考。观察包含两个要素：一个是感觉和知觉要素，一个是思维要素。一个人的观察能力表现为：能准确把握客观对象及其特点，善于透过现象看到事物的本质，能从事物现状预测事物的发展动向。

其三，观察中要注意对比。观察某个事物时，孤立地去看，往往看不出特点，一旦把它与其他事物对比起来看，特点自然就出来了。

其四，不要轻信眼睛。眼睛看到的有时是孤立的东西，有时是表面现象，甚至是假象。人的眼睛往往受思维定式的影响和限制。我们有时看到的东西，不能反映事物的本质，因此，不能轻信自己的眼睛，必须将观察与口头采访、调查取证结合起来。

其五，观察要全面准确。观察要全面，就是要避免片面性观察，不能只看到一点就停止观察。在注意抓观察重点的情况下，要尽可能顾此又顾彼，力图全面、客观地观察事物，避免“一孔之见”，以偏概全。观察要准确，就是观察后写成的文字要符合事物的本来面貌。这一点，许多文字记者做不到。你叫他写人物，他笔下的人一般都是浓眉大眼、眉清目秀、两眼炯炯有神。他这么写，原因当然很多，其中一个原因就是他观察不准确。

# 结语：只是新闻采访学习探究的开始

我们的探索性新闻采访学课程，经过师生一个学期的共同努力，终于结束了。我们的新闻采访学教学的新的探索分四个教学板块，每个板块之间具有一定的逻辑关系，同时它们都是相通的、融合的。

同学们通过四个板块的学习，掌握了一定的采访知识，在采访技能方面有了一定的提高。同学们在未来的学习中，在未来的新闻工作中，要不断实践，不断思考，根据社会的、时代的、媒介技术的发展需要，与时俱进，积极进行实践锻炼，只有这样，才能够真正掌握新闻采访的技能和知识，才能够成为时代所需要的合格的新闻人才。同学们可以把一个学期以来所学的技能和知识带到未来的新闻工作中去检验，去丰富。

教学相长，通过我们大家一个学期的努力探索和实践、学习，我也从同学们身上学到了许多东西。同学们认真刻苦的精神，深深地打动和影响了我。这学期的新闻采访学教学实践，对我本人来说，也是一次再学习、再提升的过程。谢谢同学们。

我们的教学活动得到了《南京晨报》《江苏教育报》领导和洪超老师的支持和帮助，在此也向两家媒体的领导和记者们表示感谢，向洪超老师表示感谢。

## 附录一

# 在大学读历史的毛泽东之孙

要不是事先心中有数，还真不敢相信眼前这个不修边幅的胖小子是当年那一言九鼎的毛泽东的孙子。记者日前来到中国人民大学的学生宿舍时，新入学的毛新宇面色黝黑，留一头短发，高 1.73 米、重近百公斤的身材把一件军衣撑得紧绷绷的。人大八八级新生均赴山西军训，他因身体不适留校休养。

### 嗜好历史

毛新宇是历史系学生。他喜欢历史，故报考历史系。这一点倒与他那床头堆满古籍线装书的祖父相近。他说他对中国和世界现代史尤感兴趣，今后如果不从政，便研究历史，出国搞调查研究。

他正在写一本《乞丐皇帝》，是有关朱元璋的。他已阅读了一些明史资料，写了一万多字。他计划从明清一直写到唐朝。

### 痛恨江青

毛新宇说他很恨江青。他说，他 1970 年 1 月 17 日出生，小时候很瘦弱，因为母亲躲避江青迫害，常躲在北京火车站和中山公园，没有精力照顾他。6 岁那年，保姆给他吃了叫“肥儿丸”的中药，此后胃口大开，胖起来，至今不衰。真个是瘦也因江青，胖也因江青。

他还告诉记者，祖父逝世 12 年来，每逢其诞辰、忌日，他家和江青女儿家的人都要在当天上午去毛主席纪念堂瞻仰遗容。两家人总是互致问候。对于外界所传毛泽东与张玉凤之事，毛新宇很气愤。他称这是谣言，因为他相信爷爷。

### 入团遇麻烦

毛新宇说他在加入共产主义青年团时遇到过麻烦。他 1986 年递交入团申请书，后来因参加已故旅美华侨李振翩的基金会入团遇到困难。他所在的北京大学附中团委书记调查此事，他告之曰，李是他爷爷同村人，秋收起义后去了美国，李振翩基金会是促进中美友谊的民间团体。后来他母亲邵华又把有关李的材料给学校团组织看，他这才入了团。还有什么麻烦呢？那便是不断有女孩子向他表露心迹，写信求爱。毛新宇笑着说，“我也不知道我哪点招人喜欢。”他说现在还小，不考虑这事。

**钦佩斯大林**

毛新宇说他很钦佩斯大林。记者去时，他正在看一本《斯大林肃反秘史》。他说他父亲毛岸青在苏联生活了20年，得到了斯大林的关怀。他对爷爷所有的国际友人都极为崇敬，其中自然也包括斯大林。

毛新宇说，他父亲今年63岁，退休在家，正翻译斯诺著的《斯大林需要和平》，还计划写他与斯大林在一起生活的回忆录，母亲也已退休，患有心脏病，但也经常写作。

（中新社1988年10月3日供香港《文汇报》、天津《今晚报》专稿）

## 附录二

# 中国女排可望重温旧梦

本报北京讯　中国女排还会东山再起吗？此间人士认为只要抓好队伍，更新打法，三五年后，中国女排可望重温旧梦。

一位不愿披露姓名的知情人接受采访时说，中国女排饮恨汉城是必然的，民众一厢情愿地认为古巴女排未参加第二十四届奥运会，中国女排六连冠无疑，而中国女排本身并无信心。早在四连冠后，中国女排已有走下坡路的迹象。五连冠前，邓若增突然隐退，郎平执教女排，袁伟民“垂帘听政”，女排竭尽全力，幸运得冠。李耀先任主教练后，中国女排加快了走向“黄昏”的步伐。舆论界多把责任推给李耀先，其实李耀先充当了“替罪羊”。中国女排青黄不接，袁伟民应当承担相当的责任。早在二连冠后，袁伟民就应放眼未来，注重后备力量的培养。这是常识。

这位人士说，李耀先的责任在于管理不力，迁就、“心疼”队员。训练前他常与队员商量：你身体如何？可以练吗？这无疑助长了一些队员的娇气和傲气，也使训练达不到要求甚至不符合规范。去年在湖南冬训时，袁伟民前往，发现女排队员士气低，显得烦躁。袁伟民很惊讶。当时张蓉芳对袁伟民说：“袁指导，你多待一段时间就会习惯了。”

李耀先也有许多难言之苦，早被人家熟知且已陈旧过时的打法被奉为金科玉律；想更新技术，上面不准，下面老队员反对；一些队员也不服管，看不起他，一位老队员私下说他的技术水平比袁伟民低两个等级；一些新队员也爱摆五连冠的架子。

这位知情人透露，女排还发生过罢练事件。

她说，中国女排的优良传统在现在的中国女排身上已所剩无几，新老队员不团结，军心涣散，而且队员有时外出表演比赛，伸手向邀请单位或主办单位要福利待遇。

她还透露，中国女排军心涣散的一个重要原因是老队员对自己退役后的去向不明顾虑重重，有些队员考虑结婚出国问题。

这位知情人说，多年来中国人以及中国的舆论界好胜喜功的心态也困扰着中国女排，人们把中国女排看成是民族精神的象征，容不得女排去输，使得中国女排在任何比赛中都不敢输，结果在一般性的比赛中也不敢放心使用新手。新手锻炼的机会不多，怎能适应国际比赛？而老队员个个有伤，杨锡兰腰、膝有伤；姜英长年低烧，不知病因，难以训练；郑美珠胃、膝均有病；侯玉珠患肝病，汉城比赛前，其父仙逝，心情郁闷。这样的队员去汉城迎战气势逼人的劲旅，如果不败，那就令人感到奇怪了。（靖鸣、朱波）

（《经济时报》1988 年 11 月 10 日）

## 附录三

# 青蒿素知识产权是这样争来的

屠呦呦作为本年度诺贝尔生理学或医学奖得主早已家喻户晓。人们都知道她获奖背后有“全国疟疾防治研究领导小组办公室”（“5.23”办公室）项目组成员的贡献，也与北京大学生命科学学院院长饶毅的力荐密不可分，但人们并不完全了解她斩获诺贝尔奖背后她和她的团队的艰辛付出，更不知道她成功获奖与一起青蒿素新药技术知识产权纠纷案胜诉有着直接的关系。

**起诉 打破被侵权窘境**

20世纪90年代初青蒿素市场极度混乱，青蒿素新药知识产权被侵犯，中药所和屠呦呦通过研究，决定诉诸法律，维护青蒿素新药的知识产权。

这起诉讼的代理律师琚存旭清楚地记得，1993年12月底，中药所研究员屠呦呦约他谈了一个下午，决心通过打官司解决青蒿素新药技术被侵权的窘境。她的决心来自以下因素：

第一，侵权现象有蔓延的势头，涉及广西、云南、四川很多生产厂家，当时有青蒿生长的地方差不多就都要生产青蒿素。

第二，国内厂家生产的多数都是初级的原料，初级原料直接供应给国外的厂家比如法国的一些大的厂家，做成针剂后在非洲大肆销售，等于让国外厂家赚了大钱。

第三，青蒿素作为药品具有治疗疟疾的作用，不具备预防疟疾的作用。但是当时很多厂家宣传说进入疫区和离开疫区前后一个月内吃了青蒿素都有预防作用，这种情况也令屠呦呦十分焦急。这属于药物滥用。如果这种情况得不到抑制，一旦病原虫产生抗体，青蒿素这个发明就白费了。

第四，对中药研究所来说，那么多人都在集中精力进行青蒿素研究，但是经费有限，他们又不能从当时生产青蒿素的药厂拿到应有的报酬，这不仅仅影响科研人员的积极性，也使科研本身进度被延迟。屠呦呦希望通过诉讼得到补偿促进科研，当然也为我们国家知识产权的保护树立一个标杆，为知识产权的规范使用建立秩序。

**执着 坚决要走到底**

琚存旭接受记者采访时说，他对中药所和屠呦呦的办事作风、办事效率等各方面十分佩服，特别是钦佩屠呦呦。他说屠呦呦性格坚强、坚定，认准的事情是要坚决走到底的，做事又极其细致认真。

30年左右的历史、文献资料是非常庞杂的。律师希望屠呦呦提供的资料，她都能很快找出来，而且很准确，很丰富。比如说诉讼时效的问题，律师主张权利的时间越早就意味着超过诉讼时效时间越少，那么权利受保护的时间就越长。律师向她提出能不能找到她当时主张保护的证据。屠呦呦找到了很多向卫生部以及医药管理局等部门反映情况的信件，以及中药研究所的一些公函。按说一个科研人员保管的材料应该是科研方面的，但是这些非科研资料屠呦呦也保管得很好。

有一次律师跟她说能不能写写在海南从事青蒿素研究工作的经历，她通宵达旦立即就写出了这个经历。

琚存旭还说了一件事情来证明屠呦呦对青蒿素知识产权案的认真和负责态度。在四川黔江开庭，从北京过去道路艰难，原所长也不同意她去出庭。律师就说您负责提供书面证据就可以了。她却很坚定地说："如果需要我去，我就去！"案件诉讼过程中律师需要她去向卫生部等部门继续反映情况，她也会去。她平时写一些信件，呼吁大家保护青蒿素，在保护青蒿素方面她做了很多的工作，令人敬佩。

**胜诉 72万元能补科研经费**

琚存旭律师回忆，从青蒿入手的研究方案就是发现青蒿素的起点，方案提出者就是屠呦呦。青蒿是客观存在的自然界的植物，它对治疗瘴气有一定的作用，古代医典就有记载，但是把青蒿从医典中发掘出来的人是屠呦呦，把青蒿素从青蒿中提取出来的人是屠呦呦。这就是屠呦呦所起的无可比拟的决定性作用。

琚存旭认为，大量的文件都支持屠老师以及中药研究所团队是发明人。青蒿素药和青蒿素是有区别的，药物需经过毒理、病理、临床的层层试验。青蒿素药经过复杂的科学研究过程才被批准成药，这是屠呦呦带领中药所的团队花了很长时间做出来的。中药所为新药申请了新药技术证书。诺贝尔奖现在奖励的还是这个药，屠呦呦又是中药所研究青蒿素的第一人，自然享有受奖励的权利。权属应该是单位的，从逻辑关系上来看，青蒿素新药技术是中药所独占的。

最终，法院全面支持琚存旭意见，判定中药所拥有青蒿素新药技术知识产权，被告构成侵权，要求两个被告承担连带赔偿责任，明确了中药所是青蒿素药的独家所有人，拥有这个药品绝对的权利，应受到法律保护。法院判决被告赔偿中药所72万元。

诉讼胜诉，中药所和诉讼代理律师十分高兴。屠呦呦是位毫不掩饰的人，性格非常直率，她得知胜诉的消息，笑得很甜美。屠呦呦认为，官司打赢了，法律终于确认中药所拥有青蒿素新药技术知识产权，被告赔偿的钱可以补一下科研的经费了，中药所能多做一些工作了。（本报特约撰稿 靖鸣）

（《北京晚报》2015年12月8日）

## 附录四

# 关于屠呦呦青蒿素新药知识产权纠纷案和发明争议等问题的采访记录

（根据录音整理，经琚存旭律师审核）

**靖：**琚律师您好！很有幸能和您结成朋友。我了解到您 20 多年前受理过屠呦呦青蒿素案的一段不平凡的经历。随着屠呦呦这次获得诺贝尔奖，相关的事件和问题又成为国内外关注的热点问题。那么我做了一个采访准备，特意从南京过来拜访您。先请您谈谈代理屠呦呦青蒿素诉讼案的起因和详细经过。

**琚存旭：**大概是 1993 年年底、1994 年年初这个时间，屠老师约我，希望我到她的办公室，就她的青蒿素新药技术被侵权这件事交换一下意见，希望我能帮她出出主意想想办法解决这个问题。我记得当时跟她谈了一个下午。屠老师把跨度差不多 30 年的事情很全面地说了一下。说完她就问我，关于青蒿素新药技术权利是不是应该受法律保护，要想受法律保护的话有什么途径，能保护到什么程度。这些问题我都详尽地作了解答。

当时我觉得她是想通过打官司这个途径来解决这个事情。她有那么几个考虑：

第一，她觉得青蒿素被滥用，涉及广西、云南、四川等地很多厂家，反正有青蒿的地方差不多就都要生产青蒿素。

第二，我们国内的生产多数都是初级的，做的都是原料，这些原料直接供应给国外的比如法国的一些大的公司，做成针剂后在非洲广泛销售，等于人家赚了大钱，我们赚小钱。她就觉得这个情况急需整顿一下。

第三，当时有很多媒体的宣传，特别是药厂的宣传是很不负责任的，因为青蒿素作为药是具有治疗作用的，不具备预防作用。但是当时很多厂家说进入疫区和离开疫区前后一个月内吃了青蒿素都有预防作用，这种情况也是屠老师焦急的原因。这属于药物滥用。如果这种情况得不到抑制的话，一旦病原虫产生抗体，青蒿素这个发明就白费了。

第四，对中药研究所来说，那么多人都在集中精力做青蒿素研究，但是经费是有限的，院里所里给的经费有限，他们又不能从相关药厂拿到应有的报酬。这对于科研来说是不利的，不仅仅妨碍科研单位和科研工作者的积极性，也使得科研本身进度被延迟。所以她也希望通过诉讼得到补偿。

屠老师决定要通过诉讼解决问题。由于我在此之前已经代理过一些知识产权的案件，跟我谈完之后，她可能觉得我还可以胜任，就让我和她们的袁所长、副所长都见了面，就决定请我来做这个事。屠老师在说到科研人员付出的牺牲时很激动，甚至流泪了。我能感受到一位 60 多岁的老科学家对科学的热爱，我觉得她的眼泪是辛酸的，所以我当时就下决心把这个事情做好。

**靖：**她当时在所里担任什么职务？为什么是由她来找您？

**琚存旭：**我印象中她是中药所的终身研究员，没有行政职务。

**靖：**那为什么是由她来挑头跟您说这个事情？

**琚存旭：**为什么是由她来找我代理？首先，她负责青蒿素研究。其次，无论是中药研究所的领导也好，工作人员也好，大家都很尊重她。屠老师做事特别认真，她对请律师这个事也是很慎重的，跟她做事一丝不苟的性格有关，她就希望找一个能让她放心，跟她思路接近的律师。我要代理这个案件肯定是要先过她这一关，她认可了之后，由于大家都很尊重她的意见，这个事情就很快定下来了。

**靖：**您回忆一下你是怎么开展工作的，整个过程是怎样的。

**琚存旭：**首先熟悉案情就花了比较长的时间，因为这个事 1994 年之前就有 30 年的历史了，把这 30 年的事情理清楚就花了很长的时间。我从 1994 年元月份开始熟悉资料、搜集证据、编辑证据目录、打造证据链条。差不多 4 月份左右，我准备了大量材料，在法律方面也进行了研究和准备。4 月份之后，我思考怎样设计诉讼步骤。打这个官司不能是盲目的，要选好诉讼的地点、诉讼的对象，考虑好主张什么权利，用哪些证据，运用哪些法律。

在选择被告的时候，我和中药所都不希望走到和被告对簿公堂的地步，还是希望通过协商，或者律师出面调解这样的方式解决纠纷。我在 1994 年 4 月之后，陆陆续续地给一些生产青蒿素的企业发了一些律师函，也在报纸上发了律师声明，希望通过这种方式提醒有侵权行为的企业可以和我们坐下来谈谈，没有侵权想要合法生产的企业，可以来找我们，最好不要侵权，但是收效甚微。

**靖：**主要是在全国性的媒体刊登，还是在四川、云南等地的报纸刊登呢？

**琚存旭：**主要是全国性的，大报上登了不少。特别是专业性的报纸，比如《健康报》《中国医药报》，但是收效甚微。发律师函之后有些厂商只是应付一下我们，说他们的产量很少之类，有些就不理我们。而我们事先也是了解了他们的真实产量的，厂商说的和实际情况是有很大差距的。这样的话，中药所就下定决心用诉讼的方式解决了，当时就选择了四川黔江地区土家族苗族自治县的武陵山制药厂。这个地区青蒿产量很大，气候条件适宜青蒿素生长，而且武陵山制药厂在制造青蒿素药这方面也是主要厂家，大部分药供应给了昆明制药厂，昆明制药厂进行初步加工或者未加工就直接卖给法国的企业。它们是比较典型的存在侵权行为的企业，所以我们就把武陵山制药厂和昆明制药厂列为被告，提起了诉讼。

**靖：**可以具体讲讲诉讼过程中的艰难，以及您和屠老师、中药所是怎么促成案件胜诉的。

**琚存旭：**在起诉之前我也有不少的疑问，比如我也看到有6家单位参与了青蒿素的发明。“5.23”办公室是专门搞全国协作的组织，青蒿素研究的直接参与单位就有十几家，参与人员几百人，间接的就更多了。中药研究所有没有这个权利？这是我的疑问。后来我查阅大量资料，和屠老师、袁所长多次交换意见，最后发现，屠老师及其所在的研究所的团队从研究之初到成果出来，确实是起到决定性作用。比如说青蒿方案的提出，屠老师起了主要作用。青蒿是客观存在的，它对治疗瘴气是有一定的作用，这个古时候就有记载，但是从医书中把青蒿发掘出来的人是屠老师。

我翻阅了大量的文件，这些文件都支持屠老师以及中药研究所团队是青蒿素提取技术的发明人和知识产权拥有者。大量事实证明屠老师对青蒿素的发现是作了主要贡献的，这样我心里面就有底了。

当时的法律还不健全，药品这方面的专利保护是没有的。对药品的保护靠的是卫生部的一个规章，叫《新药技术保护办法》。这是卫生部的部门规章，层级很低，连法律都不是。法院可以适用该规章，也可以不适用。法院如果认为规章有问题就可以置之不理。好在当时有部《技术合同法》（现在已废止），里面用列举的方式阐明各种与技术相关的权利类型，最后的兜底条款有“其他科技成果权”的表述。

我认为，青蒿素新药技术成果权，属于《技术合同法》里规定的其他科技成果权。它既然是一种权利就应该受到法律的保护，侵犯它的人就应该担负法律责任。我们从法律上确定这是一种权利，又能确定武陵山制药厂存在侵权行为，就可以起诉并有机会胜诉了。所以我们在6月份的时候去黔江地区中级人民法院提交了起诉状，起诉了被告。

**靖：**您可以把您诉讼过程中遇到的艰辛详细说说。

**琚存旭：**那我就接着聊聊详细的过程。去的时候也是很艰辛的，我们从北京飞到重庆，从重庆乘长途车到涪陵，从涪陵再坐船到彭水，从彭水再坐长途车到黔江。到这个地方要花两天时间，路途很艰辛。6月份又多雨，路也比较窄，也就四米宽，路很破，车基本上就在悬崖绝壁上走。印象深的是走着走着就有一团雾从山上出来，路又比较滑，车停不住，司机也不敢停。就有个人去前面探路，司机开车就跟着走，要是有危险了，前面那个人就使劲拍打车，司机就停下来。错车也比较危险，因为前面是悬崖，下面是乌江。因为有大雾，司机看不见车离悬崖有多远。等雾散了，司机一看，轮胎离悬崖也就十几公分。司机一下子就冲下车哭啊，太可怕了。

我立完案等长途车的时候遇到一个小偷。我平时警惕性比较高，到陌生的地方就会观察有没有什么可疑的人。我发现一个小伙子把一件长袖搭在手上，一会儿我就看到他站在我后面了，我知道他应该是想对我下手了。但是我不知道他有没有同伙，不敢贸然跟他动手。我就看他在解我的兜，五六分钟他都没解开扣子。长途车来了我就上车了，上车之后他还跟着我在解，但是我要坐下啊，我就回头打了一下他的手，跟他说，差不多了吧？他一愣，后来灰溜溜地走了。

车匪路霸也是很猖獗的，四川黔江地区确实是当时全国车匪路霸最严重的地区之一。当时晚上车在路上走着走着就走不了了，因为路上放着好几块大石头，车停下来就上来几个人收钱，收完钱之后，就让车上的乘客下去把石头搬开，车开过去之后乘客还要把石头搬回来才能走。

我们还碰到过塌方，真的是蜀道难，难于上青天。

开庭之前，对方已经在街市上广播了一个月了，大卡车装着高音喇叭在大街上宣传，煽动当地老百姓联合起来保护“胜利”果实，不要让北京来的“坏人”抢夺果实。我们走的时候，是法院派车在凌晨把我们送出黔江地区的。真的是很危险的。开庭的时候法庭里来了 200 多人，我们一开口下面就出现各种声音，还夹杂些当地的土话，可能是骂人的话，气氛很紧张，好在法庭控制得还不错，没出现一些过激行为。

开庭的时候，被告认为，青蒿素新药技术有多个发明人，中药研究所是没有权利来告的。我就跟法院讲这个药是怎样形成的，最后法院也采纳了我的意见，当然法院采纳我的意见也不是听我一家之言，他们自己也进行了研究，也向卫生主管部门以及最高人民法院进行了咨询，认为我的观点是正确的。

被告认为诉讼时效上有问题。被告强调他们早就在生产了，原告也早就知道，过去没来告，法律也规定了诉讼时效就两年，原告已经没有这个权利了。当时法院有关诉讼时效的裁判也是五花八门的，有些法院判定这种情况是超过时效了，有些法院判定这种情况没有过诉讼时效。我的看法就是被告的侵权行为一直没停过，被告一直在生产，处于持续状态。法律规定诉讼时效的目的是督促当事人及时行使权利，如果不及时行使的话，将丧失胜诉权。新药证书载明的新药保护期是 8 年。怎样理解新药保护期与诉讼时效的关系？我举例阐述了我的观点，比如，我知道对方已经侵权 3 年，我在第 3 年的时候告了对方，那么诉讼时效应该是从起诉之日倒推 2 年，第 1 年不受保护了，而从第 2 年往后的 7 年应该受保护，因为这个 7 年仍在新药证书的持续保护状态下。当时法院对这个说法也有些疑问，征求了四川省高级人民法院的意见，最后采纳了我的意见。后来许多法院关于知识产权侵权时效的判例和我的观点是吻合的。最高法院后来出台的一些司法解释和我的观点也是吻合的，等于说全国法院在这类案件的审理上是一致了。

1995 年法院作出一审判决。法院全面支持了我们的意见，要求两个被告承担连带赔偿责任，明确了中药研究所是青蒿素药的独家所有人，拥有这个药品绝对的权利，该权利应受到法律保护。法院判决对方支付 72 万元赔偿金。

很快对方又上诉到四川省高级人民法院，除之前的一些理由外，对方新提出一个理由，他们认为这个案件不应该由人民法院管辖，应该由行政机关主管。可见对方对案件又进行了深入研究。

对方认为新药技术证书是医药卫生管理部门颁发的，侵权行为应当由医药卫生主管部门来负责处理。对方认为法院越权了。如果对方理由成立的话，那么之前法院的判决就是错的。

我那段时间我每天只睡两三个小时，不停地研究，提出了反驳意见。法院采纳了我的意见，程序就走下去了，终审判决出来了，这个案件就算是尘埃落定了。

**靖：**这个案件总共持续了多久呢？

**琚存旭：**1995 年一审判决出来，1996 年终审判决出来。

**靖：**这是很开心的事情。那么这个过程中间你们和中药所、屠老师是如何互动配合的？

**琚存旭：**是这样的，我们有个分工。在这个案件上，袁所长的意见就是他们听琚律师的，琚律师怎么指挥他们就怎么干。他要求中药所全力配合。分工呢就是中药研究所和屠老师准备相应资料，法律问题由我来解决。坦率地说，我对他们的做事效率及其他各方面真的是很佩服。

**靖：**您可以说得具体点，她是怎么给你们提供支持的？她的工作态度和状态如何？

**琚存旭：**屠老师这个人可以说是有坚强的性格，认准的事情是坚决要做到底的，做事又极其细致认真。你想 30 年左右的历史，文献啊资料啊是非常庞杂的。我希望屠老师给我提供资料的时候，她都能很快给我找出来，而且很准确，很丰富。

比如说刚才说到的诉讼时效的问题，我们主张权利的时间越早，我们受保护的时间就越长。我说，屠老师您能不能找到主张权利的证据。屠老师就问我是哪方面的证据，我就说比如向卫生部、向药品管理局、法院等寄送的书面资料。屠老师就说，好啊，有。她找到了很多向卫生部、医药管理局等寄送的信件，以及中药研究所的一些公函。

按说一个科研人员保管的资料应该是科研方面的，但是这些非科研资料屠老师也保管得很好。我让她提供资料她马上就能找到。有一次我跟她说能不能写写她在海南工作的经历，她很快就写出来了。我估计她可能是通宵达旦地在写这个经历。

**靖：**这些材料都在吗？

**琚存旭：**这些材料都在另一个卷宗里，被借走了。她写的经历是很详细的，她生怕漏掉了某个细节会影响我的工作。她真的是非常认真的。

**靖：**屠老师最后没去出庭吧？中药所有人去吗？

**琚存旭：**她没有去，开庭的时候中药所去了 3 个人。

**靖：**终审胜诉对中药所的生产或者其他方面有什么影响呢？

**琚存旭：**终审胜诉对中药所、对屠老师来说是值得庆幸的，他们是很高兴的。

**靖：**终审胜诉的消息你是亲自打电话跟屠老师说的，还是去了所里跟她说的？

**琚存旭：**电话里也说过，当面也说过。

**靖：**您能够说说胜诉后你们的交流情况或者她的心情吗？具体描述也可以。

**琚存旭：**这个想不起来了。屠老师是不掩饰的一个人，性格非常直率，高兴就是高兴，不高兴就是不高兴。具体细节我想不到了，但是印象中她笑得很甜美。袁所长笑得很爽朗。

科技处的蔡处长平时很谨慎，你是轻易看不见他笑的，但听到胜诉的消息后，他也会心地笑了。

屠老师觉得，被告赔偿的钱可以补一下科研的经费了，中药所能多做一些工作了。这是我印象中屠老师说得比较多的话题。

**靖：**您能不能从律师的角度来说说这个案件对屠老师获得诺贝尔奖这件事情有什么直接的意义？

**琚存旭：**之前吧，关于青蒿素新药技术权利到底属于谁是有争议的，虽然中药研究所拿到了一个新药证书，但是没有服众，对这个事情有不同看法的人和单位乃至一些行政单位，也包括“5.23”办公室的一些人，确实都是有很多意见的，都在用不同的方式方法表达自己的诉求。

社会上对这个事情争议了几十年。在判决下来之前有那么多人给被告提供相关的证据资料，帮助被告，也能反映出当时权属争议的激烈程度。中药研究所这边也获得了大量支持，包括来自卫生部、其他行政主管单位的支持，可以说有更多人支持中药研究所。

对方说的有没有道理呢？在某个环节或者时段上是有道理的，但是把青蒿素几十年的研究的几个重要节点联系起来看，对方的观点是片面的、断裂的。而我们看事情看主流，看全面，看重点。从这个角度去看的话，中药研究所以及屠老师作为这项发明的所有人是当之无愧的。

法律最终宣告这个新药技术属于中药研究所，也就明确了这个技术的主要发明人是屠老师。这对后来屠老师获得诺贝尔奖很有帮助。

**靖：**您能不能展开来讲讲都有哪些方面的意义？我个人感觉这个官司对我国的医药保护，以及屠老师后来获奖都有重要意义。如果没有这个官司，国外可能都没法授奖。您能不能归纳一下？

**琚存旭：**好。第一，从经济方面来说，我们国家虽然研究出青蒿素，但是我们是处于产业链的低端。为什么这么说呢，因为我们做的是原材料，原材料出口后供外国人做临床应用的东西。当然后来我们也做出来双氢青蒿素这些东西，但是那段时间钱都让外国人赚了，我觉得这主要还是我们国内保护不力造成的。发达国家对药品技术的保护显然比我们国家严格很多。这个官司不仅整顿了国内的市场，同时也是对其他国家特别是发达国家肆无忌惮的侵权行为的一种震慑。

第二，这个案件影响很大，全国的媒体都在关注，同时卫生行政主管部门、司法部门等都关注了。我相信在后来立法的过程中这个案件也有一定参考意义。之前没有这方面的案例，我觉得这个案件对我国新药技术的保护起到很正面的作用。

第三，我觉得，案件的胜诉对真正在搞科研的科学家是一种鼓励，一种肯定。这个案件结束后，我们再给其他单位写律师函的话，它们都积极地回复了。原来有些厂商是不理我们的，现在他们都主动找来了，说我们可以和他们签使用协议。这个是有示范效应的。

我觉得这些都是积极正面的影响。

**靖：**再一个就是对获奖这方面的影响对吧？这样一来，谁是应该获奖的人就清楚了。

**琚存旭：**对，这就是第四个方面的意义。我给您的杂志里就描述过了。美国的一些机构对这个案件评价很高，这对后来屠老师获奖起了很大的支撑作用。

**靖：**当时有人说这起官司对于中国科学创新没有任何益处，因为被告是昆明制药厂和武陵山制药厂，而被告的背后却是从 1967 年开始参与研究抗疟药物的科学家群体。您怎么看这个问题？

**琚存旭：**青蒿素是个国家项目，参与的人很多，这些人是有贡献的，这没问题，但在整个研究过程中不可替代的只有屠老师和中药研究所。屠老师和中药研究所的整个团队进行了理论研究和文献筛查，设计了研究架构，确定了研究方向和进程，进行了各种试验，将研究情况和结果形成文字材料，对青蒿素新药技术的发明起了决定性作用。别人的贡献是有，要给予充分肯定，但是不能主次不分。我觉得中药研究所和屠老师拥有新药技术发明权是实至名归。

**靖：**业内人士对您的敬业精神很钦佩，您自己对这个官司有什么反思？

**琚存旭：**一方面这个案子对我确实是一个挑战，因为我过去没有遇到过这样的一个几乎是没有法律可循的案子。另一方面我感觉很幸运，我觉得 90% 以上的律师这辈子没碰到过这么具有挑战性的案子。我做律师也 27 年了，最难忘的还是这个案件。这个案子带来的不光有惊险，还有法律上的挑战，这个案件对我自己在法律上的历练成长也很有帮助。自己得到了锻炼、提升。后来我被评选为北京市十佳律师、杰出律师等跟这个案子也有关系。

**靖：**你一开始有没有纠结，觉得接下这个案子没底？当时也不可能想到屠呦呦能得诺贝尔奖。

**琚存旭：**当时确实没想到屠老师能获得诺贝尔奖。屠老师找我的时候我也犹豫过接还是不接，这个案子这么复杂，而且我代理这个案件也不能得到很多的报酬。

**靖：**当时您是得到了多少报酬呢？

**琚存旭：**当时也就是拿了一两万块钱，当时袁所长还跟我说，研究所特别艰苦，你要支持我们的科研啊。

接下这个案子也是因为屠老师当时很坚决地说：就要聘请琚律师。我和屠老师聊了很久，确实是很感动，我觉得不帮她把这个事情解决了都说不过去。当时我也就二十八九岁，作为一个法律工作者，我是很有梦想的。当时正好是我从香港回来热血澎湃准备大干的时候。但是我也有很大的担忧，除了以上所说的还有一个担忧就是地方保护，因为武陵山制药厂在当时是一个纳税大户。纳税大户对地方来说那是很重要的。所以最后这个结果也让我对法院的法官很敬佩。他们也是现学相关知识，知识产权案件在那样的地方在那个年代可能几年都不会出现一个。最后经过两年多的努力，我们担心的事情没有发生，结果还是很好的。

**靖：**您当时也就是不到 30 岁的小伙子，哪来那么强自信呢？是他们的信任还是说之前做过一些案子有积累？

**琚存旭：**对，我之前做过一些案子。我一直是在做知识产权方面的案件，包括当时中国第一个涉外的计算机软件侵权案，也是在当时法律不健全的情况下做的。还有当时海南作家协会主席韩少功，他写了一本书叫《马桥词典》，当时社会上评论很多，他也起诉了不少人，那个案件也是轰动一时。还有媒体上报道过的一些案件。屠老师找到我可能也和这个有关系，觉得这小伙子还可以，有些知名度。再一个我是喜欢钻研的，喜欢挑战，所以遇到这样的事情觉得还是能够把这个事情做好。

**靖：**您是 1988 年从人民大学毕业的，一出来是在别人的事务所做还是怎么样？

**琚存旭：**在官办的事务所，后来又到香港做了段时间，回来之后又开办自己的事务所。当时接受这个案件我已经建立了自己的事务所了。

**靖：**虽然屠呦呦获得了诺贝尔奖，但是青蒿素的专利权不在我们手里，这个事情会对我们造成什么影响？

**琚存旭：**专利权不在我们手里？这是怎么回事呢？

**靖：**这也是媒体上的报道。

**琚存旭：**这个说法不准确，应该是这样，陆陆续续有很多基于青蒿素的新药申请专利，国外也会在这个基础上做出新药来，人家也会申请专利，这也是很正常的，不存在对我们的妨碍。

**靖：**对知识产权保护您有什么建议呢？

**琚存旭：**从立法的角度来说，目前我国知识产权的保护水平是比较高的。司法也很成熟。执法方面还需要加强。要真正做到有法可依、有法必依、执法必严。不能选择性执法、人情式执法。要提高执法人员的业务素质。我觉得这些方面是需要加强的。

**靖：**谢谢您今天接受我的采访。

## 附录五

# 揭秘屠呦呦发现青蒿素过程及相关知识产权纠纷案

靖鸣

屠呦呦这个名字 2015 年 10 月 5 日之前专业领域之外的人比较陌生。随着诺贝尔奖评委会官员这一天宣布将本年度诺贝尔生理学或医学奖的一半授予中国药学家屠呦呦，这个名字顿时进入全世界公众的视野。

人们知道她获奖背后有“全国疟疾防治研究领导小组办公室”（“5.23”办公室）项目组成员的贡献，也与北京大学生命科学学院院长饶毅的力荐密不可分，但人们并不完全了解她斩获诺贝尔奖背后的艰辛付出，更不知道成功获奖与青蒿素新药技术知识产权纠纷案胜诉有着直接的关系。

**屠呦呦领导的团队发现青蒿素药效**

疟疾是严重危害人类健康的世界性流行病。据世界卫生组织（WHO）统计，全世界约有 20 亿人口生活在疟区，其中有 2.7 亿人患过疟疾，每年约有 100 多万人死于疟疾。20 世纪 60 年代初，由于疟原虫对奎宁、阿的平、氯喹等药物产生抗药性，国际上迫切需要寻找新的抗疟药。特别是在越战期间，疟疾终年流行，成为影响美越双方战斗力的头号医学问题。为此，美国 10 年间为研究抗疟新药花费了大量的人力物力，先后筛选了 30 余万个化合物。英、法、德等国也曾致力于这方面的研究，但是均未得到有效抗疟药。我国于 1964 年开始此项研究。

关于青蒿素的发现，据曾担任中国中医研究院中药研究所（以下简称“中药所”）所长的原思通在一份材料里介绍，1967 年国家成立“5.23”办公室，组织全国七大省市开展攻关，先后筛选中草药数千种，均未得到满意结果。而中药所研究青蒿素并非“5.23”办公室下达的任务。

对于发现新药的整个过程，原思通非常清楚。1969 年 2 月，中药所应当时“5.23”办公室之邀，接受了抗疟新药的研究任务。中药所组织包括屠呦呦在内的一大批科研人员，将现代科学与古代用药经验相结合，反复实践，不断改进，终于在 1971 年 10 月发现中药青蒿的中性提取物对鼠疟、猴疟疟原虫具有完全抑制作用。

紧接着，中药所屠呦呦等科研人员在十分艰苦的条件下，进行了药物的大量提取。此间，为保证病人安全，科研人员置个人安危于不顾，以身试药，完成了临床前的一系列毒性实验。

此后，屠呦呦还带着新药去海南岛昌江地区，与中国中医研究院医疗队会合，对新药进行临床验证，终于取得30例首次临床治疗的效果。

至此，青蒿抗疟研究已从实验室研究进入临床治疗用药的开发性研究阶段。在1972年11月北京的“5.23”会议上，中药所屠呦呦教授作了青蒿提取物治疗30例间日疟、恶性疟患者临床观察结果的大会报告。

1972年底，中药所又在青蒿中性提取物中首次分离出抗疟有效单体——青蒿素。1973年，屠呦呦领导的研究组在含量极低的北京青蒿中提取分离到大量青蒿素，进而对其化学结构进行研究。在海南昌江地区，他们用青蒿素单体治疗间日疟和恶性疟，证实青蒿素就是青蒿的抗疟有效成分，由此奠定了中药所在此项研究中不可替代的地位。

**屠呦呦指导地方研究机构开展青蒿素相关研究**

屠呦呦开始研究青蒿抗疟药的那个年代，中药所和屠呦呦团队指导兄弟研究机构开展相关研究，只知道发扬大协作的精神，还没有知识产权保护意识，这从中药所和屠呦呦保存至今的有关材料中可见一斑。

对于中药所在研究中发现青蒿素这一重大的突破性成果，山东省某疾病防治所（后此所又与山东省某疾病研究所协作）1973年3月14日给中药所的公函称：“北京中医研究院药物研究所，我所学习你们先进经验，去年应用本省所产青蒿乙醚及酒精提取物治疗疟疾，经动物实验，获得较好效果。今年准备继续做少量临床试验。据全国疟研究领导小组办公室介绍，你所1972年已将青蒿试用于临床，对于该药的研究又取得了新进展。为进一步向你们学习，全国疟研办公室介绍我们直接和你们联系，请将你们对青蒿提取物动物毒性实验情况，成分分析及临床试用制剂、用量、效果等宝贵经验告知，将你们的经验在我省开花结果。”

同年元月16日，云南某研究所革委会也给中药所发出公函称：“在贵所科研工作启发下，经上级研究，今年我所拟开展对本省所产的一些艾属植物抗疟作用的初筛工作，为减少工作的盲目性，请贵所交流宝贵经验，介绍有关青蒿研究的概况，诸如青蒿的原植物，有效成分的类型，毒性反应，初步临床结果等问题，不胜感激！望今后加强联系，以促进我们的工作。”

对于求助的信函，屠呦呦均一一回信答复。

**屠呦呦团队对青蒿素新药发现的巨大贡献与艰辛付出**

上述单位后来成了青蒿素成果奖的第二、第三发明单位。为了深化研究，了解青蒿素的化学结构，并扩大临床验证，进行更广泛的基础研究，从1975年起中药所连年购买四川西阳的优质青蒿，在本所实验药厂用汽油连续几年大量提取青蒿素。在这一时期，国内许多单位纷纷上马，形成了“大协作”的局面。

1977年，“5.23”办公室从为国争光的角度考虑，一再敦促早日发表有关青蒿素结构的论文，经中医研究院和卫生部领导同意，中药所和协作单位以“青蒿素结构协作组”名义在当时的《科学通报》上发表了论文。因此，参加青蒿素结构协作组的科学院生物物理所及有机所后来也成了整个成果的第四、第五发明单位。

“文革”后，国家重振科技事业，在1978年召开的全国科技大会上，青蒿素获得全国科学大会奖，中药所屠呦呦出席大会，并上台领奖。同年11月，在江苏扬州召开的青蒿素鉴定会上，屠呦呦代表科研人员报告了青蒿素研究发掘过程、提取方法、化学结构等全部研究工作。1979年，青蒿素研究获国家发明奖二等奖。

1981年10月，在北京召开的青蒿素国际会议上，屠呦呦被安排第一个发言，向与会各国代表宣布我国这一重大科学成就。1982年10月，屠呦呦出席全国科技奖励大会，领取发明奖章和证书。事实说明，中药所和屠呦呦在青蒿素的发明中作出了巨大贡献，屠呦呦获诺贝尔生理学或医学奖实至名归，无可争议。

然而，世人不知道的是，屠呦呦及其研究团队为创制青蒿素新药，前后用了15年时间，他们中的一些人由于长期和有机溶剂及有害气体接触，肝肾功能受到严重损害。以屠呦呦为例，她因长期接触有机溶剂，在20世纪70年代得了中毒性肝炎，很久不能上班从事她钟爱的青蒿素科研工作。在参加青蒿素研究的科研人员中，有的不到50岁就因心脏或肝脏功能损伤而提前退休。

现在，屠呦呦获得各种荣誉，或许是对这些科学家和研究人员最好的褒奖和安慰。

**各种纷争曾令屠呦呦痛苦和烦恼**

在青蒿素被发现后的30多年的时间里，关于青蒿素的纷争不断，给屠呦呦平添了许多痛苦与烦恼。这些争论，虽然近年来一些报道中也有提及，但多语焉不详，更增添了公众的疑惑。

其一，“5.23”办公室与青蒿研究。

据了解，屠呦呦的有关青蒿抗疟药的研究材料中有涉及大协作的内容，如，“‘5.23’领导小组……明确要从中医药宝库中寻找新药，把青蒿、常山列入研究规划中”。屠呦呦说，这给人们造成的印象是，“青蒿素药研制一上来就是‘5.23’办公室下达的任务”。事实上，1971年广州会议后，在“5.23”领导小组制定的五年规划中，并没有提及青蒿一药。屠呦呦说，1969年“5.23”办公室因抗疟药研究工作难以继续时才请中药所参与抗疟药研制。中药所是1971年10月4日第一次取得成功，1972年3月8日第一次在南京会议上公开报告，在这以后青蒿被纳入“5.23”规划是当然的事。屠呦呦说，当时她还满腔热情地给“5.23”办公室送去十来本“抗疟方药集”，并且表示可将它们送各省市参考。

其二，江苏高邮县青蒿抗疟情况。

屠呦呦曾向当时有关部门领导反映，高邮县青蒿抗疟是 1976 年前后的事。当时卫生部教育司朱潮同志得知她在从事青蒿抗疟研究后，向她传递了这一信息。此后，她曾两次与高邮县有关方面通信，了解到他们治疗疟疾就是饮用“热水抄青蒿”的汤水。屠呦呦认为，这种方法难以奏效，只不过因为青蒿含有一些解热功效，对那些不致命的间日疟患者有一些作用而已。当时，她就把这一情况向“5.23”办公室作了汇报。那时，全国正在掀起赤脚医疗热潮，“5.23”办公室认为高邮县迎合了当时的潮流，就把那年的学术活动放到高邮去开，又搞了一个“学习座谈会”。

其三，关于“青蒿素主要发明人”的争论。

曾经有某省的一位科研人员这样表述过：他“1970 年开始从事中药黄花蒿的研究……是抗疟原料药青蒿素主要发明人之一”。屠呦呦认为这不符合事实。她说，这位科研人员所在单位的研究工作始于 1973 年，是省内规划单位协作之后的事。1972 年，该省因省内有疟疾流行向“5.23”办公室求助，“5.23”办公室让屠呦呦给该省一家研究所介绍青蒿抗疟情况，该省的研究工作由此开始。有资料证明，此后这家研究所于 1973 年又曾来信咨询过有关问题。屠呦呦说，她于 1972 年 3 月在南京会议上作报告时，即提出青蒿素的原材料为黄花蒿，所以从黄花蒿中提得青蒿素，是她的首次发现，此后山东、云南均为按图索骥而已。

**屠呦呦力主将青蒿素知识产权纠纷诉诸法律**

中药所和屠呦呦通过研究，决定通过法律途径维护青蒿素新药的知识产权。屠呦呦和中药所的其他领导与琚存旭律师交流后，决定由琚存旭律师代理这起知识产权纠纷案。屠呦呦团队的精神感动了琚存旭，他当时就下定决心，要与中药所和屠呦呦密切配合好，打赢这场有难度和有意义的官司。1994 年 6 月，琚存旭和他的团队向四川省黔江地区中级人民法院提起诉讼。

经过旷日持久的法律诉讼，中药所胜诉。法院判定青蒿素新药技术发明人是该所研究员屠呦呦。这一判决结果，客观上促成世界范围内对青蒿素知识产权的保护，也为屠呦呦获得诺贝尔生理学或医学奖铺平了道路。

不言而喻，发现青蒿素是屠呦呦获得诺贝尔奖的关键，而这起诉讼的胜诉对她的获奖同样至关重要。不可否认，这起诉讼的代理律师琚存旭和律师团队不畏艰险，发挥聪明才智，对案件的胜诉起了决定性的作用。当记者问起 20 多年前的那场官司，琚存旭记忆犹新，娓娓道来，冷静中仍然透着兴奋。

琚存旭现为北京乾坤律师事务所主任，中国人民政治协商会议北京市委员会委员，曾经获得北京市十佳律师称号，专注于知识产权法律实务。琚存旭说，尽管在代理青蒿素知识产权纠纷前已经代理过一些知名案例，但从业近 30 年来，他代理青蒿素新药技术知识产权纠纷案，是他律师生涯中最为宝贵的经历，所以他用“意义非凡”来评价这起知识产权纠纷案的胜诉。